INDÚSTRIAS CULTURAIS
IMAGENS, VALORES E CONSUMOS

© desta edição, Rogério Santos e Edições 70, Lda.

Capa de FBA
Ilustração de capa: © Bettmann/Corbis/ VMI

Depósito Legal nº 265448/07

Paginação, impressão e acabamento:
GRÁFICA DE COIMBRA
para
EDIÇÕES 70, LDA.
Outubro de 2007

ISBN: 978-972-44-1369-3

Todos os direitos reservados.

EDIÇÕES 70, Lda.
Rua Luciano Cordeiro, 123 – 1º Esqº – 1069-157 Lisboa / Portugal
Telefs.: 213190240 – Fax: 213190249
e-mail: geral@edicoes70.pt

www.edicoes70.pt

Esta obra está protegida pela lei. Não pode ser reproduzida,
no todo ou em parte, qualquer que seja o modo utilizado,
incluindo fotocópia e xerocópia, sem prévia autorização do Editor.
Qualquer transgressão à lei dos Direitos de Autor será passível
de procedimento judicial.

INDÚSTRIAS CULTURAIS
IMAGENS, VALORES E CONSUMOS
ROGÉRIO SANTOS

70

Indústrias Culturais

Pesquisas e leituras no domínio das indústrias culturais (imprensa, rádio, televisão, internet, cinema, vídeo, videojogos, música, livros e centros comerciais). Blogueiro desde 26 de Dezembro de 2002. Endereço electrónico: Rogério Santos.

SOBRE MIM

ROGÉRIO SANTOS
LISBOA, PORTUGAL
VER O MEU PERFIL COMPLETO

A MINHA CAMPANHA.
Leiam jornais de referência em papel. Ouçam fado e hip-hop em CD. Vejam teatro. Apoiem a informação e a cultura portuguesa.

Publicidade no Google
Consiga Novos Clientes

30.6.07

ESPAÇOS COMERCIAIS E CONSUMOS

O texto sobre centros comerciais saiu no *Diário de Notícias*, de 18 de Junho último; o artigo sobre as novas lojas saiu ontem no *Público*. Ambos os trabalhos reflectem uma área que eu gosto muito: os consumos.

EXPOSIÇÃO

Pinturas cantadas: arte e performance das mulheres de Naça, patente no Museu Nacional de Etnologia, desde 5 de Julho.

CONGRESSO DA SOPCOM

Prefácio

Ao contrário do que dizia Adorno, afinal, nem sempre o "êxtase é o motor da imitação". A paixão pelo espectacular fenómeno da cultura de massas não constitui no início do século XXI um sintoma do vergar a essa distracção alienante que marcava para este autor e para os seus seguidores da Escola de Frankfurt a atitude do sujeito moderno submetido ao fascínio da "indústria da cultura". Para bem ou para mal, vivemos na época da multiplicação das indústrias culturais, grafadas num plural diferenciado e exuberante que, sob o impulso de novos desenvolvimentos técnicos e criativos, interpelam o público de forma renovada, ultrapassando definitivamente as fronteiras da estética oposicional à la Adorno, e fazendo surgir uma nova economia da cultura, que, sem perder o potencial emancipatório das artes, se manifesta, como referia o sociólogo Niklas Luhmann, na sociedade e não contra ela.

Do mesmo modo, é também na interacção com as energias sociais e estéticas que as indústrias culturais se tornam em instituições de disseminação da fundamental espectacularidade da tessitura moderna. Neste mundo espectacular, o crítico cultural desempenha múltiplos papéis, tornando-se simultaneamente agente crítico, actor empenhado e fã extático. É nesta tríplice condição que Rogério Santos e o seu blogue http://industriasculturais.blogspot.com se institucionalizaram como referências fundamentais para, nas palavras do próprio, "apoiar a informação e a cultura portuguesas". Se o crítico cultural e o professor de comunicação se manifestam na reflexão informada sobre o estado da arte da discussão internacional em torno do fenómeno dos estudos culturais, ou na análise dos videojogos, o blogueiro assume-se conhecedor das novas tecnologias, interessado nos novos mundos virtuais, mas também nos consumos e na divulgação de novos gadgets. Contudo, é a paixão pelo quase inabarcável e fluído território da cultura, desde as manifestações mais institucionalizadas ao ciberpunk, do texto literário ao hip hop, que tornam conscientemente ténue a fronteira que separa o crítico do fanático, e que transformaram o blogue "Indústrias Culturais" um espaço que reflecte a consciência de que os modelos culturais e o seu modo próprio de construção do sentido estão a mudar, e o tornaram em plataforma de reeducação dos públicos para as novas realidades culturais.

Coligindo intervenções nos mais diversos domínios da cultura, e incidindo sobre fenómenos que vão da história dos media, à representação visual, desde logo com a perspicaz análise de uma foto de Joshua Benoliel, passando pela estrutura da mediação, pela comunicação política, pelos consumos, pelo turismo e pela reflexão sobre as mudanças estruturais na esfera pública, o livro de Rogério Santos apresenta o caleidoscópio espectacular da cultura de massas e incita o leitor a partilhar o fascínio, medido, no entanto, com o espírito crítico que interpela à mudança sem epigonismo ou alienação. O prazer da leitura articula-se com a curiosidade da inovação e a perspicácia intelectual neste verdadeiro e apaixonante exercício de estudos culturais, que faz jus à velha, mas ainda útil, afirmação de Raymond Williams: "Culture is ordinary [and] that is the first fact."

ISABEL CAPELOA GIL

4 de Julho de 2007

Primeira parte

INTRODUÇÃO

Chovera ou prometia chover e era Inverno. As duas mulheres à esquerda transportam guarda-chuvas e os seus casacos compridos estavam abotoados. O chão parece um pouco enlameado, devendo sujar os sapatos de fivela e, presumo, de pequeno salto de ambas as mulheres. Atrás, uma terceira mulher tem um rosto mais entristecido. De lenço negro, possivelmente já se havia despedido do namorado ou marido, a caminho da Flandres, onde muitos portugueses morreriam na frente da batalha (La Lys, 9 de Abril de 1918). Talvez o namorado fosse o soldado de bigode que vemos à direita, cabisbaixo, já a caminhar.

O rapazio, do lado esquerdo da imagem, acompanha a marcha dos soldados entre o medo e o espanto da movimentação. Verifico a cor da pele deles, muito meridional. Mas fixemo-nos agora no casal da frente.

A rapariga, de rosto muito fino e estatura mediana, tem os olhos semicerrados. O soldado pega meigamente no queixo da mulher prestes a rebentar em choro, após o último beijo. Eles sabiam que a despedida podia não ter regresso. Na mesma mão onde segura o guarda-chuva, tem um pequeno embrulho preso por corda. Não se sabe se o embrulho se destinava ao soldado, já de mochila às costas, de um pequeno haver dela ou de peça de roupa para entregar a uma cliente (efabulemos que ela era costureira).

À parte estes dramas pessoais, o quadro deve ser compreendido ao nível mais vasto da sociedade. Depois de se ter comprometido com o país que não enviaria tropas para a frente da batalha da Primeira Guerra Mundial, Afonso Costa, primeiro-ministro, mudou de ideias. O país atravessava uma conjuntura política e económica difícil; melhor não ficou, arrastando-se por entre o descontentamento e a escassez de bens de primeira necessidade, enquanto chegavam as notícias das primeiras baixas em combate. A repressão interna teve lugar no Verão e Outono desse mesmo ano de 1917. No final do ano, Sidónio Pais assumia o poder, instaurando uma ditadura militar; quase um ano depois, era assassinado.

Possivelmente, o namorado daquela mulher ainda muito jovem (19 anos? 20 anos?) não regressou ao cais da estação ferroviária. Qual terá sido o percurso da rapariga? Arranjou outro namorado, casou e teve filhos? Ou ficou viúva para toda a vida? Que alegrias teria, passados os anos de juventude?

Esta e outras imagens de Benoliel foram mostradas na Cordoaria Nacional (*LisboaPhoto 2005*), com relevo para imagens do rei D. Carlos e família e implantação da I República, juntamente com filmes do começo do século XX.

Além da fotografia de Benoliel, o texto que aqui se publica segue outras imagens e muitas ideias resultantes de mensagens colocadas no blogue *Indústrias Culturais* (endereço electrónico: http://industrias-culturais.blogspot.com) desde 2003. Trata-se de um espaço reflexivo sobre investigações produzidas na última década, apresentadas em forma de comunicações em congressos, artigos de revista e crónicas de rádio. Há muitas leituras por trás delas (jornais, livros, sítios da internet), filmes e programas de televisão, participação de leitores conhecidos ou anónimos no blogue, sugestões e trabalhos de alunos universitários, definições feitas por especialistas em várias áreas que convidei para aulas dadas nos últimos quatro anos, conferências e simples conversas com colegas e amigos, muitas vezes com tomada de apontamentos. É meu algum eventual erro que tenha resultado das anotações. Por vezes, ainda, os pequenos textos formaram uma espécie de fichas de leitura aproveitadas para aulas ou preparação de textos mais alargados.

Aquando da preparação do livro, com selecção e melhoramento de textos, verifiquei haver textos do blogue com repetições de temas e de ideias e perspectivas. A escrita dos textos seguem quer a perspectiva clássica da academia em termos de reflexão quer o trabalho jornalístico de abordar os temas agendados e de actualidade. Sugestões, obsessões, lutas em defesa do património (museu da rádio, sinal horário da RDP, leitura de jornais, TLEBS), simples comentários apareciam com continuidade de pensamento, mas também contradições e novas tomadas de posição, ilustrando o pensamento em acção.

Assim, o livro abrange diversas categorias, tais como indústrias culturais e criativas e cadeia de valor, como cinema, televisão, fotografia, rádio (mais música e indústria fonográfica), definição de públicos e recepção, espaços de consumo, como lojas, centros comerciais e cidades (os cafés, por exemplo), arrumadas em capítulos específicos. O texto inclui ainda tópicos sobre moda e publicidade, videojogos, jogos e manga (banda desenhada nipónica) e um pequeno conjunto de notas sobre alguns dos livros lidos nos últimos anos e que mais me marcaram. Um capítulo final insere textos de outros territórios, por não caberem nas designações dos anteriores. No seu conjunto, o livro realça temas de ordem histórica, tecnológica e sociológica. Capítulos como o da rádio enformam desses interesses, aliás já desenvolvidos noutras ocasiões (Santos, 2000, 2000a, 2005, 2005a).

Produto inicial colocado na internet, os textos traduzem a pós-modernidade tecnológica, com as vantagens e os defeitos de um meio em crescimento e à procura de uma ética própria. Refiro esta palavra porque nunca esteve tão presente a discussão sobre cópia e plágio, a não identificação da fonte de origem da informação. A internet, na sua expressão mais ampla, é uma grande conversa sincrónica mas também diacrónica, em que uma ideia ou ocorrência tem eco, é repetida ou reelaborada, perdendo-se o rasto da origem e dos seus autores. Se quisermos ser mais precisos, o meu texto *Duas mulheres, dois destinos*, sobre Judy Garland e Kate Smith, pode situar-se nesta posição. O que delas aparece escrito resultou de uma intensa pesquisa em sítios da internet; uma ou outra frase foi retirada desses locais sem eu fazer uma referência directa. Aqui, não considero haver plágio mas tão só a assunção de que o conhecimento é algo que circula entre grupos ao longo do espaço e do tempo, é património social. Sobre a internet, prefiro pensar que é um grande meio, o maior desde sempre, de partilha e de criação de redes, em que os blogues têm um lugar à parte.

Tal conduz a uma curta reflexão sobre o escrever em papel e o editar na internet, pois diferem os ritmos, os alcances de leitura e a organização dos materiais e inclusão de novos (texto, imagem fixa, imagem em movimento, som). A especialização na internet passa por produções curtas para caberem no espaço do ecrã, pela primazia da novidade, pelo cotejo e ligação a outras fontes. O livro em papel é ponto de chegada, sujeito apenas ao crivo crítico posterior dos seus leitores; a internet é continuamente ponto de partida e ponto de chegada, aceitando a rasura, o retomar de um assunto como se fosse um diário ou uma conversa.

Os meus agradecimentos cobrem um conjunto de pessoas, sem as quais este livro não teria a textura que apresenta. Em primeiro lugar, a Pedro Bernardo, editor das Edições 70, e José Carlos Abrantes, director da colecção, os dois primeiros leitores do texto. Também a Isabel Capeloa Gil, directora da Faculdade de Ciências Humanas da Universidade Católica Portuguesa, pelo prefácio. A Carlos Leone, pelo desafio inicial de escrever sobre indústrias culturais em 2000. A Isabel Ferin, por me ter convidado a leccionar indústrias culturais na Universidade Católica Portuguesa. A Laura Pires e Luísa Leal Faria, porque me apresentaram de modo muito gratificante aos alunos aquando da primeira aula sobre indústrias culturais. A Carlos Filipe Maia, meu "fornecedor" de agendas culturais e quem me levou a pensar na importância de tal informação para a compreensão do crescimento das indústrias criativas. Aos meus alunos que, através dos anos, contribuíram com dúvidas, críticas e sugestões, em especial Luís Oliveira Martins e Helena Cordeiro, cujas teses de mestrado foram ensaios para algumas ideias aqui produzidas. A Manuel Bragado, ligado à Asociación Galega de Editores, pelo convite para falar sobre indústrias culturais, em finais de 2005, e que serviu para reestruturar o meu pensamento sobre a matéria e que aqui incluo em texto bem identificado. A Catarina Burnay e Carlos Capucho, colegas da Universidade Católica, com quem mais converso sobre vários temas presentes no texto, como públicos e cinema. Aos jornalistas Miguel Gaspar, Nuno Azinheira e Nuno Galopim que, quando juntos na redacção do *Diário de Notícias*, me incentivaram a continuar a trabalhar no tema. A António Granado, do *Público*, e Paulo Querido, pelas contínuas sessões sobre blogues em vários sítios do país. Aos amigos da rádio: João Paulo Meneses, Jorge Silva Guimarães, Paula Cordeiro, Luís Bonixe e Paulo Ferreira. E a Luís Caetano, profissional da rádio, pelas oportunidades de falar na Antena 2 sobre os meus temas de pesquisa. A Paulo Faustino, da empresa proprietária da revista *Media XXI*, pelo convite para director da publicação e, depois, numa longa amizade e partilha de interesses profissionais e intelectuais. A Francisco Rui Cádima, primeiro director executivo do Obercom (Observatório da Comunicação), pelo apoio a publicações de textos na sua revista. Aos colegas do Centro de Investigação Media e Jornalismo (CIMJ), com quem conversei frequentemente de algumas das matérias aqui incluídas, e em cuja revista (*Media & Jornalismo*) sairam textos sobre rádio. Aos docentes amigos da Universidade do Minho, em especial Manuel Pinto, Helena Sousa e Luís António Santos, pelo incentivo a colaborar e publicar textos sobre rádio. E a Fernando Correia, que me possibilitou escrever sobre jornalismo e *media* na revista *JJ* (*Jornalismo e Jornalistas*). Aos convidados das minhas aulas, cujas intervenções alargaram conhecimentos, aqui inseridos: Graça Franco, Madalena Martins, Daniela Bertocchi, Carla Gouveia Pereira, Rui Telmo Gomes, José Vítor Malheiros, Manuel S. Fonseca, Francisco Penim, Luís Paixão Martins, Luís Queirós e Rui Brazão Lima. Aos editores e directores dos jornais *Público* e *Diário de Notícias*, pela permissão de reprodução de capas e fotos de capa de jornal. A José Nunes, que desenhou a mais recente estrutura visual do blogue http://industrias-culturais.blogspot.com, a funcionar desde 20 de Outubro de 2006 (e, no frontispício, com a imagem de Maria Arliette Rodrigues Moreira, pequena cantora da Rádio

Peninsular, Lisboa, nos começos dos anos 30). A Eduardo Cintra Torres, pela troca de textos e comentários. A Carla Pereira, do Museu do Fado, que me deu oportunidade de apreciar uma exposição quase antes da sua abertura e poder escrever sobre Berta Cardoso. Aos comentadores permanentes e fornecedores de informação (os meus "correspondentes") Maria João Eloy e Fernando Paulino, este desde Brasília. Aos irmãos João e Daniel Ribas, por me darem informações sobre manga e lojas especializadas na venda desse tipo de banda desenhada. A José María Barandiarán, editor da revista madrilena *Texturas*, pela curiosidade em conhecer melhor as indústrias culturais. Às blogueiras Soledade Santos (*Nocturno com Gatos*), Cristina M. Fernandes (*Janela Indiscreta*) e Alexandra Barreto (*Seta Despedida*), nenhuma das quais conheço pessoalmente mas com quem aprendi a ler outros temas. A Constança Lucas pela cedência de imagens do seu blogue *Imagem e Palavra* e a José Afonso Furtado pelas suas fotografias. À Ana e à Patrícia, por todo o apoio dado ao longo da vida.

O livro não foi planeado, os seus textos foram sendo escritos, produto de reflexões pedagógicas, gostos e sentimentos. O blogue começou por ser o espaço de continuidade e de complemento das aulas dadas na universidade; depois, derivou para um conjunto de coisas que dizem respeito aos meus interesses e a novas temáticas trabalhadas profissionalmente. Por isso, dedico-o aos meus alunos da Universidade Católica, com quem conversei e ensinei sobre quase tudo o que aqui está.

Capítulo 1

Teoria

Adorno e Horkheimer (1985) substituíram a expressão cultura de massa por *indústria cultural* no final dos anos 30. Fugidos da Alemanha por serem judeus, encontraram nos Estados Unidos um ambiente cultural muito diverso daquele a que pertenciam. O jazz e o cinema eram as artes mais desenvolvidas. Se Horkheimer e Adorno tinham uma vincada cultura clássica, este destacava-se por ser pianista, compositor e crítico musical (ligado à música dodecafónica, tipo de música atonal ou de doze tons). No livro *Dialéctica do Esclarecimento*, Adorno e Horkheimer escreveram que o cinema e a rádio eram não uma arte mas um negócio ou indústria. E descrevem o carácter de montagem da indústria cultural com a fabricação sintética e dirigida dos seus produtos, industrial no estúdio cinematográfico, nas biografias baratas, romances-reportagem e canções de sucesso.

Incluindo o texto de Walter Benjamin (1985) sobre o cinema na era da reprodutibilidade técnica, a análise das indústrias culturais alterou-se desde os anos 60 do século XX. O primeiro autor a trabalhar nessa transformação foi Edgar Morin. Mas, na década de 80, outros franceses deram uma interpretação mais coerente de indústrias culturais, casos de Patrice Flichy e

Bernard Miège. Este último enfatiza a importância da produção e reprodução dos bens culturais e escreve sobre as características específicas das mercadorias culturais: 1) em cada produto cultural, sendo um protótipo ([1]), o lucro depende da reprodução e da distribuição, logo das economias de escala e da maximização do público; 2) como não se antevê que uma obra seja um sucesso ou um fracasso, cada editor ou produtor opera com um repertório ou catálogo; 3) os produtos culturais não são destruídos no processo de consumo, o que leva a que, com frequência, os produtores e distribuidores trabalhem em estratégias de raridade ou penúria relativa quanto a oferta (Miège, 2000: 34-35).

Em 2002, David Hesmondhalgh publicou *Cultural Industries*, texto que me marcou muito. Quase ao mesmo tempo, Enrique Bustamante publicava *A Economia da Televisão*. Se Ramón Zallo (1992) definia indústrias culturais como actividades industriais de conteúdos simbólicos a partir de um trabalho criativo, Bustamante (2002) escreve que o conceito de indústrias culturais se converteu

> "[N]o núcleo central de uma teoria fecunda, sociológica e económica, orientada nestas últimas décadas para a compreensão da produção e consumo da cultura de massas. [...] os produtos e serviços culturais são compostos por protótipos reprodutíveis, caracterizados por uma permanente renovação, de valorização aleatória (alto risco económico), com custos fixos elevados (a criação e fabricação do *master*) e custos variáveis baixos (a reprodução e distribuição)".

O basco Ramón Zallo (1992) distinguia cultura tradicional, artesanal, independente e industrializada. Conquanto tenha referências intelectuais e ideológicas próximas de Adorno, Zallo reflecte sobre a apropriação da cultura feita pelo capitalismo, sem negar influências e evolução dessa apropriação. Constata a mercantilização da cultura, mas não a perscruta

---

[1] Perto da obra única, aurática, no sentido de Benjamin, mas feita a pensar na reprodução, na mercantilização.

somente segundo óculos de aporia ou leitura desconstrutiva do texto. Para ser mais preciso: logo no começo do seu trabalho, Zallo (1992: 10) escreve: "A mudança real foi tecida por dois factores: a expansão do mercado cultural como forma específica de extensão da cultura, com um tipo de produção cultural, a cultura de massas, e a aplicação dos princípios tayloristas da organização do trabalho – e mais recentemente neo-tayloristas – à produção cultural".

Hoje, fala-se, sem problemas de má interpretação, de produtos culturais que se tornam semelhantes a outros bens e produtos (Vilar, 2007: 137-138), numa alteração total do quadro criado por Horkheimer e Adorno. Se há produtos culturais, escreve Rui Vilar, criam-se públicos e redes para a sua distribuição e os lugares de exposição e fruição exigem tecnologias geradoras de novas indústrias. Gestão das organizações culturais e papel da cultura e das políticas culturais são outras ideias novas em discussão e aprovação.

No presente capítulo, desenvolvo os conceitos de indústrias culturais, cadeia de valor na indústria cinematográfica e no audiovisual, indústria cultural segundo a UNESCO e o Parlamento Europeu e ideias próximas como indústrias de conteúdos e indústrias criativas.

Indústrias Culturais e Novas Tecnologias [2]

Analiso aqui o impacto das indústrias culturais – tais como o cinema, a televisão e a edição – na sociedade actual e nos seus modos de pensar e agir. Refiro também a forma como as tecnologias digitais contribuem para o estabelecimento das estruturas modernas de comunicação.

Como ponto de partida, surgem algumas definições de cultura e indústrias culturais, cadeia de valor construída em torno da sua produção e mercantilização dos bens culturais. Seguidamente, o texto aborda a questão da concentração da propriedade nas indústrias culturais e o seu reflexo na alteração das profissões e do peso de dados elementos da cadeia de valor. Partindo deste conceito, reelaboro o de indústrias culturais, de modo a abranger artes performativas e criativas, enquadradas por valores económicos e de rentabilidade existentes na actividade cultural das grandes cidades.

A segunda parte desta reflexão está orientada para a compreensão do papel das tecnologias de informação nas indústrias culturais. Elencam-se componentes de determinismo tecnológico e o impacto das tecnologias e novos suportes na edição. Entende-se a tecnologia como um aliado e não um motor isolado nas transformações ocorridas ao longo de mais de um século em que os *media* e as indústrias culturais se assumiram como principal veículo de dar a conhecer o que se passa no mundo e levar o cidadão a raciocinar a partir dessa produção cultural feita a uma escala massificada.

Definições recentes de cultura e de indústria cultural

Nas duas primeiras décadas do século XX, a indústria cultural opôs-se à cultura e à arte, ao preconizar que esta deixava de ser território da obra única e irrepetível e passava a ser vista como multiplicada em série. O cinema e a fonografia apresen-

---

[2] Com base em conferência realizada em Santiago de Compostela a 4 de Novembro de 2005, integrada no II Simpósio *O libro e a lectura*, organizado pela Asociación Galega de Editores.

taram-se como indústrias culturais, embora a edição (livros, jornais) já anteriormente tivesse essas características. Se, no século XVIII, a querela era entre cultura e civilização, mais perto de nós a discussão andou em torno da industrialização da cultura.

Por isso, faço inicialmente uma incursão em alguns textos sobre cultura, servindo-me de trabalhos recentemente publicados ou traduzidos em português (Pires, 2004; Eliot, 1996; Crespi, 1997; Williams, 2000; Warnier, 2002; Eagleton, 2003). Se Crespi trabalha as indústrias culturais com menos profundidade e Warnier remete o seu texto directamente para elas, Eagleton deixa-o antever e Williams opera noutro campo, olhando o modo como artista e sociedade se interligam. Já T. S. Eliot (1996: 22) aborda somente o conceito de cultura, considerando-a parte do mesmo processo da religião: a sensibilidade artística ficaria empobrecida se divorciada da sensibilidade religiosa. Ele entende ainda que a cultura não é propriedade de uma pequena parte da sociedade mas criação da sociedade como um todo (Eliot, 1996: 41).

T. S. Eliot traduz a perspectiva de um autor profundamente religioso (católico). Por seu lado, Raymond Williams (2000: 35-53) distingue relações variáveis entre produtores culturais e instituições sociais reconhecíveis. A sua formação marxista leva-o a perscrutar as relações da cultura com o patronato e o mercado. Em sociedades antigas, o artista instituído era reconhecido como fazendo parte da organização social central – o poeta, por exemplo. Mas o poeta também podia estar dependente da corte ou de uma família aristocrata e poderosa, igualmente importante na pintura e na música, durante o período renascentista.

O mercado, por seu lado, implica a obra de arte como mercadoria e o artista como produtor especial de mercadorias. A introdução de um intermediário conduziu à instituição de relações capitalistas: ao comprar, o intermediário visa obter lucro. Williams aponta o caso de livreiros que passaram a editores. Uma nova etapa seria a do profissional de mercado, com dois indicadores precisos das relações de mercado: *copyright* (direitos de autor) e *royalty* (pagamento relativo ao exemplar vendido).

Quanto a Franco Crespi (1997: 23), não há uma matriz ideológica vincada nem uma ponderação igual entre cultura e religião. Para ele, a religião e outras características – linguagem, narrativas mitológicas, expressão artística, técnicas e filosofia –, fazem parte intrínseca da cultura. Se Eliot era escritor e Williams e Crespi escreveram sobre sociologia da cultura, Jean-Pierre Warnier acentuaria a tónica de antropólogo, estabelecendo a ponte entre cultura e indústria cultural. Em Warnier (2002: 9), a cultura caracteriza-se pelo seu modo de transmissão, a tradição, indo ao encontro de Crespi. A tradição é o que do passado persiste no presente, permanece activa e aceite por quem a recebe; contudo, a cultura é viva e integra a mudança.

Participante da corrente dos *cultural studies*, Eagleton (2003) apresenta uma concepção complexa de cultura. Ele fala em quatro elementos: civilidade, identidade, comércio ou pós-modernidade e protesto radical. É nos últimos dois sentidos que ganha força a proposta de Eagleton (2003: 96): quanto mais se comercializa a cultura, mais o mercado força os produtores à adopção de valores conservadores de prudência, anti-inovação e ansiedade. Encontramos aqui o pessimismo de outros pensadores, como Adorno.

Na realidade, Theodor W. Adorno e Max Horkheimer (1978), ao elaborarem o conceito de *indústria cultural*, partiram da ideia de que a cultura se mercantilizou, através do desenvolvimento tecnológico e da capacidade de reprodução. Neles existe uma pesada componente crítica filosófica (aporia). Inicialmente, os dois autores usaram a expressão *cultura de massa*, logo substituída pela de *indústria cultural* (1978: 287; Ribeiro, 2003: 12). Em meados dos anos 40 do século xx, Adorno e Horkheimer, então exilados nos Estados Unidos, criariam o conceito de *indústria cultural*. Para eles, os bens culturais inserir-se-iam numa lógica de produção industrial, logo eram mercadorias iguais a outras – seriação, padronização, divisão de trabalho. A este respeito, Adorno escreveu (2003: 97):

> "[A indústria cultural] reorganiza o que há muito se tornou um hábito, dotando-o de uma nova qualidade. Em todos os sectores, os produtos são fabricados mais ou menos segundo um

plano, talhados para o consumo das massas e, em larga medida, determinando eles próprios esse consumo. Os sectores individuais assemelham-se quanto à estrutura ou, pelo menos, articulam-se entre si" [original de 1963].

A escola de Frankfurt, em que Adorno e Horkheimer se inseriam, partiu da concepção de formas e funções superiores de cultura, interligadas com o ritual e o sagrado. No centro de tal elaboração encontra-se o conceito de obra de arte não reprodutível, possuidora de aura, valor cultural e autenticidade, peça única e de acesso difícil, como Benjamin elaborou em *A Obra de Arte na Era da sua Reprodução Técnica* (1985). Neste texto, Benjamin mostra que a arte do cinema só se concebe no estádio da reprodução, da multiplicidade de cópias, tornando caduca a noção de arte como peça única. Ora, a concepção de Adorno e Horkheimer ignorou o que está por detrás do princípio da reprodução e recusou a originalidade das culturas populares e a potencial identidade das culturas de massa, casos do jazz e do cinema, entrando em colisão com o pensamento mais moderno de Benjamin.

Adorno e Horkheimer escreveram indústria cultural no singular, o que indicia um campo unificado e uma relação sentimental com formas pré-industriais de produção cultural. Autores como Miège (2000) e Hesmondhalgh (2002) preferem o plural, dadas as várias formas de produção cultural que coexistem e nela assumem lógicas diferentes. Por exemplo, o audiovisual e a imprensa têm lógicas diferentes, o que leva a falar-se de complexidade nas indústrias culturais. Estas posicionam-se em concorrência e luta permanente, aspecto diferente da perspectiva de Adorno e Horkheimer, para quem a cultura se subjuga ao capital através de um sistema abstracto de "razão instrumental". Se a introdução da industrialização e das novas tecnologias na produção cultural leva à crescente mercantilização, também conduz a novas direcções e inovação (Miège, 2000). Os sociólogos detectam dificuldades no capitalismo em controlar a cultura na sua totalidade.

Está-se, pois, já longe das preocupações filosóficas iniciais em alguns autores de cultura e de Adorno e Horkheimer. Um novo olhar sociológico e económico enquadra o conceito de indústrias culturais, de onde partiriam os franceses Patrice Flichy (1991) e Bernard Miège (2000), o inglês David Hesmondhalgh (2002), os espanhóis Ramón Zallo (1988, 1992) e Bustamante e colegas (2002, 2003) e a portuguesa Maria de Lourdes Lima dos Santos (1999). É esta dispersão geográfica e os concomitantes pontos de vista diferentes e, por isso, ricos em si mesmo, que exploro agora.

Patrice Flichy (1991: 37-38) distribui as indústrias culturais por dois tipos, a *mercadoria cultural*, com produtos vendidos nos mercados, caso do cinema, e a *cultura de fluxo*, com produtos caracterizados pela continuidade e amplitude da sua difusão, como os jornais. Este segundo implica novos produtos diários, o que torna antiquados os publicados na véspera. Fala-se em risco editorial, caso da indústria discográfica: como qualquer produto cultural editado, cada título em disco tem uma valorização aleatória. Para reduzir o risco, o editor reparte a sua produção por um grande número de títulos editados, o catálogo ([3]). Um produtor de cinema, como a Disney, planifica a difusão dos seus filmes para exploração durante anos; ao invés, o programa de televisão caracteriza-se pela obsolescência dos seus produtos após a transmissão, pelo consumo no momento da difusão.

A distinção entre *modelo editorial* e *modelo de fluxo* é também o tema principal do livro de Miège (2000). Ele retoma o caso do cinema, que passa do *modelo editorial*, na exploração dos filmes de sala, ao *modelo de fluxo*, com a produção de telefilmes. Apesar de o cinema preservar modalidades de gestão herdadas da pequena produção independente ou artesanal, a produção televisiva apela às técnicas de gestão industrial ([4])

---

[3] O conceito de fundos ou catálogo apresenta também um aspecto positivo. O lançamento de um livro pode servir para colocar no escaparate outros livros mais antigos de um mesmo autor, alguns com novas capas, que o leitor compra no sentido de ter a colecção total das obras. O mesmo ocorre com os CD e DVD.

[4] Há, contudo, uma estratégia mais recente, a da serialização no cinema, como os filmes de *Harry Potter*, *A Guerra das Estrelas*, de George Lucas, ou *Kill Bill*, de Quentin Tarantino.

e permite uma melhor circulação dos filmes e a amortização dos custos de produção. Os produtores ganharam o hábito de negociar com as cadeias de televisão, tornados co-produtores, com exemplos recentes na televisão portuguesa (Santos, 2002a). O modelo de fluxo no cinema é mais perceptível quando se fala em comercialização dos filmes na janela de distribuição dos DVD, o que mantém a querela antiga entre cinema-arte e cinema-indústria cultural.

Essa análise a fileiras diferenciadas, como disco, cinema e novos produtos audiovisuais (DVD, internet, blogues), leva à defesa da identidade própria dos produtos culturais. Daí que Miège (2000: 18) defina três tipos de indústrias culturais, adequando o peso da inserção do artista ou criador simbólico. Se o primeiro tipo é o dos produtos reprodutores (aparelhos tecnológicos), não incorporados no trabalho do artista, o segundo é o dos produtos reprodutíveis, centro da mercadoria cultural e de visibilidade dos artistas, encaixando-se livros, discos e espectáculos cinematográficos. Finalmente, o critério de limitação da reprodução combina-se com estratégia e raridade, onde intervêm os artistas na concepção e produção (litografias, reproduções numeradas de obras de artistas plásticos e edição de livros de tiragem limitada).

Muito influenciado por Flichy (1991) e por Miége (2000), Ramón Zallo (1992), e apesar de prévio ao texto de Miège, entende as indústrias culturais como actividades de conteúdos simbólicos, a partir do trabalho criativo, organizadas por um capital que se valoriza, e destinadas ao mercado. Zallo divide as indústrias culturais em cinco parcelas, das quais nos interessa realçar as duas primeiras, as indústrias de edição descontínua (editorial, fonografia, cinema, edição videográfica) e indústrias de produção e difusão contínuas (imprensa, rádio, televisão) [5]. Para ele, as actividades de difusão contínua

---

[5] As outras três são as indústrias sem um canal autónomo de distribuição e difusão (publicidade, produção videográfica), segmentos tecno-culturais da informática e electrónica (equipamentos domésticos e internet) e segmentos culturais da indústria geral (desenho gráfico e industrial, imagem de produto).

(fluxo) ajudam o formato fixo e a programação estável; nas actividades descontínuas (editorial), a produção cultural recorre nomeadamente à *serialização* (produção em série).

A perspectiva de Zallo tem um conteúdo economicista e ideológico, este menos visível em Maria de Lourdes Lima dos Santos (1999). A socióloga portuguesa relaciona os processos de produção, distribuição e consumo de bens e serviços culturais das indústrias culturais com o sector clássico ou tradicional e o sector de vanguarda ou experimental. Numa definição próxima de Zallo, Santos (1999) olha as *indústrias culturais* como:

> "bens ou serviços culturais [...] produzidos, reproduzidos e difundidos segundo critérios comerciais e industriais, ou seja, quando se trata de uma produção em série, destinada ao mercado e orientada por estratégias de natureza prioritariamente económica. E o que cabe, concretamente, neste sector das indústrias culturais? Em geral, refere-se o cinema, o disco, o rádio, a televisão, mas também se avança a informática, a publicidade e o turismo, ou ainda, a organização de espectáculos e o comércio da arte".

Concentração da propriedade dos *media* e estádios de produção cultural e profissões

É fundamental irmos além das indústrias culturais em si e estudar os modelos empresariais (Doyle, 2002; Hesmondhalgh, 2002; Rouet, 2002; Murdock, 2003; Madeira, 2002; Jones, 2005). Por exemplo, tem-se escrito muito sobre os patrões dos media, como Berlusconi e Murdoch, mas há menos investigação empírica sobre o impacto da concentração da propriedade dos *media* no pluralismo político e cultural (Doyle, 2002: 13; Martins, 2006). Jones (2005: 29) analisa e critica as tentativas de domínio e controlo dos *media* e das indústrias culturais por parte quer do poder político quer do económico. Existe o receio da concentração excessiva da propriedade dos *media* conduzir a desigualdades em termos de valores (sociais, políticos e económicos).

Há três tipos fundamentais de concentração. A primeira, concentração horizontal ou monomedia, significa o crescimento da propriedade num único sector de actividade mediática (caso da radiodifusão ou edição). A concentração vertical é o cruzamento de actividades do mesmo sector mas alargada a duas ou mais etapas na cadeia de valor (como o cruzamento de propriedade da produção de programas com as actividades de difusão dos canais de televisão). Quanto à concentração diagonal ou em conglomerados, refere-se à propriedade combinada de actividades em diferentes áreas (exemplo de radiodifusão mais televisão mais edição de revistas).

Por exemplo, em Portugal, a Impresa tem a SIC (televisão), dois dos principais semanários (*Expresso* e *Visão*) e capital numa gráfica e numa distribuidora de jornais, ao passo que a Prisa detém a TVI (canal de televisão), uma cadeia de estações de rádio e controla o mercado de out-doors. Até há poucos anos, a Portugal Telecom (telecomunicações) tinha jornais (vendidos, entretanto), mas mantém a televisão por cabo (distribuição) e a Lusomundo (salas de cinemas e catálogo de filmes).

Se, nos anos 80 do século passado e a nível mundial, a Sony foi o grupo que concentrou as indústrias culturais – ao adquirir a Columbia, entrou na cadeia de valor do cinema, com estúdios, salas de cinema, televisão por feixe hertziano e cabo –, na década seguinte passou o testemunho de liderança à Disney, detentora de um rico catálogo de filmes, parques temáticos e hotéis, redes de televisão (ABC), canais por cabo e uma distribuidora internacional (Buena Vista). O sucesso da Disney baseia-se na valorização da propriedade intelectual em torno dos direitos em filmes, programas televisivos, música e marcas.

Os anos finais do século XX veriam muitas fusões nas indústrias culturais, com um pequeno grupo de conglomerados a juntar em si quase todo o mercado, na produção e distribuição, enquanto os governos (nomeadamente o americano e os europeus) removiam restrições legais a essa concentração e cruzamento de propriedade. Analisando as fusões, Klein (2002: 172) teceu comentários muito negativos ao modo como, em 1994, a Viacom comprou a Blockbuster Video e a

Paramount Pictures: a primeira obtinha lucros dos filmes produzidos pela Paramount, exibidos na cadeia de cinemas da mesma empresa, e ganhos na passagem dos filmes a vídeo.

Ao mesmo tempo, crescia a incerteza no mercado de trabalho das indústrias culturais. Devido à onda de fusões, as empresas eliminaram custos fixos (emprego) ou levaram os trabalhadores a trocar o emprego seguro (sem prazo) por contratos *freelance* e um maior uso do trabalho em *part-time* e intermitente (Murdock, 2003; Miège, 2000). Graham Murdock (2003: 16) investigou essas mudanças nas estruturas das indústrias culturais, nas estratégias de mercado e nas profissões culturais, alterações que coincidiram com a passagem de produção interna para a produção independente na indústria televisiva britânica nos anos 90 do século XX e com as novas relações contratuais entre estúdios principais e independentes na indústria discográfica.

Para se perceber o modo como funciona a produção artística e cultural, Cláudia Madeira (2002) concebeu uma taxonomia tecno-estética. Segundo ela, existe, por um lado, o *stock-system* ou grupo fixo, com a actividade de um grupo permanente ou núcleo estável. Por outro lado, funciona o *combination system* ou grupo móvel, em que a composição do grupo se modifica por espectáculo ou projecto e se dissolve no seu final (Madeira, 2002: 19). Este segundo sistema torna-se dominante, pelo que a maioria dos criadores simbólicos não vive dos seus rendimentos da arte e da cultura, mas complementa o salário com outros trabalhos (Santos, 2002). Este movimento entre projectos criativos e emprego suplementar parece aumentar junto dos que trabalham em televisão, em particular os que funcionam numa base de *freelance*. A viragem para a produção em *outsourcing*, assente em trabalho *freelance* e reunindo equipas baseadas em projectos, torna as carreiras nas indústrias culturais mais inseguras, imprevisíveis e dependentes de relações sociais e amizades, ideias que retomarei adiante.

Dados recentes sobre televisão dão conta da saída de trabalhadores culturais a meio da carreira, pessoas entre os trinta e os quarenta anos (Tunstall, 2001: 5). Se as mulheres, em particular, são o grupo mais ocupado com o trabalho *freelance*, os criadores simbólicos, em geral, tornam-se polivalentes, circulando em actividades como televisão, vídeo institucional, multimedia, publicidade e revistas. A vantagem na pluralidade de actividades fica descompensada pela necessidade de investimento cultural e tecnológico contínuo para responder às novas solicitações. Finalmente, o impacto das tecnologias digitais leva pequenas equipas de especialistas em computadores a substituir e tornar redundante a existência de muitos criadores (Murdock, 2003: 31), como se viu quando a Disney, associada à Pixar, dispensou os desenhadores analógicos, que faziam quadradinhos em papel e tinta.

A esta perspectiva radical junta-se uma outra, mais consensual. Apesar do domínio dos conglomerados, têm nascido pequenas empresas independentes (Hesmondhalgh, 2002: 9) e que reflectem as características peculiares da produção cultural. A concepção do trabalho cultural pode ter lugar numa escala reduzida, mesmo que cresça o nível de reprodução e circulação dos bens culturais (desenho de revista, gravação musical), com um baixo custo na reprodução. Realizar um filme já implica uma estrutura e acesso a capital considerável, apesar de qualquer pessoa poder escrever o argumento. A existência de pequenas empresas de produção cultural torna-as locais de independência criativa, por oposição às grandes empresas, de níveis mais elevados de burocracia.

Na televisão europeia, o aumento da produção independente deveu-se a dois processos imbricados entre si: 1) os cortes orçamentais do serviço público fizeram subcontratar a produção; 2) os políticos encorajaram o crescimento no sector independente com medidas como a directiva *Televisão sem Fronteiras*, apoiada nos programas Media (1987), Eurimages (1989) e Eureka audiovisual (1989) (Rouet, 2002: 61-62) e quotas de programação a adjudicar ao exterior (Hesmondhalgh, 2002: 144). No cinema americano, produtoras como a Miramax e a Dreamworks mantiveram-se independentes do "sistema" de Hollywood; contudo, os anos mais recentes viram essas empresas ser compradas por conglomerados, observando-se todos os passos destacados no trabalho de Murdock (2003). Um texto recente, de Allen J. Scott (2005:

36-39), destaca esse emaranhado de relações de interligação, interdependência e centros de poder e decisão entre estúdios principais, estúdios independentes e círculo intermediário, partindo de conceitos como redes integradas de actividades (*system houses*) e organização flexível.

Cadeia de valor e indústrias criativas

Conceito imprescindível na análise das indústrias culturais é o de *cadeia de valor* (PIRA, 2003; European Investment Bank, 2001; Andersen, 2002; Martins *et al.*, 2004; Martins, Conde *et al.*, 2005). Num livro que escreveu em 1985, Michael Porter (*Competitive advantage*) definia cadeia de valor como a segmentação da actividade da empresa em operações elementares, tendo em vista potenciais vantagens competitivas. A empresa apresenta-se, deste modo, como um conjunto de actividades compostas por concepção, produção, comercialização, distribuição e apoio ao produto (pós-venda). Na sequência, em texto saído em 2000, Axel Zerdick e colegas definiriam duas noções de cadeia de valor, a primeira apontando actividades que geram valor para o cliente e a segunda indicando que a margem de lucro correspondente à diferença entre o valor total e os custos implicados no prosseguimento das actividades (Martins *et al.*, 2004).

Pela cadeia de valor, é possível a avaliação dos custos e proveitos nos seus vários níveis, bem como o grau de inovação e produtividade neles inseridos. Assim, enquanto em Porter a cadeia de valor é um sistema de actividades interdependentes, no relatório PIRA (2003) – que estudou a indústria editorial – cada empresa ocupa uma posição na cadeia de valor: a montante estão os fornecedores, cujos resultados são transmitidos ao agente seguinte na cadeia, até atingir o consumidor, com cada parceiro a trazer a sua competência central para a organização. A representação matricial da cadeia de valor no texto PIRA (2003) compreende as actividades de negócio como uma sequência de investimento – produção, vendas, contas e cliente –, isto é, uma abordagem que integra os conceitos de ciclos de vida do produto e dos mercados. No entanto, a consultora atende ao impacto da migração para o digital e ao surgimento das tecnologias disruptivas (internet, digitalização, e-books) no campo da imprensa.

Quanto à Andersen (2002), que analisa o audiovisual, reparte a sua cadeia de valor em três actividades genéricas: 1) *conteúdos*, geridos pelos detentores de direitos, produtores de conteúdos e intermediários dos direitos, 2) *empacotamento* (programadores e agregadores), e 3) *difusão* (redes, fornecedores de acessos e vendedores de equipamentos). Já para o European Investment Bank (2001), as indústrias audiovisuais dividem-se em quatro estádios de trabalho: desenvolvimento, produção, distribuição e exibição/transporte. Aqui, com o processamento de diversificação, segmentação e personalização da oferta, revela-se de extrema importância a integração do consumo como elo da cadeia de valor.

O trabalho de Carla Martins *et al.* (2004), que aglutina as definições dos estudos acima indicados, identificou as actividades primárias geradoras de valor no sector audiovisual, com diferenciação de cadeias de valor em segmentos (cinema, transmissão – rádio e televisão –, indústria fonográfica, vídeo e multimedia), cobrindo a maioria das indústrias culturais. Em texto mais recente, a mesma equipa (Martins, Conde *et al.*, 2005: 22) opera um só sector, o da imprensa, e desagrega-o em edição, impressão e distribuição. Este último texto leva em conta o relatório PIRA (2003), que aponta para a identificação de novas propostas de valor por parte de empresas constituídas há muito e novas entidades.

No relatório do European Investment Bank (2001), já citado, a indústria audiovisual abrange os mercados do cinema, transmissão de televisão e rádio, vídeo/DVD e multimedia, os quais se diferenciam das indústrias criativas ou de conteúdo. Nestas, a criação do produto/serviço baseia-se no esforço artístico ou criativo: as indústrias criativas (arquitectura, música, artes performativas, mercados de arte e antiquários) são actividades de capacidade e talento individuais, com potencial de criação de riqueza e emprego através da exploração da propriedade intelectual (Department of Culture,

Media and Sport, 2001; Hartley, 2005; Pratt, 2004). Ao conjunto anterior associam-se as designadas indústrias culturais (publicidade, design de moda, cinema e vídeo, música, edição, televisão e rádio, software interactivo de lazer). Hartley (2005: 5) é um dos autores que têm promovido o recente conceito de indústrias criativas, as quais fazem convergir as artes criativas e as indústrias culturais no contexto das novas tecnologias e dentro da economia do conhecimento.

Há, em simultâneo, radicalidade e modernidade na combinação de artes criativas e indústrias culturais: as artes (isto é, a cultura) contactam directamente com as indústrias de grande escala e reprodutíveis tais como o entretenimento nos *media* (isto é, o mercado). Hartley (2005) sugere mesmo que esta articulação vá além das distinções entre elite e massa, arte e entretenimento, patrocinado e comercial, nível elevado e normal, o que nos leva aos pontos iniciais do presente texto.

Por que se deu o aparecimento do conceito de indústrias criativas? Segundo o relatório do Department of Culture, Media and Sport (2001), as indústrias criativas definem-se como as "que têm a sua origem na criatividade individual, capacidades e talento e com um potencial para produção de riqueza e de empregos através da gestão e exploração da propriedade intelectual" [tradução minha]. Trata-se de definição mais abrangente do que a de indústrias culturais e retira, em definitivo, a ganga ideológica do termo cunhado por Adorno e Horkheimer. Aliás, uma definição pertinente é a dada por Jinna Tay (2005: 220), a propósito de cidades criativas, que

> "são espaços onde queremos estar, locais para serem vistos. As suas lojas, restaurantes e bares são as manifestações mais superficiais de um ambiente criativo. Para além destas «cenas», as cidades criativas também possuem várias características: a existência de um sector vibrante de artes e cultura; a capacidade para gerar empregos e lucros nos serviços e indústrias culturais; e as iniciativas políticas respeitantes à distribuição de recursos entre as procuras global e local. Em sentido lato, as cidades criativas são espaços urbanos locais que podem ser reimaginados, rejuvenescidos e reutilizados dentro de um quadro competitivo global" [tradução minha].

O acima referido relatório do Department of Culture, Media and Sport (2001) é fruto da discussão governamental inglesa durante a segunda metade da década passada, integrada em políticas nacionais, regionais e urbanas, dada a descoberta da importância do contributo do PIB (e produção de empregos). Segundo Andy C. Pratt (2004: 19), o sucesso das indústrias criativas (o autor mantém a designação de indústrias culturais) revelou-se uma surpresa para decisores políticos e públicos, primeiro, porque não havia dados sistemáticos recolhidos antes, e, segundo, porque o sector cultural como um todo, e o seu elemento comercial em particular, é relativamente novo e está a crescer depressa. Observa o mesmo autor que o valor das indústrias criativas na economia resultou em impactos directos, indirectos e ainda em análises múltiplas. Em 1991, as indústrias criativas empregavam 4,5% do emprego no Reino Unido (Pratt, 1997: 1), subindo desde então. Daí que os modelos mais recentes das indústrias culturais procurem envolver toda a cadeia de valor, da conceptualização ao consumo.

O modelo de produção das indústrias criativas em Pratt (1997: 8-10) retoma alguns dos fios que deixei atrás, quando referi a noção de cadeia de valor e o preço do trabalho nas indústrias culturais. Pratt identifica vários momentos no sistema de produção cultural: origem do conteúdo, resultados de entrada, reprodução, troca, educação e crítica, e arquivo. Há um número significativo de pequenas e micro empresas (Pratt, 1997; Hartley, 2005), que trabalham para multinacionais, com diferentes níveis de gestão, tecnologias, quotas de mercado, economias de escala e capacidades em recursos humanos e financeiros. Isto traz conflitualidade, em termos de exigências ambientais, qualidade e segurança, assim como rotação elevada de empresas e empregados. Hartley (2005) destaca a grande proporção de empregados por conta própria (*free lance* e a contrato). Se há actividades culturais agradáveis em termos de salários, em que o vencimento do criador simbólico a tempo inteiro pode ser 20% mais elevado do que a média geral, o domínio do sector por pequenas empresas e *freelancers* anuncia precariedade, intermitência e salários baixos. Trata-se da abordagem crítica e radical, como analisei mais atrás.

Determinismo tecnológico

O sentido actual de tecnologia nasceu na segunda metade do século XIX, descrevendo a reestruturação das sociedades ocidentais pelos processos industriais (Murphy e Potts, 2003: 3). Entendia-se a tecnologia como a aplicação de um corpo de conhecimento, ou ciência, em áreas específicas; em particular, a aplicação da ciência à produção, sob a forma de engenharia, e a criação de sistemas industriais. Segundo Murphy e Potts (2003), a tecnologia tornou-se uma palavra de duplo sentido: 1) sistema em que vivemos, 2) identificação das máquinas ou aparelhos (televisor, computador). A definição comum de tecnologia refere-se ao seu carácter artificial: a tecnologia não é um objecto natural, mas feita pelos homens.

Nasce uma corrente, o *determinismo tecnológico*, que tende a considerar a tecnologia como factor independente, com propriedades, desenvolvimento e consequências. O sociólogo Thorstein Veblen seria o introdutor do termo determinismo tecnológico ainda nos anos 20 do século XX, quando a política social nas nações industrializadas se sentia influenciada pela capacidade técnica, apesar de uma maior antiguidade na noção. Este determinismo olha a mudança tecnológica como autónoma, isenta de pressões sociais, e está associado ao progresso, à velocidade de movimento e ao volume de produção. Hoje, as designações sociedade da informação ou era do computador são as substitutas.

Marshall McLuhan (1977, 1979) foi um dos autores mais identificados com o determinismo tecnológico, com a premissa das tecnologias enquanto extensões das capacidades humanas. Podemos dizer que, sociologicamente, McLuhan se situou no oposto à posição pessimista da escola de Frankfurt, que retrata a desintegração da antiga sociedade burguesa da Europa central e o destino trágico de um grupo de intelectuais: Adorno, Horkheimer, Marcuse e outros emigraram, Benjamin suicidou-se. A esse lamento europeu dos anos da Segunda Guerra Mundial sucedia-se a alegre sociedade de consumo dos anos 60, nomeadamente na América do Norte, marcada por uma expansão tecnológica sem precedentes (Santos, 2000: 38). O autor canadiano emerge do conjunto de investigadores debruçados sobre essa época, os seus processos tecnológicos e os efeitos culturais dos media. Após notoriedade e fama, os seus escritos receberiam atenção renovada nos anos 90, quando comentadores e teóricos da internet o aclamaram como o profeta da rede digital ou simplesmente reflectiram o seu legado (Kerchkove, 1997; Subtil, 2003; Murphy e Potts, 2003; Genosko, 1999; Santos, 1998, 2000).

Em McLuhan, os *media* são tecnologias que alargam as percepções sensoriais humanas. Ao propor que o "meio é a mensagem", argumenta que o significado cultural dos *media* não reside no seu conteúdo mas no modo como altera a nossa percepção do mundo ([6]). Para ele, rádio, cinema, alta-fidelidade e televisão constituem uma mudança face às condições culturais da impressão (galáxia Gutenberg), com os seus legados intelectuais de linearidade e racionalidade, mas também de fragmentação social. Assim, os *media* audiovisuais fornecem uma corrente contínua e variada de informação com grande profusão de fontes (galáxia Marconi).

Consideremos agora três autores que se reconhecem em McLuhan (Baudrillard, 1979, 1991; Virilio, 1995, 1996; Ilharco, 2003). Se a escrita de McLuhan não constituiu um método mas um mosaico cheio de aforismos, Baudrillard seguiu práticas semelhantes, construindo constelações de imagens e conceitos (Genosko, 1999: 84). McLuhan abandonara a especialização, a uniformidade e a homogeneidade em detrimento da rede; Baudrillard analisaria os ambientes dos meios mediatizados, através da *semiurgia*, neologismo que quer dizer produção de signos, sociedade de simulações liderada pela hiper-realidade, domínio e fascínio de imagens, espectáculos e simulações (Santos, 2000: 39). Por seu lado, Virilio trabalhou a estética do desaparecimento como eixo central do seu pensamento, associada ao aumento da velocidade. O espaço fica devorado pelo tempo real, pelo *on-line* da actualização permanente. Virilio

---

([6]) McLuhan adoptou este e outros conceitos do trabalho de Harold Innis (cujo *Empire and communications* fora publicado em 1950) (Subtil, 2003, 2006; Carey, 1992).

explora a luta entre velocidade metabólica e velocidade tecnológica na qual o corpo parece desaparecer. Programamos o nosso próprio desaparecimento: tratamos o corpo como se fosse alguma coisa para "acelerar" constantemente.

Um autor perto de nós, Fernando Ilharco (2003: 80-83), estuda a informação e sistematiza-a em três patamares: 1) natural (as nuvens indicam a possibilidade de chuva), 2) cultural (informação para a realidade, como os correios e os mapas), e 3) tecnológica (gravação da realidade). Ora, como estamos imersos em informação tecnológica, o real é a informação tecnológica: "à medida que a substituição do real avança é de resto o substituído, a realidade pré-tecnológica, que nos surge estranha, desajeitada e pouco atractiva" (Ilharco, 2003: 128). Por exemplo, quando se está num parque natural com animais selvagens e se mostram, em simultâneo, filmes sobre esses animais, tal significa que o não real é mais apelativo que o real, o que leva à conclusão de que este é aborrecido. A isto, o crítico radical Ritzer (2004: 110) chama *mcdonaldização da cultura*, baseada na previsibilidade e eficiência de obras muito semelhantes entre si, com recurso sistemático a valores estéticos já garantidos pelo sucesso e a estereótipos de boas práticas.

O que retemos do estudo destes autores? A tecnologia comanda a sociedade: a extensão em McLuhan, a velocidade e o desaparecimento em Virilio, o simulacro em Baudrillard. O determinismo tecnológico põe ordem na sociedade, organiza-a; a sociedade é uma reacção à tecnologia, à inovação. A verdade, contudo, é que passamos de uma cultura do cálculo para uma cultura da simulação, como tão bem analisa Turkle (1997: 26). A cultura moderna, gutenberguiana, consistia em estruturas centralizadas e tinha regras rígidas; a cultura pós-moderna é da ordem da complexidade, descentralização e da simulação, na sequência do previsto por Baudrillard.

Isso não inibe as fragilidades apontadas ao determinismo tecnológico: primeiro, McLuhan considera o papel da tecnologia como elemento único e fundamental na transformação da sociedade; segundo, e resultante do primeiro, as forças políticas e económicas que agem sobre a sociedade são desprovidas de valor (Marshall, 2004: 31-32; Furtado, 2002).

Impacto das tecnologias nas indústrias culturais

Há ainda a ideia de sublime tecnológico (Murphy e Potts, 2003): habitualmente, considera-se ter a electricidade trazido liberdade, descentralização, harmonia ecológica, produtividade e expansão económica. E defende-se o uso da rádio e da televisão (e os transportes rápidos) como desenvolvimento, riqueza, cultura e felicidade. A ideia de sublime tecnológico volta a estar na ordem do dia: pela simples imposição do computador na sala de aula, garante-se acesso à informação e anulam-se desníveis de conhecimento. Castells (2002), que escreveu sobre o nascimento da sociedade em rede, alertou para essa falsa questão.

Apesar dos aspectos positivos, a sociedade em rede leva a uma profunda reestruturação social, em curto período de tempo, das empresas e dos Estados, com desregulação, privatização de recursos públicos e erosão dos contratos laborais, elementos já assinalados. Castells (2002) vai ainda mais longe e conclui que os nós virtuais das redes informacionais separam o mundo em territórios de valor e de não-valor. Mesmo nas cidades podem coexistir áreas informacionais e áreas info-excluídas, gerando diferenças brutais em termos de conhecimento e riqueza.

Castells fala de divisor ou fosso digital. Os textos deste autor são o ponto de partida (e também de chegada) de novos sentidos, uns optimistas (Gillmor, 2005, Rheingold, 1996; Negroponte, 1996) e outros demonstrando receios (MacKay, 1997; Wolton, 1999). Desde o momento da sua massificação que a internet vem sendo estudada (Newhagen e Rafaeli, 1995; Marshall, 2004; Bennett, 2005). Newhagen e Rafaeli (1995) enunciam várias qualidades da rede electrónica: multimedia (possibilidade de envio simultâneo de texto, voz, imagens fixas e em movimento e animação), hipertextualidade (textos não lineares), comutação em pacote (percurso por rota e velocidade alternativas), sincronia (acesso do ponto receptor dependente da vontade e disponibilidade em atender) e interactividade (comunicação múltipla e não hierárquica). Enquanto Furtado (2002) evidencia as propriedades do hipertexto ou texto literário-criativo como sendo da ordem de conjuntos de unidades semânticas e de associações (*links*), com um *interface* comum a emissores e receptores, Marshall (2004: 41-44) prefere destacar os espaços de disputa dos participantes na comunicação entre acesso e exclusão, personalização e colectividade, trabalho e jogo, e produção e recepção. Para ele, os equipamentos electrónicos multimedia são, simultaneamente, máquinas para trabalhar e divertir. Por outro lado, um consumidor, habituado ao papel de receptor, torna-se também produtor, por via desses mesmos equipamentos multimédia. O amador aficionado realiza vídeos e imagens (Marshall, 2004: 44) e pode criar e alimentar uma *newsletter* ou uma estação de rádio, desde a produção e a edição até à difusão e contacto com o seu público.

O estudo da internet estende-se aos blogues, ferramenta considerada muito próxima da concepção original da internet, graças à interactividade, com actualizações e comentários constantes (Gillmor, 2005; Singer, 2005; Santos, 2005b, 2007a). O seu uso pressupõe um novo *capital cultural*, com partilha de informação e opiniões e facilidade de publicação (Bennett, 2005).

Um facto notável da internet (e dos blogues) – a *comunidade virtual*, na feliz designação de Rheingold (1996) – reside na sua capacidade de ultrapassar fronteiras geográficas e contar com centenas de milhar de editores e de autores (Truetzschler, 1998: 84). Rheingold (1996: 341) estabeleceu um paralelismo entre conversas informais das comunidades reais e conferências informáticas. O lar desdobra-se em dois: 1) o das relações físicas entre o agregado familiar, 2) o da comunidade virtual quando se liga o computador doméstico à rede (Santos, 2000: 50). Os indivíduos e os grupos buscam alternativas associativas, que Rheingold considera estarem a reconstituir-se nas redes virtuais. Estas novas formas de associação colectiva acrescentam um sentimento de pertença emocional e ideal de projecto comum e um lado de efémero ou de ausência organizacional (Manta e Sena, 1995) e facilitam a criação de novas identidades individuais, em termos de idade ou género (Bennett, 2005: 90).

Rheingold (1996) e outros investigadores do ciberespaço garantem mesmo a bondade utópica da interactividade. Aliás, os cultores do ciberespaço vêem a rede electrónica como espaço do sagrado e lugar privilegiado para observar o reencantamento da tecnologia (Lemos, 1996). Por ser electrónica, a rede virtual parece democrática. Dela, fica-se com a ideia de actividade de lazer mediado tecnologicamente associado à internet e partilha igualitária. Tal fascínio alimenta as hipóteses de a rede electrónica servir de ligação a movimentos sociais fortes (Marshall, 2004: 34), o que acontece nos blogues (Santos, 2005b, 2007a). Mas também há terreno para críticas:

> "Uma delas aponta para o facto da promoção do "não lugar" – do espaço virtual – não eliminar o lugar físico onde estamos. Ora, o sítio físico ainda mantém o lugar central na nossa sociedade. No seguimento das críticas à televisão (que torna as pessoas gordas, preguiçosas, estúpidas e violentas), inclui-se a internet (a dependência da internet provoca a perda de hábitos de socialização) (Newhagen e Rafaeli, 1995). Noutra perspectiva, critica-se a anestesia provocada pela utilização da rede: a Net deixa hiper-rastos, com o utilizador a andar de página em página até esquecer o que procurava, respondendo ao entusiasmo de uma reacção imediata" (Santos, 2000: 51).

Para não ser conotado como pessimista, reutilizo algumas palavras anteriores: é que o deslumbramento do sublime tecnológico – o progresso e a felicidade automática dada pela máquina – se pode transmutar em disponibilização da tecnologia para usos sociais.

Novos suportes na edição

Quero agora destacar a reflexão em torno dos suportes tecnológicos mais recentes (Marshall, 2004; Carneiro, 2000) e a influência nos *media* impressos, como jornais e livros (Bustamante, 2002; Furtado, 2002), seguindo o conceito de cadeia de valor aplicado à imprensa (Martins, Conde *et al.*, 2005). Analisam-se ainda temas como migração para o digital

(Cardoso, 2002), imaterialidade (Ministério da Cultura, 1997), volatilidade (Zaher e Menegaz, 2001), autenticidade (Levy, 2002; Lynch, 2002) e estatuto do texto impresso (Vilches, 2003).

Um primeiro ponto é o da classificação dos *media* em termos de suportes tecnológicos analógicos e a sua passagem para o digital, expresso em Gustavo Cardoso (2002: 84-85). Por um lado, o autor elenca os *media* que migraram para o digital, disponíveis originalmente em tecnologia analógica: telemóveis de 3ª geração, jornais, rádios e televisão *on-line*. Por outro lado, evidencia os *media* nado-digitais, como as consolas de jogos (PlayStation, XBox) e a generalidade dos campos de comunicação interpessoal na internet (*e-mail*, *chats*, *newsgroups*, *e-groups*, blogues) e de comunicação de massa (internet e publicações *on-line* criadas expressamente para a internet).

Do conjunto de transformações fundamentais nos novos suportes, reúnem-se vantagens como a relação capacidade/custo e a exploração das características expressivas de informação digital (multimedia, interactividade, hipertextualidade) (Gómez-Escalonilla, 2003: 42). Apesar das vantagens prometidas, a edição digital, por exemplo, representa um desafio para a indústria. A abertura do sistema e consequente insegurança dos conteúdos, bem como o carácter habitualmente gratuito da rede, constituem entraves para que a edição *on-line* surja como negócio lucrativo. Além disso, a entrada da electrónica na produção e distribuição ainda não permitiu a existência de um suporte de leitura de obras (ecrã) com legibilidade adequada à massificação do produto.

A migração para o digital e o nascer já digital implicaram outras mudanças profundas entre tecnologia e utilizadores, ecos que chegam até hoje. Distingo três tipos de interlocutores, o primeiro dos quais é o empresário, que olhou para a estrutura antiga e a tentou adaptar em vez de a destruir e construir uma estrutura nova, sem medir ou prever até onde iriam as alterações e o seu impacto. Do lado do empregado (caso do jornalista), ergueu-se um temor profundo: as funções e as competências a exigir pelas tecnologias conduziriam ao desemprego sumário. A alteração tecnológica deu-se num momento de concentração de propriedade dos media, como já vimos, o que alargou desconfianças entre os dois tipos de interlocutores. Para completar o quadro, havia um outro interlocutor, ignorado pelos dois anteriores, o grupo dos jovens, que descobria ou ampliava novas finalidades dos serviços oferecidos: a mensagem no telemóvel, a auto-edição nos blogues, a partilha de ficheiros electrónicos na música. Nesta, redesenha-se definitivamente o negócio, levando os músicos a concentrarem-se, por mais rentáveis, nos concertos do que na edição de discos.

A aplicação do digital a toda a cadeia de valor das indústrias culturais alterou os significados de palavras como permanência e segurança: já não se garantem a tecnologia e o emprego mas somente a experimentação contínua, a existência de equipas de projectos fixadas no tempo e a perda gradual da dimensão física dos objectos das indústrias culturais. O que nos conduz a um segundo ponto de reflexão: a transformação digital ocorre mais pelas características do objecto do que pela sua omnipresença (a informação percorre o mundo numa fracção de segundo), crescimento (em volume e número) e volatilidade (instabilidade, perecibilidade e imaterialidade do produto digital) (Zaher e Menegaz, 2001: 297), e transparência e interactividade do conteúdo (Furtado, 2002). E, apesar de defender a existência da forma física do produto quando chega ao consumidor, o estudo da Comissão Inter-Ministerial para o Audiovisual (Ministério da Cultura, 1997) também destacou a desmaterialização progressiva dos processos de produção e distribuição, embora com um esclarecimento suplementar. Na procura de equilíbrio entre o novo (digital) e o analógico, o mesmo estudo considera haver espaço para a coexistência entre imaterialidade e formatos tradicionais, como o cinema, livros e jornais. Mas conclui que, apesar de faltar atingir a maturidade do modelo, existe a tendência para as receitas crescerem nos canais digitais e baixarem nos processos tradicionais.

A desmaterialização remete para uma terceira reflexão. Salientado no começo do texto, a propósito de Walter Benjamin (*A Obra de Arte na Era da sua Reprodução Técnica*, 1985), retoma-se a ideia de cópia. Sem falar na imprensa, cujo processo industrial remonta a uma época mais antiga, o cinema e o disco tornaram rotineiras as cópias no século XX. Mas a fotocopiadora completaria a manifestação plena da reprodutibilidade (livros, revistas), antes de se chegar à cópia digital. Daí Levy (2002) preferir destacar a diferença entre fonte e cópia. Por exemplo, numa peça teatral ou espectáculo musical, o argumento (fonte) é a base para as representações (as cópias); estas são distintas daquela por cada representação, solista ou companhia. Nas cópias digitais, Levy (2002: 87) também percepciona uma diferenciação entre original e cópia, dada a menor estabilidade comparada com os *media* tangíveis ou materiais. Pode produzir-se um grande número de variedades a partir de uma fonte, com tipos de letra, espaçamento e paginação diferentes, por exemplo, além da distinção entre suporte tradicional em papel e suporte electrónico, com leituras lógicas e estéticas distintas (Rafael, 2001: 8).

Se a variabilidade transporta uma menor autenticidade, como entendeu Levy (2002), gera-se a contestação com Lynch (2002). Para este, a autenticidade reside não na comparação com outras cópias, mas na fiabilidade do processo de leitura e interpretação (Lynch, 2002: 100). Segundo Lynch, a qualidade imaterial da informação electrónica indica que os sentidos humanos não a apreendem directamente. É-se levado a ela através de sistemas de *hardware* e *software* que a interpretam. Isso significa *bits* e ficheiros de dados, manipulados por programas de computador; o que nos interessa é a qualidade de reprodução, em termos de acústica e visualização dos documentos. Os *bits*, escreve o autor, são os mesmos, mas, devido a um uso de máquinas diferentes, há a probabilidade de os ver de modo substancialmente diverso. Assim, a interacção entre o objecto digital e a leitura no sistema de reprodução pode redundar numa experiência única.

O valor da autenticidade também foi inquirido por Lorenzo Vilches (2003), o qual descreve o fascínio da cultura dos *media* (leia-se: audiovisuais) pelo fim do livro e da escrita. São características do ciberespaço: 1) a eliminação da fronteira entre autor e leitor (espectador, utilizador), e 2) o descentramento da escrita (linguística, audiovisual). As tecnologias do ciberespaço parecem assinalar uma nova etapa na criação de conteúdos (artísticos, informativos) e anunciar o fim do sistema educativo e da universidade. Contraria Vilches: na cultura do livro, os escritores escrevem mas são os editores que decidem o que se publica. Uma vez atingido o patamar de publicação e distribuição (livrarias, bibliotecas), o livro adquire um estatuto permanente de texto impresso. Ora, o hipertexto não está impresso, não tem necessariamente um autor, não passou por uma autoridade de controlo de qualidade (editor), não custa dinheiro e o seu acesso faz-se por intermédio de um portal sem identidade geográfica. Como os hipertextos dialogam entre si por meio de ligações internas (*inter-referenciais*), o seu leitor desloca-se através de mundos mutantes (Vilches, 2003: 155), com perda das referências originais.

Gerir a herança cultural perante os *media* electrónicos desmaterializados, que levantam problemas de volatilidade e dúvidas quanto à autenticidade na produção moderna da edição – além da garantia de propriedade e *copyright*, como problematiza José Afonso Furtado (2002) –, leva-nos ao último ponto deste texto: a reestruturação da economia de autoria e edição e a análise dos sucessivos passos na cadeia de valor do livro. Segundo Gómez-Escalonilla (2002: 46), o preço do livro reparte-se entre autor (10%), produção (50%, incluindo 10% para promoção e publicidade) e distribuição (40%). O desconto pode chegar aos 25% nas grandes superfícies (repercutido no valor auferido pelo editor), o que significa o esmagamento de margens de comercialização. Mas tal não parece reflectir-se no número de títulos publicados, bem superior aos índices de compra e de leitura (em Espanha e em Portugal). A prática editorial obedece à estratégia de não perder quota de mercado, através dos efeitos novidade, catálogo e marketing (Gómez-Escalonilla, 2002: 39). A existência recente de um livro não impede a possibilidade da sua morte, mesmo antes de colocado na livraria: a quantidade abafa a qualidade, por ocupação de espaço físico.

É que, em termos de distribuição, se existia um canal preferido, a livraria, os últimos anos assistiram ao surgimento de outros espaços – cadeias de livrarias, centros comerciais (como a FNAC) e supermercados, com exposição de livros de procura maciça. Mais recentemente surgiu um novo canal de distribuição: a venda *on-line*, caso da Amazon.com. A multiplicidade de canais de distribuição quer dizer maior segmentação e menores investimentos e lucros. O circuito de comercialização dos produtos das indústrias culturais não tangíveis compara--se, pois, ao de qualquer outro produto, do design e produção à distribuição e consumo. Roberto Carneiro *et al.* (2000) chamariam mesmo para a atenção a ter com o marketing e a marca dos produtos em transacções económicas da cultura, sem perder de vista a importância dos direitos de autor para evitar a reprodução livre (Zaher e Menegaz, 2001: 299).

Conclusões

As reflexões aqui contidas são fruto da investigação por mim realizada há quase dez anos em tecnologias da comunicação e indústrias culturais (Santos, 1998, 1999, 2000, 2005, 2005a, 2005b, 2007a), do trabalho científico com alunos do mestrado de Ciências da Comunicação da Universidade Católica Portuguesa, da minha passagem como dirigente do Observatório da Comunicação (1999-2000) e dos escritos mais ligeiros mas contínuos no blogue que dedico às indústrias culturais (desde 2003) e centro deste livro.

No texto, foi revista muita da bibliografia escrita sobre o tema das indústrias culturais, começando pelo trabalho fundador de Adorno e Horkheimer. Para além das definições de cultura e indústria cultural (do singular ao plural), centrou-se a atenção no conceito de indústrias criativas, em torno da conjugação de artes criativas e indústrias culturais, as quais têm sido objecto de análise da economia e da geografia económica, para além do conjunto das ciências sociais e humanas.

Procurou-se deixar uma visão holística das indústrias culturais, área muito dinâmica quer nos estudos universitários quer no mercado, mostrando o entrecruzar de perspectivas simultâneas de criatividade e de negócio. Para lá da concepção da simples aplicação da tecnologia e da inovação sempre presente, tratou-se de compreender como tecnologia, cultura e economia se associam na sociedade. Embora o grosso do texto tenha abordado as indústrias culturais no seu todo, a parte final foi reservada à edição e ao impacto da tecnologia digital em toda a cadeia de valor dessa indústria.

Como primeira conclusão, extrai-se a ideia da grande importância das indústrias culturais (jornais, televisão, rádio, internet, cinema), dado que elas têm moldado o conhecimento que temos do mundo, pela informação que nos chega, através das perspectivas como é comunicada e pelos modos como é recebida.

Como segunda principal conclusão, aponta-se a transformação rápida dos negócios através da digitalização. Tal é visível na indústria discográfica, como o fora na edição (jornais), com a criação dos *media* electrónicos. Uma outra indústria que verá alterar radicalmente o seu modelo de negócio é a das telecomunicações, ela que foi motor das principais transformações, pois serviu de veículo. O custo de efectuar uma chamada telefónica vai aproximar-se do modelo gratuito dos *downloads* da fonografia. Isto levantará as seguintes questões: quem suporta os custos de instalação e manutenção das infra-estruturas? Como evoluirá o mercado do emprego em termos de novas profissões e competências?

Terceiro, se as indústrias culturais começaram por ser uma reflexão filosófica sobre os meios de comunicação de massa do começo do século XX (cinema, fotografia, reprodução musical do jazz) – isto é, um gosto estético –, rapidamente elas evoluíram e abarcaram outros campos, indo da criação ao consumo, até abrangerem as relações culturais e sociais e as fileiras da economia. Do cinema aos jornais, da televisão à publicidade, da moda ao turismo, tais actividades são fundamentais para a vida produtiva dos países, casos dos Estados Unidos e do Reino Unido.

Uma quarta conclusão diz respeito à noção de original e cópia, à autenticidade e aos direitos de autor. Os valores pressupostos de há séculos estão postos em causa e torna-se necessário construir um novo edifício legal. Por exemplo: uma peça jornalística impressa deixa de ser propriedade do seu autor ao passar para um suporte digital? Como se exerce a atribuição de autoria num trabalho colectivo? Como se previne a pirataria? Ainda no Renascimento, a obra saía de uma oficina, mas levava o nome do mestre, digamos, do director. Mas muitas não traziam autoria expressa, por o trabalho ser considerado artesanato e fruto de repetição de outros trabalhos seus ou de outros artistas. O indivíduo era pago pela peça em si e não pelo valor do original ou da obra em ruptura com a produção anterior. Iremos voltar a uma época assim, permitindo que original e cópia tenham um valor aproximado, ou mesmo indistinto?

A quinta e última constatação remete para a combinação de *catálogo* (colecção de produtos de distintos autores em torno de uma marca, com os mais rentáveis comercialmente a sustentarem obras de menor edição mas com criação de uma estética de elevada qualidade) e *fileira de produtos* (um filme a partir de um livro, depois passado a DVD, com produção de *merchandising* e CD, numa promoção interdependente de heróis, histórias e volume de vendas). As variadas indústrias culturais caminham para este sentido total, a que associam risco e inovação, por um lado, e produtos de antecipado sucesso, porque assente em fórmulas já experimentadas, e que se prende com uma outra característica, a da dimensão das empresas e a capacidade destas atraírem quadros inventivos.

Indústria Cultural em Adorno
Coordenadas do seu Pensamento

Arte e indústria cultural foram duas áreas caras a Theodor Adorno (1903-1969). Como escrevi atrás, Adorno e Horkheimer (1985: 287) promoveram o conceito de *indústria cultural*, o qual significa a mercantilização da cultura através do desenvolvimento tecnológico e da capacidade de reprodução. Tratava-se de uma cultura não surgida das massas (uma "forma contemporânea da arte popular") mas da integração dos seus consumidores. Os bens culturais, a criação artística, inseriam-se numa lógica de produção industrial, logo como uma mercadoria igual a outras – seriação, padronização, divisão de trabalho.

A escola de Frankfurt, a que Adorno estava vinculado, tinha uma concepção da forma e da função superior de cultura, inerente ao sagrado. No centro de tal concepção residia o conceito de obra de arte não reprodutível, possuidora de *aura*, valor cultural e autenticidade, peça única e de acesso difícil, tema escolhido por Benjamin (1985), para quem a arte do cinema se concebe no estádio da reprodução, da multiplicidade de cópias, tornando caduca a ideia de arte como peça única. Contrariamente a Horkheimer e Adorno, para quem a indústria cultural e a produção de bens culturais eram uma esfera da reificação total, Benjamin acreditava no progresso dos meios de reprodução mecanizados sobre a arte. Considera Jimenez (1983: 88), estudioso da escola de Frankfurt, que Benjamin levar-nos-ia a uma interrogação sobre outros discursos ou teorias, inseridas no mecanismo de reprodução e acumulação culturais, da produção e difusão do saber estético. Mas, se a concepção de Adorno ignorou o que existe por detrás do princípio da reprodução, o seu pensamento rejeitou a ideia de sistema fechado. Foi o caso da *Teoria Estética*, em que a apresentação reforça a forma aporética da obra ([7]), des-

---

([7]) A *aporia* é a dificuldade ou ausência de saída, podendo constituir uma dificuldade lógica insuperável.

membrada pela sua estrutura paratática ([8]). O carácter fragmentário da obra entende-se pela existência de textos curtos, sem unidade entre si, o que permite a leitura em múltiplas entradas (Jimenez, 1977: 13).

Segundo Jay (1984: 15-22), o pensamento de Adorno assenta em cinco coordenadas: marxismo da tradição heterodoxa (escola de Frankfurt), modernidade estética (filósofo, sociólogo, músico e compositor, na linha da música atonal de Schoenberg), conservadorismo cultural (carregado de negatividade, pela distanciação face à cultura de massa: jazz e blues, rádio e televisão), influência do pensamento judaico ("Escrever poesia depois de Auschwitz é bárbaro", dizia), desconstrucionismo (movimento pós-estruturalista, em 1967). Curiosamente, Laura Pires (2004: 139-143) coloca Adorno no pós-modernismo.

Lêem-se as obras de Adorno numa perspectiva da denúncia (Jimenez, 1977: 31). Para Adorno, a produção artística é manipulada, pelo que se insurge contra os meios ideológicos que permitem e "justificam" a manipulação (recuperação). A arte estaria num impasse – a situação aporética. Após se libertar das funções de culto e morais, a arte entraria nos circuitos económicos. E, para além de entrar nos circuitos das mercadorias (indústria cultural), a arte servia ainda de veículo ideológico à dominação do mundo administrado, onde tudo se mede, etiqueta, vende e consome.

A produção industrial dos bens culturais, na sociedade moderna, aparece como uma confirmação definitiva da crise de autonomia burguesa da arte (Jimenez, 1983: 185). A *Dialéctica do Esclarecimento* anteciparia as aporias da *Teoria Estética*: a ideia de uma obra de arte avançada cujo carácter progressista dependia da evolução das forças produtivas técnicas entra em contradição com a concepção da racionalidade como geradora da reificação e do domínio.

([8]) A *parataxe* ou coordenação é uma construção em que os membros se ordenam numa sequência mas não se conjugam como se se tratasse de um sintagma. Na parataxe cada termo vale por si.

O último curso de Adorno (17 aulas, de 23 de Abril a 11 de Julho de 1968), texto que apenas existia em fita magnética (Adorno, 2004) ([9]), contém informação útil para um conhecimento melhor do autor. Se, na segunda aula (25 de Abril de 1968), assobios e aplausos se opunham ao seu discurso, na sétima aula (14 de Maio) perceber-se-ia melhor o contexto: "o que torna feliz um homem mais velho, como eu, no movimento estudantil é que nele não retine a suposição, como ela se faz, nas distopias de Huxley e Orwell, de que sem dificuldade se consegue a integração" (Adorno, 2004: 86). Na nona aula (11 de Junho) voltava às críticas às "dimensões técnico-metódicas, como as da chamada *sampling*, ou seja, da formação de cortes transversais representativos tão desenvolvidos que se podem considerar como relativamente concluídos e autónomos" (Adorno, 2004: 107). Existia um nível de ataque de Adorno aos métodos quantitativos de Lazarsfeld, "adequado ao sistema [...] dos reclames [...] que inclui o tipo de romances ilustrados ou o tipo de filmes comerciais ou o tipo da maior parte da música para divertir" (Adorno, 2004: 129).

A contestação a Adorno prolongar-se-ia em 1969, lendo-se em panfletos: "Adorno como instituição está morto". A 31 de Janeiro de 1969, dera-se a evacuação, pela polícia, de alunos que ocupavam a área do Instituto dirigido por Jürgen Habermas. Embora anteriormente se opusesse à intervenção policial, Adorno cumprimentaria o oficial de polícia que intimou os alunos, que fotografias documentam (Jimenez, 1977: 25). A morte do filósofo ocorreria em Agosto desse mesmo ano.

([9]) O autor não redigira as aulas mas apenas o esquema delas. Daí os sinais de improvisação detectados na leitura das aulas, assinala Artur Morão, que reviu a tradução (Edições 70), um tempo difícil para Adorno.

As Indústrias Culturais em Vários Autores

Edgar Morin

A imprensa, a rádio, a televisão e o cinema são indústrias ultra-ligeiras, na perspectiva de Morin (1962: 30). *Ligeiras* porque usam ferramentas de produção, *ultra-ligeiras* pela mercadoria produzida: folha de papel, película cinematográfica, onda de rádio. No momento do consumo, a mercadoria torna-se não palpável, dado o consumo ser psíquico. Mas a indústria cultural ultra-ligeira organiza-se segundo o modelo de indústria concentrada técnica e economicamente.

À concentração técnica corresponde a concentração burocrática. Um jornal, uma estação de rádio ou de televisão possuem uma organização, o que coloca o autor da canção, artigo, projecto de filme ou ideia de emissão entre o poder burocrático e o poder técnico. Tendência que esbarra com a exigência do consumo cultural, que quer sempre um produto *individualizado* e sempre *novo*. Um filme pode conceber-se em função de algumas receitas *standard* (intriga amorosa, final feliz) mas tem de possuir personalidade e originalidade.

Como se consegue tal a partir da *estrutura do imaginário*? A indústria cultural procura demonstrar a estandardização dos grandes temas romanescos tornando os arquétipos em estereótipos. Diz Morin que, praticamente, se fabricam os romances sentimentais em série, a partir de certos modelos tornados conscientes e racionalizados, embora sob a condição de tais produtos saídos da série serem individualizados.

Existe outro aspecto que Morin procura ilustrar. A leitura de um jornal liga-se a hábitos fortes, ao passo que um filme precisa de cativar o seu público[10]. Por isso, o cinema precisa da vedeta, unindo o arquétipo e o indivíduo. Compreende-se, conclui o sociólogo francês, que a vedeta seja o melhor anti-risco da cultura de massa, em especial no cinema.

---

[10] Nota-se que Morin está ainda longe do conceito de Flichy, o qual distingue as indústrias culturais de *fluxo* e de *edição*.

Morin destaca também o papel do autor, que a indústria cultural usa na tripla qualidade de artista, intelectual e criador (1962: 41). O criador afirma-se no começo da era industrial, e tende a confundir-se com produção. Daí o exemplo dado por Morin: em 1934, o King Features Syndicate encarregou o desenhador Alex Raymond de pôr em imagens as aventuras de um herói, Flash Gordon. Após a morte acidental de Raymond, sucederam-lhe Austin Briggs (1942-1949) e Marc Raboy e Dan Barry.

O cinema, arte industrial nova, instituiria uma divisão rigorosa de trabalho análoga à que se opera numa fábrica, onde entram matérias-primas e saem produtos finais. No cinema, a matéria-prima é a sinopse ou o romance a adaptar. A série começa com os argumentistas, os cenógrafos, a que se seguem o realizador, o operador, o engenheiro de som, o músico, o aderecista. A produção televisiva obedece às mesmas regras e a linguagem de *reescrita* na imprensa denota igual divisão de trabalho.

Ramón Zallo

Zallo (1992) parte de uma ideia forte – a da cultura se estender aos efeitos económicos. As indústrias culturais entendem-se como o "conjunto de ramos, segmentos e actividades auxiliares industriais e distribuidoras de mercadorias com conteúdos simbólicos, concebidas por um trabalho criativo, organizadas por um capital que se valoriza e destinadas finalmente aos mercados de consumo, com uma função de reprodução ideológica e social".

Sob este conceito, dividem-se em: 1) *indústrias de edição descontínua*, como as editoriais, fonografia, cinema, edição videográfica, 2) *indústrias de produção e difusão contínuas*, como imprensa, rádio e televisão, que coincidem com os meios de comunicação, 3) *indústrias sem canal autónomo de distribuição e difusão*, como publicidade e produção videográfica, 4) *segmentos tecnoculturais da informática e electrónica*, como informática doméstica e internet, e 5) *segmentos cultu-*

rais da indústria geral, como desenho gráfico e industrial ou imagem de produto.

A sequência inerente às actividades de difusão contínua (em fluxo), como imprensa, rádio ou televisão, ajuda o formato fixo e a programação estável, mas com informação sempre em mudança, no caso da imprensa, e com programas quase sempre distintos, no caso da rádio e da televisão. Nas actividades descontínuas (editorial) de produto, como a indústria editorial, fonográfica e cinematográfica, a repetição, com ligeiras variações, de fórmulas de êxito, as modas de mudança imediata, a produção em série (*serialização*), o marketing cultural e a própria concepção de cultura como produto de consumo de uso único e descartável, alcançavam uma grande parte da produção cultural. As indústrias culturais tendem para a serialização e não escapam às determinações do funcionamento da sociedade de produção e consumo.

Bernard Miège

Dentro da cultura francesa, Bernard Miège recupera ideias de Morin e de Patrice Flichy e opõe-se à ideia central de Adorno, que considerava que a degradação da arte e a perda de carácter próprio se deveu à sua entrada no mercado. Para Miège, a forma mercantil está longe de abranger todas as actividades de ordem cultural. A análise a fileiras diferentes como o disco, o cinema e os novos produtos audiovisuais permite entender que os produtos culturais não são idênticos ou indiferenciados, mas o resultado de condições de produção e valorização diferentes. Eles podem ser ou não facilmente reprodutíveis, implicando ou não a participação directa de artistas na sua concepção (Miège, 2000: 18).

Assim, o sociólogo francês define três tipos de indústrias culturais: 1) os produtos reprodutíveis não se inserem directamente no trabalho dos artistas (ou intelectuais) mas referem-se à gama de aparelhos, aos dispositivos culturais, 2) os produtos reprodutíveis supõem a actividade dos artistas, o centro da mercadoria cultural, incluindo livros, discos e espectáculos cinematográficos, e 3) os produtos semi-reprodutíveis supõem a intervenção de artistas, na concepção e na produção, caso de litografias, reproduções numeradas de obras de artistas plásticos e edição de livros de tiragem limitada (o critério de limitação da reprodução combina com o critério de estratégia e raridade).

Esta definição atribui um lugar central, mas não exclusivo, à reprodutibilidade, considerada como primeira marca da indústria. Além da reprodutibilidade e inserção do artista, enunciam-se outras três proposições: 1) incerteza do sucesso do produto cultural, acompanhada do seu desperdício e obsolescência, com busca permanente de novos talentos e renovação regular das formas, 2) criação, profissões, salários e intermitência do trabalho (há poucos períodos com trabalho estável, geralmente compostos de criadores intermitentes, o que questiona a remuneração de artistas, intelectuais e técnicos), e 3) internacionalização.

Miège apoia-se em dois autores: Ramón Zallo e Patrice Flichy. Zallo (1992) coloca as indústrias culturais no centro da análise e mostra as segmentações internas: o processo de trabalho e o processo de valorização. Quanto a Flichy (1980), conclui pela composição de dois tipos de produtos culturais: 1) *mercadoria cultural* – produtos vendidos nos mercados: produtos editados ou cinema; 2) *cultura de fluxo* – produtos caracterizados pela continuidade e amplitude da sua difusão, o que implica que diariamente novos produtos tornem obsoletos os de véspera. Miège, que inicialmente estrutura cinco lógicas – edição de mercadorias culturais, produção de fluxo (informativo, distractivo e cultural), informação escrita, produção de programas informatizados e retransmissão do espectáculo ao vivo (incluindo espectáculos desportivos) – acaba por dar primazia às três primeiras, recuando até alinhar no modelo de Flichy: *editorial, de fluxo*.

Miège explica porque juntou, aos dois modelos de Flichy, o *modelo de informação escrita* (2000: 55). A imprensa, diária e de revistas, funciona segundo o sistema de "duplo mercado": o mercado dos leitores e o mercado dos anúncios. A informação escrita aproxima-se, sob muitos aspectos, da edição de livros, como a utilização do papel (aproximações simbólicas e económicas). Mas abandonaria, em artigo de 1987, a terceira lógica, propondo uma nova hipótese: a da existência de dois modelos genéricos, postulando a posição da imprensa junto ao *modelo de fluxo* e ao *modelo editorial*.

Jean-Pierre Esquenazi

Esquenazi (2006) leva-nos a olhar mais profundamente a evolução da crítica das indústrias culturais, a partir de outras perspectivas. Ele faz a avaliação dos públicos face aos produtos realizados em série. A especialização das indústrias de conteúdo (*software*) leva-a à separação progressiva das indústrias de *hardware*, reorganizando a produção. Esta passa de *edição* (produção lenta e sem identificação de tempo de conclusão) a *fluxo* (produção contínua diária). Analisa-se o papel do *programador*: simultaneamente produtor, gestor e vendedor, ele gere o fluxo de programas em função de objectivos comerciais e estratégias que acompanham o interesse do público. O programador utiliza ferramentas estatísticas para adaptar a produção ao ritmo da sociedade. Nesse contexto, a inovação é principalmente tecnológica, o que permite adaptar conteúdos a produtos novos e às lógicas de uso massificado. Há uma segunda linha de intervenção dos investigadores, que aponta para o estudo de obras particulares, como as séries. Ou, no caso apresentado por Esquenazi, os filmes-catástrofe iniciados nos anos 70 do século passado. Uma terceira linha de trabalho da crítica das indústrias culturais é dada por autores franceses como Edgar Morin e Bernard Miège. Para o primeiro, a criação cultural não está totalmente integrada no sistema de produção industrial, pois um filme novo não é todo idêntico a um anterior, preconizando um ciclo de inovação e estandardização. Miège, anotando a existência de múltiplos canais de distribuição (televisão temática, internet, géneros musicais), salienta a diversificação de públicos, já não estando amarrados à hierarquia social mas sim à escolha no interior de alternativas diferenciadas.

Raymond Williams

Raymond Williams (2000) propõe distinguir as relações variáveis entre produtores culturais e instituições sociais reconhecíveis, e as variáveis em que os produtores culturais se organizam em formações. O autor releva sobretudo as ligações entre produtores e instituições. Observa dois tipos fundamentais de relações: patronato e mercado. O primeiro caso é o do artista instituído, aquele que, em certas sociedades antigas, surge oficialmente reconhecido como parte da própria organização social central – muitas vezes um poeta; o segundo é o dos artistas e dos patronos. Distingue cinco áreas: da instituição ao patrono, contratação e encomenda, protecção e manutenção, patrocínio, e público como patrono.

Uma forma de patrono é a instituída na corte ou no seio de uma família poderosa, em que havia uma organização de artistas como parte da organização social, particularmente importante em pintura e música. Os detalhes em que ocorria o patrocínio eram variados e caminha-se para um sistema de mestre e aprendiz. Williams chama a atenção para o facto de algumas obras mais conhecidas de arte (pintura, escultura, arquitectura) se desenvolverem no interior da Igreja, caso das obras encomendadas pelo Vaticano. E nos mosteiros encontram-se formas específicas de arte e literatura, conforme as regras religiosas específicas.

Outra forma de patrono ocupava-se com a protecção ou reconhecimento social, de que as companhias teatrais da Inglaterra do tempo de Isabel I eram exemplo, com apoio face às inseguras condições sociais e legais em que viviam teatros e actores.

Raymond Williams dedica espaço a definir a posição dos artistas no mercado, dado que considera haver um longo período de sobreposição entre patrono e mercado nas artes. Mas o mercado implica a obra de arte como mercadoria e o artista como um tipo especial de produtor de mercadorias. A situação mais antiga e simples é a do artesanato, do produtor independente que põe a sua obra à venda. Williams aponta também os casos de livreiros que passam a editores e de profissionais de mercado. Os casos de maior crescimento profissional deram-se nos *media* (cinema, rádio e televisão), que oferecem emprego assalariado mediante um contrato. Há dois indicadores precisos das relações de mercado, situação visível no domínio dos escritores: *copyright* (direitos de autor) e *royalty* (pagamento relativo a cada exemplar vendido), este último resultado de um contrato negociado.

Textos portugueses

Maria de Lourdes Lima dos Santos (1999) parte da necessidade de relacionar os processos de produção, distribuição e consumo de bens e serviços culturais das indústrias culturais com o sector clássico ou tradicional e o sector de vanguarda ou experimental. Ela definiria assim as *indústrias culturais*:

> "Quando os bens ou serviços culturais são produzidos, reproduzidos e difundidos segundo critérios comerciais e industriais, ou seja, quando se trata de uma produção em série, destinada ao mercado e orientada por estratégias de natureza prioritariamente económica. E o que cabe, concretamente, neste sector das indústrias culturais? Em geral, refere-se o cinema, o disco, o rádio, a televisão, mas também se avança a informática, a publicidade e o turismo, ou ainda, a organização de espectáculos e o comércio da arte" ("Arte e media: indústrias ou cultura". *Sociologia, Problemas e Práticas*, 1990, 8: 163-166).

Consideram-se três ordens de relação: 1) das indústrias da cultura com as outras indústrias, em que se entendem as indústrias da cultura como as actividades industriais que integram trabalho cultural ou artístico directamente nos seus produtos; 2) das indústrias culturais entre si, pois não constituem um conjunto homogéneo; 3) das indústrias culturais com outras formas culturais.

Na relação das indústrias culturais com as outras indústrias, coexistem, a nível do processo produtivo, estruturas produtivas variadas, que vão do assalariamento à profissão liberal e pequena produção independente. A concentração do grande capital permite a existência de bolsas de produção independente. É o caso dos produtores independentes de cinema face aos grandes estúdios, em que o sucesso das inovações daqueles é apropriado por estas. A nível do produto, distingue-se entre mercadoria industrial e mercadoria cultural. Mesmo quando os produtos culturais são de grande reprodutibilidade e admitem uma economia de escala e de gama, como os filmes no cinema e que passam para a televisão e vídeo, o valor de uso da mercadoria cultural apresenta-se com um grande grau de incerteza de sucesso. A nível do mercado, regista-se um grau elevado de imprevisibilidade. Daí o uso de estratégias de promoção, como o *star-system* e o recurso a mediadores culturais.

Na relação das indústrias culturais entre si, há dois universos distintos. O primeiro é o da criação, que, mesmo sendo cada vez menos a obra de um só, permanece como lugar da relação única entre os criadores. O segundo é o dos meios de reprodução e de difusão. Por exemplo, a integração do trabalho cultural e artístico no processo produtivo industrial pode ser maior ou menor conforme a indústria cultural e o grau de reprodutibilidade.

Finalmente, na relação entre o sector das indústrias culturais e outros sectores culturais (clássico e experimental), delineiam-se duas premissas: 1) qualquer um dos sectores é tomado como um sistema complexo que integra elementos diversificados; 2) há permeabilidade entre os vários sectores, quer no plano da produção, quer no plano da distribuição e do consumo. Um exemplo de interdependência é o da relação entre espectáculo gravado e espectáculo ao vivo.

Um outro texto, mais voltado para o mercado – embora mantendo uma vertente cultural –, é a do Fórum M (Roberto Carneiro *et al.*, 2000), em que as indústrias de conteúdo cultural se distinguem a partir do conceito *cultura* como património de símbolos, de códigos interpretativos e de modelos de relacionamento que representam o modo de ser de um povo (nação) e que foram sendo cristalizados como expressão decantada do seu drama de vida e das vicissitudes da sua história. Se o segundo conceito, *conteúdos culturais*, é uma expressão organizada das diversas perspectivas em que se desdobra a cultura tendo por finalidade a transmissão da sua experiência ou comunicação sistematizada, o terceiro, *indústria de conteúdos culturais* (ICC), indica uma actividade centrada em empresas, mercados e clientes de conteúdos culturais, tendo por fundamento a sua transformação/difusão permanentes de modo a acrescentar-lhes valor e a criar utilidade económica.

Ao aceitar-se tal ponto de partida, ressalta que a própria definição das ICC postula uma relação económica de mercado nas transacções de bens culturais. A prevalência de factores intangíveis numa economia desmaterializada faz sobressair a importância da manipulação de símbolos nas cadeias de valor: o marketing, a marca, a gestão das relações de lealdade, o conceito de produto extensivo que incorpora serviços e satisfação do cliente, a competição dos *call centers*, a inteligência comunicacional. Os agentes económicos intervenientes nessa relação buscam a sustentabilidade nas leis do mercado e na esfera dos interesses empresariais predominantes.

O projecto do Fórum M classifica as indústrias culturais em: 1) imprensa, rádio, cinema, televisão, disco; 2) publicidade, turismo, moda, organização de espectáculos; 3) videojogos; 4) internet. No mesmo documento, a caracterização feita às indústrias culturais em Portugal no começo do século XXI decompunha-se nos seguintes pontos: maior investimento publicitário na televisão face à imprensa e rádio, apesar do valor pequeno quando comparado com países como a Grécia e a Espanha, baixa circulação de jornais diários, baixo nível de audiências dos canais públicos, e diversificação de receitas no sector audiovisual, caso das mensagens SMS.

Outro texto é o da Comissão Inter-Ministerial para o Audiovisual (1997), que parte da concepção de que, num contexto de convergência tecnológica, a progressiva desmaterialização dos processos de produção e a crescente inter-operacionalidade dos suportes provocados pelo digital vão desmaterializando os próprios circuitos de distribuição, dando forma física ao produto final apenas quando este chega ao consumidor.

Os autores do relatório entendem que, enquanto a sociedade industrial se baseia na produção em massa de produtos, a sociedade da informação gira em torno da reprodução em massa de conteúdos. O elemento chave do novo sistema económico é o produtor/editor que precisa de capacidade para seleccionar os projectos apropriados e uma infra-estrutura de distribuição que assegure a sua efectiva comercialização. Os passos fundamentais na comercialização de qualquer tipo de conteúdo são comparáveis aos de qualquer outro produto: design, produção, distribuição, comércio e consumo. Cada passo na cadeia de valor constitui-se como um mercado próprio, com um comprador e um vendedor específicos, culminando no consumidor final.

O relatório considera ainda a convergência crescente. Num futuro próximo, todos os conteúdos originais serão produzidos e copiados num formato digital, transmitidos através de cabos digitais e recebidos por computadores. Continuarão a existir formatos tradicionais, como o cinema, livros, jornais, mas uma crescente proporção das receitas de cada meio será originada através de canais digitais. Isto implicará a existência de impérios, que sustentem uma lógica de mercado assente na interdependência dos sectores das indústrias culturais e de conteúdos.

Cadeia de Valor

Um conceito importante nas indústrias culturais é a *cadeia de valor*, que nasceu num texto de Michael Porter de 1985, quando a introduziu para se compreender a vantagem competitiva. Partindo de Porter, Martins *et al.* (2004: 68-69) consideram a cadeia de valor aplicada ao audiovisual composta por seis pontos. O primeiro é a fase de *desenvolvimento*, compreendendo os "procedimentos avaliativos que determinam a exequabilidade do projecto e a sua planificação", assim como a previsão em termos de públicos. Investigação, criação e autoria, aquisição de direitos e orçamentação incluem-se nesta primeira fase. A *produção* envolve realização, filmagens, equipas, cenários, guarda-roupa. Os autores optaram pela inclusão da fase de *pós-produção*, que implica a finalização do argumento e do orçamento de produção, com definição de locais, aluguer de instalações, transportes, seguros. Edição de imagem e som, trabalho de laboratório, duplicação em formatos como o DVD e efeitos gráficos (animação, efeitos especiais) também se encontram neste ponto da cadeia de valor.

Já a fase de *direitos* significa a existência de negociação e contratualização dos mesmos, assim como a gestão do catálogo através da distribuição e exibição do filme. A estratégia de distribuição traz junto a si a fase de *marketing e promoção*, com todo o potencial de comercialização da obra. A distribuição nas salas de cinema pressupõe, no momento ou em período posterior, a comercialização noutras janelas (televisão, vídeo/DVD, videojogos). O cinema é um elemento fundamental de lucros mas as maiores receitas começam a vir dos direitos de exploração das outras janelas. Finalmente, o *consumo* é o momento de ganhos económicos da obra. Quanto maiores públicos ou vendas maior é o sucesso da obra.

Os estudos presentes em Martins *et al.* (2004: 25-26) incluem Zerdick *et al.* (2000), Banco de Investimento Europeu (2001), Arthur Andersen (2002) e PIRA Internacional (2003). Zerdick *et al.* (2000) aplicaram a investigação ao sector dos media, combinando as várias fases da cadeia de valor com as fontes de retorno do investimento. Se o Banco de Investimento

Europeu (2001) aplicou o conceito do estudo anterior ao cinema, diluindo a fase do pré-financiamento na pré-produção através da introdução do estádio de desenvolvimento, a Arthur Andersen (2002) e a PIRA International (2003) relevam mais a interdependência entre empresas criadoras do que a existência de estruturas horizontais e verticais no progresso de projectos. Martins *et al.* (2004) traçam a distinção entre duas abordagens principais de classificação: 1) americana, baseada na NAICS (North American Industrial Classification System) (2002), que aponta para as rápidas evoluções tecnológicas, industriais e empresariais e engloba as indústrias do audiovisual na macro-classificação da informação; 2) europeia, assente na NACE (Nomenclatura Estatística das Actividades Económicas da União Europeia), mas também no relatório do Banco Europeu de Investimento e no Observatório Europeu do Audiovisual, em que este último opta por uma identificação em cinco ramos: cinema, televisão, vídeo, publicidade e produção institucional e educacional, e multimedia. Por outro lado, os autores trabalham aplicações do conceito de cadeia de valor, ou declinações como surge no texto do Obercom, às várias indústrias do audiovisual, e aplicações às indústrias do audiovisual em Portugal.

Desde meados dos anos 80 que se fala da nova economia, por oposição à produção de massa. A nova economia é representada por actividades de alta tecnologia computorizadas e digitalizadas, produtos de consumo neo-artesanais e serviços, organizados em redes complexas de valor acrescentado. Também se fala em nova economia cultural (ou indústrias de produtos culturais).

Há dois movimentos. Um compõe-se de grupos de pequenos produtores, marcados por formas de produção artesanais e *especialização flexível*, concentrados na feitura de áreas específicas de produtos (vestuário, filmes, jogos), com rápidas alterações nas especificações do seu design. Os pequenos produtores giram em torno de um número restrito de fortes instituições (capital económico, capital de prestígio), o segundo movimento, estruturado em redes integradas de actividades (Scott, 2005: 36-41). Este termo significa a articulação entre empresas que fazem encomendas em larga escala e empresas subcontratadas que elaboram parcelas do produto, de especialização flexível, onde existem elevados valores de capital e/ou trabalho ao longo da cadeia de valor. Um exemplo de redes integradas de actividades são estúdios de Hollywood, editores de revistas (excepto empresas tipográficas), produtores de jogos electrónicos, operadores de cadeias de televisão ou, até, costureiros. Os grandes produtores têm importância particular na economia cultural porque actuam com frequência como centros de redes de produção mais vastos incorporando empresas mais pequenas. Além disso, desempenham uma parcela crítica no financiamento e distribuição de muita da produção independente.

Na investigação sobre cinema tem havido uma grande preocupação com os processos de produção do filme mas não com as funções do financiamento, distribuição e exibição (Coe e Johns, 2004). Isso faz esquecer o peso da análise quanto ao poder e sua estrutura, que molda a natureza da indústria. Veja-se a reestruturação pós-guerra na indústria cinematográfica americana a partir do conceito de *especialização flexível*. Nos anos 70 do século XX, o sistema de estúdios de Hollywood integrado verticalmente – com a maior parte das funções de produção feitas internamente – começava a ser substituído por um sistema de produção desintegrado verticalmente, através de uma massa flexível de entidades mais pequenas de produção e serviços. Isto é, o papel das grandes empresas diminuía na produção directa e passava para empresas mais diversificadas. Contudo, manteve-se a hierarquia de controlo, com os grandes estúdios a dominarem o financiamento e a distribuição.

O conceito de *especialização flexível* também se aplicaria à indústria da televisão no Reino Unido, com a desintegração de grandes organizações na indústria televisiva e uma crescente diferenciação de pequenos e especializados fornecedores de serviços. Neste sistema, as produções de cinema e televisão têm ligações de curto prazo quanto a directores, actores, equipas e serviços de subcontratação, *freelancers* com uma especialização particular. Cada profissional tem um contrato negociado entre si, um sindicato ou empresa e a empresa produtora.

Os estúdios maiores constituem, em última instância, o empregador, associando vários elementos de pré-produção, produção e pós-produção num conjunto de pequenas empresas e empregados sindicalizados contratados por uma entidade de produção temporária. Tal processo está a mudar a *territorialidade* do sistema de produção para um modelo de maior dispersão, em que as fases de produção mais dispendiosas se deslocam para zonas de custos mais baixos, caso de algumas actividades na pré-produção, todas ou algumas fases da produção e algumas da pós-produção (como passar a filmagem diária para gravação) são realizadas nessas localidades. Porém, centros como Los Angeles mantêm o controlo de direitos de autor, financiamento da produção, controlo das redes de distribuição e exibição dos filmes.

Ainda relativamente ao conceito de cadeia de valor, a Arthur Andersen (2002) desenvolveu um modelo de cadeia de valor das indústrias culturais (ou de audiovisual), constituído por oito elementos, agrupados em três conjuntos. Estes são: 1) produtores de conteúdo – direitos de autor; produtores de conteúdo; direitos dos distribuidores; 2) programadores – programadores; agregadores; 3) difusores – redes; fornecedores de acesso; vendedores de equipamentos. Nada é dito quanto à recepção, elemento primordial em toda a cadeia de valor. Por isso, construímos um modelo simples (Figura 1), que contempla esta vertente:

FIGURA 1 – **Categorias da cadeia de valor**

Na produção, incluem-se os direitos de autor e a actividade dos produtores de conteúdo, enquanto na distribuição se considera os programadores, os fornecedores de acesso e as redes

Por seu turno, o Fórum M (Carneiro *et al.*, 2000) entende a cadeia de valor aplicada a Portugal em termos de produção, distribuição e recepção. Na produção, mostra fortes oscilações, com grande produção de cinema pós-1974 e grande produção televisiva pós-1992 (arranque dos canais privados), produção estável de livros, aumento de produção discográfica (e em novos suportes: CD, DVD) e expansão dos videojogos. Na distribuição, os autores detectam maior oferta, caso dos media, com novos canais: internet, televisão por cabo e telemóveis. Na recepção, referenciam uma alteração de consumos, com quebra de espectadores de cinema na década de 80 e primeira metade da década seguinte mas recuperação por volta de 1996, com as salas multiplex. Mas continua a existir uma sobrevalência dos consumos domésticos, caso da televisão.

Indústrias Culturais, Segundo a Unesco e o Parlamento Europeu, e Excepção Cultural

Nesta secção, reflectem-se as perspectivas da UNESCO e do Parlamento Europeu (2006; Zorba, 2003) e a noção de excepção cultural.

Para a UNESCO, as indústrias culturais incluem a edição, a música, a tecnologia audiovisual (cinema, televisão), a electrónica (multimédia), a indústria fonográfica (discos), os videojogos e a internet. Abre-se ainda a porta para design, arquitectura, artes visuais e performativas, desporto, publicidade e turismo cultural. As indústrias culturais combinam criação, produção e comercialização de conteúdos por natureza intangíveis e culturais, adicionam valor individual e social aos conteúdos e baseiam-se em conhecimento e trabalho intensivo, criam emprego e riqueza, alimentam a criatividade e desenvolvem a inovação nos processos de produção e comercialização. Dependendo do contexto, as indústrias culturais também são referenciadas como "indústrias criativas", "indústrias orientadas para o futuro" e indústrias de conteúdo (terminologia tecnológica).

No respeitante ao Parlamento Europeu (2006; Zorba, 2003), o sector cultural abrange património, literatura, imprensa, música, artes do espectáculo, *media* e audiovisual. Dado o aumento da produção e da procura cultural, as indústrias culturais surgem como um domínio de interacção social e de actividade económica dentro da União Europeia, com as indústrias culturais a apresentarem-se, simultaneamente, como motor do emprego e catalisador da identidade regional, nacional e europeia. O relatório do Department of Culture, Media and Sport (2001) aproxima-se desta perspectiva.

Voltando à definição da UNESCO, a estrutura do mercado internacional das indústrias culturais mostra-nos um processo de desenvolvimento, realinhamento e concentração progressiva, resultando na formação de alguns conglomerados, o que conduz à criação de um novo oligopólio global. Por isso, as indústrias culturais estão a criar novos tipos de desigualdade entre o Norte e o Sul. Pirataria e protecção dos direitos de autor seriam duas áreas de grande combate para a UNESCO.

Quanto aos documentos do Parlamento Europeu, eles reflectem equilíbrios e compromissos políticos e nacionais, pelo que precisam de ser lidos com atenção e cuidado. Os documentos reconhecem a importância de investir em recursos humanos e financeiros para atingir a coesão económica e social. Assim, os poderes públicos têm de encorajar a criação de empresas culturais, oferecendo possibilidades de criação de novos postos de trabalho. Tanto no plano económico como no plano sociocultural, destaca-se a importância da abordagem integrada e global nas indústrias culturais.

Entre os diferentes sectores culturais analisados, as áreas de actividade que apresentam melhores perspectivas são as dos projectos associados ao património, bem como as actividades ligadas às novas tecnologias, nomeadamente as do audiovisual e da sociedade da informação. Apesar do bom desempenho do património e do artesanato, os poderes públicos ainda têm tendência para negligenciar estes sectores criadores de emprego.

As novas tecnologias e o audiovisual surgem como sectores de actividade cada vez mais apoiados, tanto política como financeiramente, pelas instâncias políticas nacionais e europeias. A televisão e o cinema tornaram-se fornecedores democráticos e poderosos de bens e serviços culturais, apesar de os seus conteúdos privilegiarem os produtos americanos em detrimento dos europeus. As indústrias activas no domínio das novas tecnologias devem inserir-se no mercado da União Europeia.

Considera-se o turismo cultural como área a ser ponto de arranque e de reforço das indústrias culturais. O apoio ao turismo cultural permitirá consolidar e aumentar as actividades económicas clássicas que estão relacionadas com o património cultural. A revitalização e a redefinição do turismo cultural poderão servir de base às acções inovadoras associadas às novas tecnologias e aos meios de comunicação social. As actividades culturais ligadas à "alta cultura" e as que decorrem das novas tecnologias começarão por centrar a sua oferta em locais turísticos frequentados por um público atraído pelas actividades lúdicas e culturais. No domínio das tecnologias avançadas, o turismo cultural e o audiovisual tenderão a ser os dois sectores de actividade com melhor desempenho.

O outro tema desta secção, a excepção cultural, foi originado durante as negociações finais do Uruguay Round (Organização Mundial do Comércio, 1994), quando representantes de vários países acordaram em manter e desenvolver níveis de produção nacional que reflectissem formas culturais próprias a cada país (produtos e serviços audiovisuais e do cinema). Ao evitar a estandardização de gostos e comportamentos, isto quer dizer que a cultura se distingue das outras mercadorias e significa diversidade de identidade de um país e sobrevivência de culturas alternativas face ao poder das multinacionais do entretenimento. A cultura apresenta-se como direito para todos e não como mero objecto de consumo.

Depois, seguindo recomendações do Conferência Inter-governamental sobre Políticas Culturais e Desenvolvimento (Estocolmo, 1998), a UNESCO organizou uma conferência (*Cultura: uma forma de mercadoria como nenhuma outra?*, 1999), com as conclusões a traduzirem o entendimento que a cultura não é uma simples matéria de economia.

A França adoptara já a *excepção cultural*, estabelecendo quotas de mercado para as obras dos principais estúdios de cinema de Hollywood e com a recusa da liberalização da rádio e televisão e serviços ligados a bibliotecas, arquivos e museus. Jack Lang, então ministro de Mitterrand, aceitara a directiva comunitária "Televisão sem Fronteiras" (1989), que estabeleceu quotas de produção nacional ou europeia dentro do espaço da União Europeia. Lang idealizou ainda uma rede de fundos regionais de arte contemporânea, potenciando a criatividade plástica. Consolidaram-se ajudas à tradução, tanto de obras estrangeiras como do francês para outros idiomas. A aplicação da excepção cultural na União Europeia permitiu desenvolver políticas públicas de apoio ao sector audiovisual, tais como quotas de produção na televisão e na rádio, ajuda financeira (para programas de produção e distribuição como o MEDIA) e acordos regionais de co-produção (como o Eurimages), além da já referida directiva "Televisão sem Fronteiras".

A entrada de um novo governo em Espanha, em 2004, levou também este país a considerar legislação para proteger as criações artísticas. O apoio seria estendido para além das salas de cinema, conduzindo o Estado à produção e regulação e controlo do que fazem as televisões, ao livro, contemplando pequenos livreiros e editoras discográ-ficas.

O modelo da *excepção cultural* receberia muitas críticas. Por um lado, os Estados Unidos levantaram o problema da inibição da livre circulação de bens, invocando o Acordo de Florença, primeiro tratado multilateral dos bens culturais no começo dos anos 50. Por outro lado, surgiram críticas internas, considerando que a excepção cultural propicia clientelismo e cultura de apaniguados. Podemos dizer que, à cultura de Estado, os liberais respondem com a cultura do mercado. Mas nem sempre esta funciona bem, caso de países pequenos como Portugal.

Indústrias de Conteúdos

Para o Fórum M (Carneiro *et al.*, 2000), as indústrias de conteúdos culturais e seus consumos (novos media) têm diversas características, a primeira das quais é a micro-dimensão das indústrias. Elas são empresas recentes, com carências em gestão, pois, para além de produzir, criar e ganhar competências específicas, é preciso liderar e administrar. A segunda característica assinala o consumo elevado de televisão, música e rádio, com baixa prática de leitura de jornais e consumo emergente nos centros comerciais, enquanto se fala da necessidade de desenvolver feixes de actividades industriais na cultura. As duas últimas características prendem-se com a necessidade de visão estratégica do Estado e a criação de um mercado lusófono e geração de competências para a produção e colocação de produtos de cultura nos mercados de grandes dimensões.

Outra interpretação de indústria de conteúdos pertence a João Abel de Freitas (2004), que parte do princípio de que a criação de riqueza se está a deslocar da actividade produtiva para a concepção, tendo a inovação como principal esteio na criação de valor: "os novos modelos económicos tendem a estruturar-se segundo dois grandes eixos: os serviços integradores e as indústrias de conteúdos". Considera-se ainda que as indústrias de conteúdos são um "conjunto de actividades que, em sentido lato, se posicionam no centro dos universos do conhecimento, da cultura e do entretenimento/lazer".

Artur Castro Neves (2004) define indústria como "sistema de fabricação e de exploração comercial dos produtos, cujos recursos são alocados e escoados, ou no mercado ou dentro da instituição proprietária do referido sistema de fabricação". Esta definição permite-lhe avançar para a expressão *indústria cinematográfica* enquanto sistema de fabricação de filmes. Ora, quais são os principais recursos para produzir um filme, pergunta Artur Castro Neves? Ele considera talentos criativos, artísticos, técnicos (e capacidade tecnológica), comerciais e directivos. E define, em termos de exploração comercial dos filmes produzidos, as principais plataformas de distribuição e difusão: circuitos de cinema, televisões generalistas e temáticas, gratuitas ou de acesso pago, serviços em linha, como o telefone e a internet, e serviços fora de linha, como o vídeo e o CD.

Quanto à indústria de conteúdos, o mesmo autor considera os conteúdos como "serviços de comunicações electrónicas". Compara conteúdos digitais e analógicos, com os primeiros a serem fabricados digitalmente ou poderem "resultar de uma tradução em linguagem binária de conteúdos analógicos e arquivados em suporte electrónico", e distingue a natureza diferente de conteúdos digitais e de conteúdos imateriais ou intangíveis. Finalmente, fala dos quatro tipos de operadores da indústria: operadores de telecomunicações, operadores de serviços electrónicos, produtores de conteúdos e editores e distribuidores de catálogos e programas.

Indústrias Criativas

O conceito de indústrias criativas tem sido desenvolvido nos últimos anos (Creative Industries Mapping Document, 2001; Hartley, 2005; Pratt, 2004; Caves, 2000), e conforme já apresentei anteriormente. Também o conceito de cidade criativa, em complemento ao anterior, tem tido sucesso (Tay, 2005). O Creative Industries Mapping Document 2001 (após texto inicial de 1998) serviu para medir o contributo económico destas indústrias no Reino Unido, identificando oportunidades e ameaças. Definem-se as indústrias criativas como "aquelas indústrias que têm a sua origem na criatividade individual, capacidades e talento e com um potencial para criação de riqueza e de empregos através da gestão e exploração da propriedade intelectual". O texto remete para as seguintes áreas: publicidade, arquitectura, mercados de arte e antiquários, ofícios, design, design de moda, cinema e vídeo, software interactivo de lazer, música, artes performativas, edição, software e serviços de computação, televisão e rádio.

Para Hartley (2005: 5), as *indústrias criativas* descrevem a convergência conceptual e prática das *artes criativas* (talento individual) com as *indústrias culturais* (escala de massa), no contexto das novas tecnologias dos *media* (TIC), dentro da designada *economia do conhecimento* e para uso de cidadãos e consumidores interactivos. A combinação radical de dois termos mais antigos – *artes criativas* e *indústrias culturais* – conduz as artes (a cultura) ao contacto directo das indústrias de grande escala tais como o entretenimento nos *media* (o mercado).

Por seu lado, para Caves (2000), as *indústrias criativas* fornecem bens e serviços associados aos valores culturais, artísticos ou de entretenimento e incluem a edição de livros e revistas, artes visuais (pintura, escultura), artes performativas (teatro, ópera, concertos, dança), registo sonoro, cinema e telefilmes, mesmo a moda, brinquedos e jogos. Já Angela McRobbie (2003: 97) trabalha as consequências do crescimento recente de emprego nas indústrias criativas e a convergência das noções de cultura com trabalho. Em contexto específico, a cultura refere-se às actividades criativas, expressivas e simbólicas nas práticas dos media, artes e comunicação, com renovação e reinvenção contínuas e abertas a um permanente trabalho transitório.

O conceito evoluiu do modo como se definiam as artes criativas e indústrias culturais desde há quase dois séculos até à ideia moderna de consumidor e cidadão, também assente nas mudanças recentes da tecnologia e da economia mundial, em especial nos anos 90. Ele faz parte das políticas nacionais, regionais e urbanas, com políticos e decisores a promover "empregos e PIB". No seu todo, o sector das indústrias criativas pode acarretar polémica. Se, por um lado, devido às suas actividades orientadas para o mercado, os principais agentes (televisão e imprensa diária) procuram minimizar a exposição face ao governo e à educação (Hartley, 2005: 19), por outro, as indústrias criativas envolvem entidades de escala muito diferentes, das gigantescas multinacionais a micro-empresas, com diferentes níveis de gestão, tecnologias, quotas de mercado, economias de escala e capacidades em recursos humanos e financeiros.

O tema indústrias criativas, que tem sido discutido no Reino Unido, aponta para a revitalização de cidades e regiões, umas porque sairam da indústria pesada e outras porque nunca desenvolveram uma base fabril forte (Department of Culture, Media and Sport, 2001). Assim, elas podem constituir novos tipos de empresas culturais e económicas. Hartley (2005), que as define a partir de alguns tipos (indústria, organização, associação, estatísticas, pessoas, trabalhador e utilizador), adopta os contextos analíticos presentes no relatório do National Office for the Information Economy australiano: 1) *indústrias criativas*, caracterizadas pela natureza dos *inputs* de trabalho (indivíduos criativos), em áreas como publicidade, arquitectura, *design*, *software* interactivo, cinema e televisão, música, edição, artes performativas, 2) *indústrias de direitos de autor*, definidas pela natureza dos recursos e resultados industriais, em áreas como arte comercial, artes criativas, cinema e vídeo, música, edição, gravação, processamento de dados, software, 3) *indústrias de conteúdo*, definidas pelo foco na produção industrial, em áreas como música pré-gravada, música gravada, venda de música, audiovisual e cinema, software, serviços multimedia, 4) *indústrias culturais*, definidas pela função de políticas públicas e pelo financiamento, em áreas como museus e galerias, artes e ofícios visuais, educação pela arte, audiovisual e cinema, música, artes performativas, literatura, bibliotecas, 5) *conteúdo digital*, definido pela combinação de tecnologias e focado na produção industrial, em áreas como arte comercial, cinema e vídeo, fotografia, jogos electrónicos, música gravada, gravação sonora, armazenamento e pesquisa de informação.

Na sua pesquisa, Pratt (2004) partiu do texto *Creative Industries Mapping Document 1998*. A importância das indústrias culturais serviu os decisores políticos e públicos (2004: 19). Por um lado, começou a recolha de dados, o que permitiu a afirmação da sua importância; por outro lado, o sector cultural e as suas vantagens comerciais estão a crescer depressa. Apesar de indústrias já há muito constituídas (cinema, televisão, publicidade), eram reconhecidas como sector apoiado pelo Estado e vistas como periféricas à economia "real" (excepto nos Estados Unidos).

Pratt (2004) explora o passo seguinte na agenda inglesa das indústrias culturais, a regionalização, representada pelo segundo *Mapping Document* (2001). O contributo das indústrias culturais na economia resultaria em impactos directos e indirectos, levando os modelos mais recentes das indústrias culturais a capturar a cadeia de valor, da conceptualização ao consumo.

Quanto a Caves (2000), define diversas propriedades das indústrias criativas, tais como a *imprevisibilidade*, noção que indicia o risco elevado associado a um dado produto criativo. Se os produtores e gestores sabem muito sobre os sucessos comerciais antigos, procuram extrapolar o conhecimento para novos projectos, embora a capacidade de prever o sucesso comercial de um novo produto a partir de etapa anterior seja quase impossível. Em muitas dessas actividades há emprego especializado e diferenciado, cada um trazendo gostos pessoais na qualidade e configuração do produto. Um filme resulta dos esforços de muitos artistas, de diferentes capacidades e valores estéticos, que podem entrar em conflito com prioridades e preferências. É o que Caves chama propriedade da *arte por causa da arte*. Além disso, como há várias etapas na produção criativa, algumas delas podem desenvolver-se dentro de uma *variedade infinita*. Finalmente, as artes performativas e as actividades criativas requerem equipas complexas (*equipa variada*), o que exige uma coordenação temporal e apertada de actividades.

Em Portugal, no final de 2005, o Plano Tecnológico governamental incluia uma aplicação das indústrias criativas, visando divulgar e promover o conceito, consolidar a base de conteúdos culturais e informativos, dinamizar o potencial económico através do acesso a financiamento e recursos humanos, e promover cidades criativas em Portugal. Um dos combates seria a pirataria, actividade económica informal e ilegal mas próspera. Mas o projecto foi esquecido com a mudança do gestor do Plano Tecnológico.

Segunda parte

INDÚSTRIAS CULTURAIS

Nesta segunda parte, trabalho elementos específicos de várias indústrias culturais (excluí a imprensa). Os capítulos têm estrutura fragmentária, adequada ao ritmo de colocação de textos no blogue, de onde foram retirados e adaptados ao livro.

O capítulo sobre televisão traça alguns momentos da história dos canais de televisão generalista em Portugal (RTP, SIC, TVI), embora sem pretensões de fazer a história em si. Parte do capítulo debruça-se sobre o fenómeno de alguns *reality-shows* e telenovelas infanto-juvenis que fui acompanhando nos anos mais recentes (*Big Brother, Quinta das Celebridades, Senhora Dona Lady; Morangos com Açúcar, Diário de Sofia*), a que corresponde o período designado por Umberto Eco como *neotelevisão*. A razão daquele tipo de programas prende-se com a adaptação de modelos importados mas que envolvem participantes portugueses (actores, modelos, anónimos) e com grandes audiências. Anteriormente, a angariação de actores fazia-se através de formação clássica e pedagógica. Hoje, modelos e figuras anónimas reproduzem dois mundos diferentes mas complementares nos media: um encarna a beleza e a juventude da publicidade, o outro expressa as vozes que interessam à televisão popular. O capítulo dá igualmente atenção a diversas profissões ligadas à televisão.

No capítulo sobre cinema, trabalho o conceito de público do cinema, com expressões associadas como crise e recuperação, mas também coloquei notas sobre filmes portugueses que vi entre 2004 e 2006. O conjunto das páginas dedicadas ao cinema tem uma menor marcação teórica e mais um lado impressionista, do prazer das imagens em movimento.

No capítulo sobre rádio e música, existe um número considerável de textos pontuais, nomeadamente de índole histórica: estações de rádio, um comerciante e industrial da fonografia, uma artista de fado e da rádio.

Capítulo 2

Televisão

Periodização Social da Televisão

A televisão, ao longo da sua história, teve de resolver sucessivos problemas técnicos (tubo de raios catódicos, televisão a cores, gravação em fita magnética e vídeo digital) (Melgar, 2003) buscando o relacionamento com outros *media* (cinema, fotografia, telefone, rádio), de onde extraiu conceitos, com mudanças de conteúdos e formas de programação e modalidades de acesso. Se Alcolea (2003) estuda o impacto da evolução das plataformas digitais de televisão (satélite e terrestre) e a constituição dos operadores na pers-pectiva jurídica, Martins (2006) preferiu analisar as transformações nos mercados da comunicação social da União Europeia, concentração empresarial e pluralismo de conteúdos e mercado de televisão em Portugal. A televisão, como as outras indústrias culturais, reveste-se de características peculiares nos termos técnico, económico, jurídico e cultural.

Dois conceitos que têm singrado, os de *paleotelevisão* e *neotelevisão*, iniciados por Umberto Eco em 1983, explicam parcialmente o fascínio pela tecnologia e a sua relação com a cultura e as práticas sociais. A paleotelevisão coincide, segundo Eduardo Prado Coelho (2006), com o tempo da televisão pública e da legitimidade pública, onde se distinguem informação e ficção (Verón, 2003). Na informação, o público espera a verdade segundo critérios de importância e proporção; na ficção aceita a construção fantástica, com drama, comédia, ópera e filme. A neotelevisão, do tempo da televisão por cabo, traz a desregulamentação, divide a audiência em públicos-alvo, com o seu financiamento feito basicamente através da publicidade (Cortés, 2001; Coelho, 2006). Se a paleotelevisão queria instruir e distrair, a neotelevisão está empossada pelo menor denominador comum: sexo, celebridade e sensacionalismo *voyeurista* (Cummings, 2002).

Após Eco ter trabalhado estes conceitos, Francesco Casetti e Roger Odin revêm em 1990, na revista *Communications*, a ideia de paleotelevisão, a partir de contrato de comunicação e fluxo de oferta. O contrato de comunicação tem objectivos pedagógicos, transmitindo saberes como indica Cortés (2001: 19), numa clara diferenciação da programação: ficção, desporto, programas culturais e infantis. A neotelevisão leva ao abandono desse modelo pedagógico, tornando o ecrã mais próximo e acessível dos seus espectadores, assente em géneros como *talk-shows* e concursos. O meio perde opacidade e fica um espaço de conversas, em que as cenas da vida quotidiana surgem como referente da televisão. O novo papel do contrato de comunicação consiste em convidar os espectadores a intervir. No sentido contrário, pode dizer-se que se na paleotelevisão ver era um acto de socialização, na neotelevisão é acto individualista.

Mas, à paleotelevisão e neotelevisão, Eduardo Prado Coelho (2006) acrescenta a pós-televisão, na qual o indivíduo entra no ecrã não por algo extraordinário que tenha vivido mas apenas pela sua própria existência, o que significa um desenvolvimento individualista da fase anterior. É a época dos pequenos canais especializados e de audiência reduzida, hiper-fragmentados, onde o espectador quase atinge a possibilidade de ser programador daquilo que vê. A pós-televisão – neologismo que Prado Coelho associa, embora não o explicite, ao pós-modernismo, com o fim das grandes narrativas que explicam a história e a sociedade – exalta o efémero e o sucesso mediático do indivíduo, mostrando a sua intimidade mais profunda num tempo de grande concorrência de canais televisivos e cópia de formatos.

Cardoso e Amaral (2006) fazem coincidir esta tipologia com três gerações de espectadores para explicar consumos culturais diferentes: iniciática (nascida de 1950 a 1966 e caracterizada pelo Estado Novo), de transição (adolescência vivida entre a mudança de regime político em 1974 e a normalização democrática do fim dos anos oitenta) e multimedia (nascida na segunda metade dos anos 80, com acesso a múltiplos ecrãs, do televisor ao computador, ao telemóvel e ao videojogo). Esta divisão serve também Verón (2003), que situa a primeira geração em contexto social-institucional extratelevisivo, através da metáfora da "janela aberta para o mundo exterior". Os anos 80 marcariam a passagem para a segunda etapa ou geração, em que a própria televisão se torna a instituição interpretante por meio de *talk-shows* e concursos, que a afastam definitivamente do campo político. A terceira etapa define os colectivos como exteriores à instituição televisão e de pendor individual, com descredibilização dos meios informativos e explosão dos *reality-shows*, nos quais os telespectadores são ungidos no papel central do programa (Verón, 2003). Isto alarga o campo das vedetas televisivas em estrelas, celebridades e personalidades, com impacto maior no conteúdo e na promoção dos textos mediáticos (Lacey, 2002: 70-73; Ethis, 2006), independentemente do tempo de existência e celebração de cada vedeta. Ethis (2006: 83) lembra-nos que cada geração possui um repertório de estrelas. Instrumento de base instituído pelo cinema americano desde 1910, a estrela transporta uma aura, a ilusão mágica que chegou a uma dada posição por eleição. Assim, a existência da estrela – simultaneamente longe do fã que a idolatra, devido ao seu estatuto, mas mais próxima deste do que qualquer outro actor – é um discurso estético e social, o que nos encaminha para a compreensão do estatuto do fã.

Para Lacey (2002), se as estrelas aparecem nos filmes, as celebridades ganham notoriedade porque fizeram alguma coisa na vida que as tornou conhecidas e as personalidades são famosas per si. Quanto às estrelas, circulam detalhes das suas vidas e que podem não ser verdadeiros mas interessam ao público. A razão pela qual as revistas fazem cobertura das estrelas é que elas chamam a atenção do público-alvo e isso gera receitas. Por seu lado, as celebridades constroem-se após algum facto que as distinguiu. As de maior nomeada vêm do mundo do desporto, caso do futebol. Tais pessoas são entrevistadas porque vendem exemplares de revistas e vendem revistas porque são entrevistadas. Já as personalidades são semelhantes às celebridades excepto que nada fazem para se celebrizarem. São "personalidades" que habitam nas revistas sentimentais, "trabalhando" para serem celebradas em tais publicações e convidadas para programas de televisão. Estas delimitações são importantes para a análise de programas de televisão, mais à frente.

Igualmente importantes são as designações paleo, neo e pós-televisão quando aplicadas à história da televisão em Portugal. É evidente que uma nova etapa não elimina as anteriores, mas dá-se antes uma sobreposição com valores de cada categoria presentes, nomeadamente no esforço legislativo de serviço público, não adjudicado apenas à televisão de Estado, mas fazendo parte do caderno de encargos dos canais comerciais, em especial o peso a dar à informação e a cautela de programas face a públicos sensíveis (como menores e indivíduos com necessidades especiais) e específicos (minorias étnicas e outras). Na minha perspectiva, o aparecimento da RTP coincide com a paleotelevisão, a SIC com a neotelevisão e a fase *Big Brother* da TVI com a pós-televisão.

Os Anos de Ouro da Televisão Pública

Nesta secção, dou ênfase à história da televisão em Portugal, iniciada experimentalmente em Setembro de 1956 e com regularidade em Março de 1957, com a RTP (Teves e Silva, 1971; Teves, 1998). A actividade privada arrancaria muito mais tarde: com a SIC em Outubro de 1992 (Santos, 2002) e a TVI em Fevereiro de 1993. Teves (Teves e Silva, 1971: 115) escreveria sobre o arranque experimental da televisão (5 de Setembro de 1956): "Três corpos pré-fabricados, para albergarem, de um lado, emissor, telecinema, controlos de estúdio e emissão; do outro, camarins para artistas, sala de caracterização e um pequeno escritório; ao centro, no corpo principal, o estúdio, de paredes rasgadas por vidraças". O local era a Feira Popular de Lisboa e Raul Feio o apresentador do programa da noite. Após confessar a felicidade em proporcionar "o maior espectáculo do Mundo", passava a palavra a monsenhor Lopes da Cruz, presidente da assembleia-geral da RTP e director da Rádio Renascença. Depois, surgia o primeiro "sorriso RTP", pertencente a Maria Armanda Falcão, mais tarde conhecida pelo pseudónimo Vera Lagoa, que descreveu as restantes rubricas do programa da noite e introduziu um documentário sobre a ourivesaria portuguesa (Teves e Silva, 1971: 122-123). No dia seguinte, a televisão constituía tema de capa dos jornais.

Inicia-se a idade de ouro da televisão, quando se sonhava educar as populações com serões de ópera e teatro radiofónico. Claro que a expressão *idade de ouro* da televisão precisa de ser desconstruída. Primeiro, porque se trata de um período experimental do meio, ainda à procura de fórmulas e estruturas, quando idade de ouro pressupõe maturidade. Depois, porque a história de Teves (Teves e Silva, 1971) apresenta uma perspectiva pura e *naïf* e nada nos diz sobre as lutas do poder político. Sabemos que – como se lê na tese de doutoramento de Francisco Rui Cádima sobre os noticiários da RTP – havia um forte controlo sobre o que era dito. O regime era uma ditadura e a televisão foi desde logo um excelente instrumento de poder.

Além disso, a ideia de um só canal a chegar a toda a gente lembra a teoria da agulha hipodérmica – uma mensagem influi todos os receptores de igual modo. Esta ideia é útil para os que defendem quer a propaganda (o povo precisa de ser doutrinado) quer a pedagogia (a televisão como escola moderna).

No período experimental de 1956, a programação assentava em filmes, telediscos e revistas filmadas (desportiva, feminina, cinema e curiosidades). Em 1957, o primeiro período começava às 17:00, com diapositivos de abertura e mira, durante 45 minutos, e ensaios técnicos (15 minutos), passando filmes às 18:00, intercalados por diapositivos, até dois minutos antes das 19:00, com diapositivos de encerramento. O segundo período iniciava-se às 21:00, com diapositivos de abertura (5 minutos), filmes intercalados por diapositivos, até 3 minutos antes das 22:30 e diapositivos de encerramento (Teves e Silva, 1971: 141). Havia rubricas musicais ligeiras mas também música clássica, bailado e declamação. Se Vasco Santana criou momentos de humor, o primeiro concurso seria "Veja se adivinha", promovido em colaboração com a revista *Rádio e Televisão*. Mais tarde, em 1964, a RTP tinha o seu primeiro equipamento de gravação magnética (Teves e Silva, 1971: 168).

A visita da rainha Isabel II (1957) foi um dos primeiros trabalhos de grande envergadura da nossa televisão pública. Rodada por um operador da RTP (Baptista Rosa), a partir de planos idealizados pela BBC, uma bobina de 30 metros fora filmada e transportada de imediato para Londres através de um avião a jacto. Três horas depois, a Inglaterra via as primeiras imagens da sua rainha em Lisboa (Teves e Silva, 1971: 150-151). Era ainda uma forma artesanal de produzir e emitir conteúdos, longe do nosso tempo em que videotelefones e câmaras digitais ligadas a computadores e interconectadas na internet divulgam em "tempo real" o que se faz.

Todo este descritivo tem a vantagem de realçar a questão técnica, o apuro do profissional que aceita o desafio e se envolve numa actividade pela primeira vez com efeito e reconhecimento público. A experimentação faz parte desse período inicial (paleotelevisão), que uma primeira geração de espectadores (iniciática) acolhe alegremente, porque vivia uma época de novos desafios, e que a designação "ouro" confere um peso destacável.

A televisão portuguesa manteve-se quase sem alterações até perto do tempo da mudança de regime político em 1974 (Reis, 2006). Madalena Reis (2006) frisaria a importância da escolha de Ramiro Valadão para presidente de administração da televisão pública, forte instrumento de poder político. À altura de Caetano, ficariam famosas as suas *conversas em família*, inspiradas nas conversas à lareira do presidente americano Roosevelt. Estava-se ainda no modelo de paleotelevisão de expressão paternalista – o "bom" líder a explicar pedagogicamente (ou propagandisticamente) as decisões e as acções que fez. O modelo paternalista constaria ainda do programa da televisão pública nos anos da revolução política (1974-1975), procurando agora uma pedagogia de sentido diferente.

Para Reis (2006), e seguindo Cádima, não houve ruptura entre Salazar e Caetano quanto à televisão, embora o último estivesse mais atento ao dispositivo cultural, não fosse ele o homem que tinha já escrito sobre relações públicas. Contudo, Valadão consegue novos equipamentos de visionamento dos programas, nomeadamente os noticiários, que estabelecem um controlo mais perfeito sobre as matérias apresentadas. Ao mesmo tempo, parece haver uma abertura política e cultural, com a presença de novos programas e animadores: David Mourão-Ferreira (poesia), Vitorino Nemésio (*Se bem me lembro*), *Zip-zip* (1969), *Ensaio* (programa de entrevistas com cineastas do cinema novo). As contradições da paleotelevisão de índole paternalista ganham aqui mais força. De um lado, o reforço do controlo antigo; de outro lado, a tentativa de renovação. A expectativa gerada com a chegada de Caetano ao poder acabaria defraudada, como Ana Cabrera (2006) tão bem retrata.

No final do regime ditatorial e em termos de audiências, as séries mais vistas eram americanas, apesar das nacionais constituirem a maior parte da recepção, ficando os noticiários em oitavo lugar, dado relevante e que indica um afastamento dos telespectadores quanto à informação, julgada manipulada.

Em Janeiro de 1975, Ramalho Eanes (presidente da RTP e, mais tarde, presidente da República) promovera um estudo sobre audiências baseado em inquéritos telefónicos (Reis, 2006). Estudantes e empregados do sector terciário viam mais televisão do que em anos anteriores. Contudo, começava a haver saturação do peso de programas políticos. Por isso, 1977 seria um ano importante, com a aquisição pela RTP da novela *Gabriela*, a partir do livro de Jorge Amado. O mercado europeu tornava-se significativo para a rede Globo, dada a dimensão, poder aquisitivo e relativa carência de produtos televisivos por parte da RTP (Brittos, 2005).

Mais tarde, e já na segunda metade da década de 80 e anos seguintes assistir-se-ia a uma profunda mudança na área dos *media* em Portugal. A mensuração das audiências – e a preocupação pela sua fiabilidade – são já uma marca da neotelevisão, a que os canais privados vão dar corpo no começo da década de 90.

A SIC E A IMPORTÂNCIA DA TELEVISÃO COMERCIAL NO PANORAMA AUDIOVISUAL PORTUGUÊS

Em 1987, o programa eleitoral do PSD propusera a venda da totalidade dos jornais nacionalizados, o surgimento da televisão comercial e a existência de um serviço público mínimo na televisão e na rádio. Alguns factores relevantes nesse período seriam o nascimento do *Público* (1990) como jornal de referência, a privatização do *Diário de Notícias* (1991) e sua transformação gráfica e editorial (1992), a privatização da Rádio Comercial e o aparecimento de uma rádio dedicada às notícias (TSF). Grupos empresariais (Lusomundo, Sonae e, depois, Media Capital) associavam-se à comunicação social, dentro da onda liberalizadora que percorreu o país governado por Cavaco Silva. A adesão à CEE, depois União Europeia, traçara esse rumo, que engrena no que se designa por neotelevisão.

A emissão da SIC iniciava-se a 6 de Outubro de 1992. Dos constrangimentos nessa época, refiram-se as impossibilidades de transmitir programas de grande audiência como Fórmula 1 e futebol, cujos direitos pertenciam à RTP, emitir 24 horas diárias e alcançar metade da população nacional por dificuldades económicas e técnicas. No início de 1993, o *share* da SIC era apenas 10%, fatia magra se comparada com a RTP2 (20%) e a RTP1 (70%).

Depois, a estação atingiria a liderança das audiências três anos após o seu arranque. O sucesso deveu-se à existência de uma grelha diversificada em informação, reportagem, documentário, infantil, juvenil, séries, comédias, cinema e entretenimento geral, em que a produção nacional se associou a uma linha de programação popular do canal privado (Lopes, 1995). Gente nova e muito profissional a fazer televisão, uma outra maneira de trabalhar a informação capaz de servir as elites, fartas das notícias que veiculam fontes oficiais e do aparelho de Estado, e a evidente orientação para uma programação de agrado a públicos mais populares – a *televisão do povo* (Torres, 1998: 75), com uma estratificação cuidada dos grupos-alvo a privilegiar – figuraram nas estratégias dos responsáveis da estação. Como pano de fundo, o optimismo e a fé na iniciativa privada vividas na sociedade portuguesa, no princípio da década de 90, o que estimulou a popularidade da estação recém-aparecida (Santos, 2002).

Com reduzida capacidade financeira inicial para investir na produção própria, a SIC apostou na informação (Traquina, 1997: 65), atingindo o dobro do tempo dispensado pelos outros canais portugueses. O modelo CNN, de reinventar as notícias, criar histórias a partir de elementos menos visíveis dos acontecimentos e relevar os magazines de grande informação, no sentido dado por Küng-Shankleman (2000: 120), esteve na base do jornalismo da SIC. Em Setembro de 1995, as eleições legislativas seriam seguidas na SIC mais do que nas outras estações, nomeadamente o canal de Estado.

Ao profissionalismo, dos jornalistas às pessoas da área comercial, atenção dada aos produtos televisivos, articulação entre os diversos sectores da estação e a medição constante das audiências (Torres, 1998: 37), juntou-se a mobilidade do estúdio do noticiário, ideia que acompanhou, de certo modo, o modelo de presidência aberta, inaugurado por Mário Soares em 1986, no sentido de conhecer bem a realidade portuguesa (Serrano, 2002: 117). Emprega-se o estúdio móvel em acontecimentos pré-determinados, de grande solenidade ou nível visual, transmitindo noticiários directamente de inaugurações como a Expo 98, ponte Vasco da Gama, Feira do Livro e festas (S. João, do Porto).

Lentamente, porém, as notícias tenderam para o *fait-divers*, o crime e a catástrofe (Brandão, 2002), efeito que atravessou os noticiários de todos os canais, numa tematização nuclear de política-sociedade-cultura-desporto-*fait-divers* (Lopes, 1999). Para contrariar este efeito de erosão, a imagem da informação da SIC foi alterada quando o canal atingiu os cinco anos de actividade. Assim, em 1997, apresentou um novo cenário dos noticiários, bem como o seu aspecto gráfico e um rejuvenescimento do logótipo. O cenário incluía painéis de informação ao lado e por detrás do pivô, com informação suplementar, o que criou a imagem de marca do canal. À espectacularização do cenário e acompanhamento do acontecimento no local correspondeu um maior número de vozes populares, o que produzia um novo efeito nas notícias.

Séries, telenovelas brasileiras, primeiro, e portuguesas, já no dobrar do século, concursos, *talk-shows* e *reality-shows* encontram-se entre as alavancas da programação que levaram à popularidade da SIC e ao seu contributo para a mudança do panorama audiovisual português. O formato das telenovelas brasileiras vinha já da RTP, aproveitando a SIC a fórmula, em especial o contrato estabelecido com a estação brasileira Globo. A ideia de neotelevisão está já completa (informação mais leve, elementos de intimidade nos *talk-shows* e *reality--shows*).

Várias fórmulas de programas fizeram fama, nomeadamente as de produção nacional. Um programa, o *Ponto de Encontro* seria a oportunidade de homens e mulheres contarem as suas histórias e reencontrarem familiares ou amigos, saindo de cena mais felizes e aliviados (Torres, 1998: 74). O povo que chorava e ria no momento do reencontro era bem tratado no *talk-show*, ao passo que Henrique Mendes se apagava no papel de entrevistador, o que conferia maior credibilidade às histórias dos convidados. *Chuva de Estrelas* foi outro dos programas emblemáticos da SIC, com apresentação sucessiva de Catarina Furtado e Bárbara Guimarães, dois dos mais conhecidos rostos femininos da estação de televisão.

A programação infantil, incipiente no começo das emissões (Traquina, 1997: 65), passou a ser cuidadosamente concebida, dado o perfil dos espectadores mais assíduos – as crianças. *O Buéréré*, apresentado por Ana Marques, compunha-se de dois momentos: as séries de animação e a participação de crianças em jogos e passatempos. Outros programas de elevada audiência foram as séries estrangeiras de desenhos animados. Em 1996, *Dragon Ball* bateu o recorde de audiências, enquanto *Power Rangers* e o *Homem Aranha* conheciam também a fama. *Dragon Ball* foi uma série repleta de combates intermináveis, onde os heróis morrem e ressuscitam, e que provocou uma longa discussão na imprensa e na internet e teve campanhas enormes de marketing (Miranda, 2000: 67). As campanhas em torno das séries de desenhos animados incluíam o *merchandising*. Apesar da má qualidade dos bonecos, dos diálogos e da narrativa, o êxito do *Dragon Ball* tornou-se alvo de múltiplos estudos.

Canais temáticos, como a criação de um canal de notícias, entrada na informação electrónica (internet) e aquisição de empresas de produção de conteúdos fizeram parte do novo ciclo de vida do canal de televisão. Entrava-se na fase dos novos projectos e parcerias (1999-2001), que sucedia aos períodos de afirmação do projecto (1992) e liderança no mercado (1995-1998).

Começava uma inversão lenta na relação entre os canais. Para a SIC, o ano de 1999 foi de perda de audiência, acentuada em 2000 e 2001, acompanhada de quebras nas receitas provenientes da publicidade, com a TVI no papel de desafiante do líder (Cardoso e Amaral, 2006). A TVI, ao comprar o formato *Big Brother*, provocou escândalo mas fidelizou telespectadores, que, a par da produção nacional de telenovelas e da tabloidização das notícias, a fez ganhar o duelo com a SIC. A perda de liderança desta coincidiu exactamente com a entrada na cultura que associa espectáculo e modelo *voyeurista* e exibicionista (Bastos *et al.*, 2001: 12). A "novela da vida real", como dizia a promoção do programa, permitia ao telespectador saber o que se passava da vida íntima de algumas pessoas isoladas do mundo externo, a que se juntava a característica de aspecto de oráculo e confessionário, janela ou orifício que permitia aos concorrentes o acesso ao exterior, para falar com a apresentadora do programa, recobrindo o que Cádima (1996: 72) designa por *televerdade* – câmara escondida ou efeito simulador do real guiam-nos para uma dimensão da curiosidade.

As dissensões aumentaram, o que levou Emídio Rangel a perder o controlo da situação e a abandonar a SIC (Setembro de 2001), por troca com a RTP. Após a recomposição directiva da SIC e subsequente alteração estratégica, o *Masterplan*, enquanto programa central, fez parte da recuperação das audiências para a SIC. Uma análise às capas das revistas cor-de-rosa, a partir de Fevereiro de 2000, onde são frequentes as alusões aos "heróis" do *reality-show*, com fotografias de página inteira e revelação das suas emoções, demonstra a importância da imprensa na promoção de um produto televisivo. Em 2000, dava-se a transferência do humorista Herman José da RTP para a SIC, depois de uma ligação de cerca de vinte anos ao canal público.

Para a actividade televisiva, o cabo foi um elemento estruturante. No país, iniciou-se em 1995, assumindo lugar dominante a TV Cabo Portugal, do grupo Portugal Telecom. A SIC associar-se-ia à empresa por cabo para avançar com a emissão de vários canais, como a SIC Notícias.

Programação da TVI

A TVI, como segundo canal comercial, a emitir desde 20 de Fevereiro de 1993, teria um percurso diferente de actividade face aos outros canais, em especial a SIC. Em primeiro lugar, porque o arranque foi ainda mais modesto que o primeiro canal comercial. Depois, porque a TVI teve uma espectacular recuperação, liderando as audiências a partir de 2000. Tal como na SIC, o sucesso da TVI deve-se aos formatos de informação e telenovelas, a que se juntou o êxito de *reality-shows* como o *Big Brother*.

Martins (2003: 42) atribui o mau desempenho inicial da TVI ao atraso de lançamento face à SIC (quatro meses depois desta) e a indefinição a nível da programação. De 1994 a 1997, o canal atravessaria uma grave crise financeira, passando a Sonae a tomar conta da TVI em 1998. Com a mudança de propriedade, José Eduardo Moniz (ex-RTP) chegava a director-geral da estação, cargo reconfirmado quando a Media Capital, pela mão de Paes do Amaral, compra a TVI em Novembro de 1998.

Margarida Martins (2003) fez um estudo sobre o noticiário da TVI em horário nobre (Setembro de 1999 a Junho de 2002), época em que são visíveis mudanças de orientação nos noticiários – e onde se reflectiam outras transformações que conduziriam a estação à liderança. Assim, ela estudaria os períodos de Setembro de 1999 a Agosto de 2000, com o noticiário *Directo XXI*, que ocupava o terceiro lugar nas audiências, de Setembro de 2000 a Agosto de 2001, já com o noticiário com a designação *Jornal Nacional*, passando para segundo lugar nas audiências, e de Setembro de 2001 a Junho de 2002, com o noticiário a liderar as audiências da TVI. Seria a 19 de Outubro de 2000 que o noticiário da TVI teve o primeiro assomo ao primeiro lugar em termos de audiência, não pelo anúncio da recandidatura de Jorge Sampaio à presidência da República mas devido à abertura do *Jornal Nacional* com um incidente do *Big Brother* (Marco, um concorrente, pontapearia uma outra participante, acabando por ser expulso do programa). Aliás, o *reality-show* esteve noutros pontos do noticiário, nomeadamente nos 24 minutos finais. Quando o "expulso" do *Big Brother* foi entrevistado por Manuela Moura Guedes, o *share* da TVI atingiria 67,1% (valendo, naquela noite, mais de dois milhões de espectadores) (Martins, 2003: 51).

Era o começo da informação-espectáculo na TVI, alicerçada pelo *Big Brother* (primeira alavanca) e a novela *Anjo Selvagem*. As novelas em português seriam uma das armas mais poderosas da TVI (Ferin *et al.*, 2002). Entrava-se no domínio do que Eduardo Prado Coelho (2006) designou por *pós-televisão*, em que o indivíduo (anónimo) que aparece convidado na televisão o é pela simples condição de existir. Zé Maria e José Castelo Branco (um rural e outro urbano, um ingénuo e outro rebuscado e ambíguo) são fruto dessa nova etapa da televisão, coadjuvados pelas revistas sentimentais.

Cada período no horário diário da emissão televisiva caracteriza-se por uma programação distinta, dentro do chamado critério *sanduíche* (programa, informação, programa) (Cádima, 2002; Cardoso e Cheta, 2006), com alargamento do horário nobre (Burnay *et al.*, 2002: 68). Assim, na TVI, a primeira fórmula de programas foi série juvenil, noticiário (a começar às 19:30 ou às 21:00, fora do horário da concorrência) e série juvenil. A segunda fórmula (ou período) coincidiu com o *Big Brother* (extra), noticiário (*Jornal Nacional*) e telenovela portuguesa, com uma variante de *reality-show*, ficção, noticiário, ficção e *reality-show*, estratégia de contra-programação bem conseguida. A terceira fórmula seria a mais recente: telenovela portuguesa, noticiário e telenovela portuguesa. A conquista da audiência da TVI apontou para a classe D, a mais popular e de menores recursos económicos, mas que compra também os bens dos supermercados e acede à aquisição de telemóveis ou brinquedos, objectos que constituem uma parcela significativa da publicidade televisiva. Sem menosprezar a classe C, o objectivo evidente da TVI era conquistar as camadas mais populares da população, estratos sem preocupações culturais especiais (Martins, 2003: 58).

Após as alterações de programação em Setembro de 2001, mudavam as características do perfil do espectador médio da

TVI: aumento do auditório feminino, do público com idade superior a 35 anos, mais 9% de espectadores da classe D (Martins, 2003: 59-60). O *infotainment* ([11]), com a introdução de notícias sobre a produção do canal, seria uma novidade na informação do canal, em que o editor de notícias se transforma em comerciante ao serviço das donas de casa, como escreveu Margarida Martins (2003: 62). A vitória da TVI sobre a SIC reflectiria outras acções, caso da interligação entre televisão popular e imprensa sentimental, com identidade comum de públicos-alvo, como adiante analisarei.

Graças aos *reality shows*, à informação, e à programação em língua portuguesa produzida em Portugal e com actores portugueses, a TVI conseguiu alcançar liderança, produtividade (*share* comercial estabilizado 20% acima do *share* de audiências) e enriquecimento de emprego ([12]). Em 2004-2005, a TVI foi notícia pela saída do comentador político Marcelo Rebelo de Sousa, pressionado por criticar o governo de então, e pela venda de parte do capital da Media Capital à Prisa (proprietária do jornal *El Pais*).

([11]) Considera-se o *infotainment* como informação contaminada pelo entretenimento ou informação mais leve.
([12]) Carta de pedido de demissão de João van Zeller do cargo de administrador da TVI, publicada no *Expresso* (4 de Setembro de 2005). Presidente da Confederação Portuguesa de Meios de Comunicação Social (CPMCS), van Zeller era, nessa qualidade, administrador da TVI.

Telenovelas e Programação
O que se Alterou com o Formato Vindo do Brasil

Foi em 1977 que passou na RTP a primeira telenovela brasileira, *Gabriela, Cravo e Canela*, a partir do livro de Jorge Amado, com a actriz Sónia Braga no principal papel. Os jornais de então deram conta de como os portugueses se renderam ao novo género televisivo. Então, a cor ainda não chegara aos receptores e a televisão era vista apenas à hora do almoço e entre as 18 e as 23 horas.

Sirvo-me, aqui, da leitura de vários trabalhos de investigadores nacionais ([13]), um dos quais de Isabel Ferin (2003), que chama a atenção para as relações da telenovela com literatura, teatro, cinema e música popular brasileira. Para Isabel Ferin, professora da Universidade de Coimbra, a opção pela telenovela como estratégia de fidelizar audiências não foi pacífica, dado o receio da influência de vivências culturais e linguísticas brasileiras. Mas as suas histórias de encontros e desencontros amorosos, a par da definição de tipos populares de personagens, permitiram a fácil identificação e adesão do público.

Com a abertura à televisão privada, a partir de 1992, alterou-se rapidamente o panorama dos *media* e das indústrias culturais. Três anos depois, a primazia das audiências deslocava-se da RTP para a SIC, acompanhando a publicidade o mesmo caminho. A par da RTP, a SIC passou a transmitir telenovelas brasileiras, acabando por ficar com o monopólio das produzidas pela rede Globo. Mas esses anos também se abriram a produtoras, actores e outros profissionais portugueses. Isto fez com que empresas como a NBP, de Nicolau Breyner, tivessem uma boa aceitação, com adaptação de formatos estrangeiros (séries e telenovelas) à realidade portuguesa e desenvolvimento de projectos originais.

A concorrência inicial entre canais de televisão deu-se através de uma programação mimética. Depois, e segundo a socióloga Ana Paula Fernandes (2001), a contra-programação

---

([13]) Adaptação de texto publicado na revista *MediaXXI*, n.º 74, de Fevereiro/Março de 2004.

passou a fazer parte dos objectivos dos vários canais, com uma atenção específica aos diversos públicos de televisão, além do efeito de herança (percentagem da audiência que se mantém na passagem de um programa para outro). Já na segunda metade dos anos 90 a programação passou ao patamar da intimidade, a nível da informação, da ficção e dos *reality-shows*. No final dessa mesma década, e do ponto de vista político, incidindo sobre os canais públicos e as indústrias culturais, surgia a *holding* Portugal Global, envolvendo RTP, RDP e Lusa, e a criação da Comissão Interministerial para o Audiovisual e da Plataforma para o Audiovisual, com medidas para o desenvolvimento da produção nacional. Em termos financeiros, o ICAM apoiou mais projectos ligados ao cinema e à televisão, nomeadamente telefilmes. Já em 2002, a RTP2 passaria a chamar-se 2:, voltando a RTP2 em 2007.

Entretanto, assistira-se a um novo estilo de televisão protagonizado pelos directores dos canais (Emídio Rangel, José Eduardo Moniz), com SIC e TVI a disputarem as audiências no final dos anos 90. A TVI alargava o seu *prime-time*, com o noticiário a funcionar como âncora de programas, caso das telenovelas e do *Big Brother*, *reality-show* da Endemol, que se distinguiu por possuir um fio narrativo, em que os concorrentes representavam como se fossem actores e actrizes, embora sem qualquer formação, como escreveu a antropóloga Alexandra Laranjeira (2003). O *Big Brother* foi cunhado de "novela da vida real" ou novela do "povo soberano". Eduardo Cintra Torres (2002), responsável por esta última designação, descreveu o *Big Brother* como o programa das *self-made stars*, apenas com nome próprio, triunfo do cidadão comum sobre as estrelas do cinema ou das elites sociais e culturais.

O noticiário da noite da TVI deixava de ter horário rigoroso, oscilando o seu começo vários minutos antes das 20 horas. A mesma estação apostaria na produção de ficção portuguesa (novelas, séries e *reality-shows*), anulando a hegemonia da programação da SIC baseada em telenovelas do Brasil. Como diz Isabel Ferin no seu estudo, a estratégia de lançamento do *Big Brother* (Setembro de 2000) assentou em *infotainment*, com o noticiário a servir de suporte de informação leve sobre o programa, e *product placement*, com referência a produtos comerciais de grande consumo. E, se o *Big Brother* funcionou como motor de crescimento da TVI, outros programas ajudaram, como séries (*Jardins Proibidos, Super Pai*) e telenovelas (*Olhos de Água, Anjo Selvagem* e *Filhos do Mar*), sempre acompanhados por publicidade em meios estáticos (*mupies* e *outdoors*) e dinâmicos (autocarros). A SIC começaria a recuperar a liderança de audiências a partir do programa *Masterplan*, outro *reality-show* ficcionado, chegando ao final de 2003 com vantagem sobre a TVI, logo seguida pela RTP1. Embora diferente no enredo face ao *Big Brother*, o *Masterplan*, também da produtora Endemol, permitia aos concorrentes continuarem a participar no programa mesmo após a expulsão. E se o *Big Brother* deu a conhecer o dócil e simplista Zé Maria, o *Masterplan* mostrou-nos uma Gisela ávida de publicidade em entrevistas não controladas pela organização.

Uma análise das telenovelas implica também o estudo das audiências, como fez Verónica Policarpo (2006). Para esta docente da Universidade Católica, uma telenovela é um produto ou formato de indústria cultural dotado de uma narrativa dramatizada e marcas próprias em termos de duração e estrutura (série). Ela procurou saber como é que as pessoas "lêem" as propostas da telenovela, quais os significados a ela atribuídos e que factores sociais entram para essa apropriação. Analisando a telenovela *Terra Nostra* (2000) e o seu impacto na recepção, partiu da hipótese de que as formas de apropriação da telenovela brasileira variam em função do género e da trajectória familiar. Para tal, considerou a audiência como social (composta por indivíduos inseridos em complexas relações sociais) e activa (explicação para as diferenças de recepção, com possibilidade de leituras de resistência ou usos alternativos que as mulheres fazem das telenovelas). A telenovela, explicaria, constitui um interlocutor privilegiado de certo tipo de sentimentos e experiências. Por exemplo, ao verem a telenovela, as mulheres podem avaliar a sua vida e reflectir a sua situação, numa proximidade de identidade entre ficção e vida pessoal dos receptores.

Com a sua introdução no imaginário das indústrias culturais de finais do século XX, e género televisivo considerado como orientado para audiências femininas, a telenovela ganhou relevo também na produção nacional. No seu trabalho, Isabel Ferin destacou os investimentos no domínio das técnicas e nas capacidades dos profissionais, faltando, contudo, a densidade antropológica e sociológica das personagens construídas pelas telenovelas brasileiras. No cômputo geral, a programação de telenovelas, primeiro brasileiras e depois portuguesas, esteve na origem da fixação de audiências dos canais televisivos, percorrendo sucessivamente a RTP, a SIC e a TVI, prova da popularidade do género. Mas, por outro lado, surgia um movimento de oposição ou complementaridade às telenovelas, dando-se importância aos *reality-shows*. Conquanto parecessem resultar de cenas não representadas ou, na linguagem dos repórteres, não editadas, a produção criou um roteiro de enredo, com picos de interesse, para prender a atenção do telespectador, como se fosse uma telenovela. Antes, com anúncio no interior do noticiário, durante a transmissão em compacto (os chamados melhores momentos do dia) e depois (comentários e entrevistas a antigos residentes da casa, no exemplo do *Big Brother*). E com custos mais baixos, sem pagamento de *cachet* a artistas famosos ou recurso a montagem de cenários, criação de guarda-roupa ou necessidade de dezenas ou centenas de figurantes.

Programas de Informação Semanal

Felisbela Lopes (2005), que estudou os programas de informação semanal dos canais generalistas ao longo de uma década, procurou saber que lugar ocupa a informação semanal no horário nobre e qual o espaço público que cria e estabeleceu quadros de interpretação a nível do agendamento e das cenas mediáticas estruturantes. O seu trabalho, que consistiu ainda em perceber se, dentro dos géneros televisivos da informação (debates, grandes entrevistas, *talk-shows*), a informação televisiva é um espelho de construção da realidade, analisou grelhas de programas, relatórios e contas das empresas televisivas, artigos de jornais e de revistas como *TV Guia* e *TV Mais*, alinhamento dos programas de informação e indicadores de audiências da Marktest, em 1993, 1996, 1998, 2001 e 2003. A conclusão a que chegou é que os programas de informação semanal foram abandonando o horário nobre dos canais generalistas, passaram para horas mais tardias e acabaram por desaparecer, contrariando a aposta dos canais, em especial nos privados desde 1992-1993, conforme compromissos assumidos com a atribuição de licenças.

Outra conclusão da investigação é a existência de um espaço mediático monotemático, com um discurso masculino (os homens discutem política e pensam o Estado) e uma continuidade de representantes (ministros, secretários de Estado, outros dirigentes), sem renovação (Lopes, 2005), o que se aproxima da ideia de esfera pública masculina em termos de líderes de opinião (Figueiras, 2005). A manutenção dos mesmos participantes passa pelos jornalistas e por aquilo a que Felisbela Lopes chamou *engenheiros do social*: médicos (nomeadamente psiquiatras) e académicos (primeiro os historiadores e depois os sociólogos). O desaparecimento da informação semanal significaria, ainda, a criação de espirais de silêncio temático (discussão do ambiente e dos media, por exemplo).

Escrita para o Ecrã de Televisão

A programação implica organização e escrita para o ecrã. Assim, nesta secção, sinto a necessidade de compreender os modos de produzir conteúdos, com base nas obras de Mazziotti (1996), Bulger (2004), Ponte (2004) Borelli (2005), Santos (2006b) e Torres (2006). Nora Mazziotti (1996: 141--165), que estudou as telenovelas argentinas no começo dos anos 90, realça as heroínas como dispositivos da indústria cultural, dado que a grande característica do melodrama, ou telenovela, é produzir emoção. A autora parte de dois modelos principais na fórmula da telenovela para construir um terceiro. Pelo primeiro, *novelas de produtor*, as super-produções possuem cuidado técnico, grandeza dos cenários, incorporação de elencos numerosos, espectacularidade do vestuário e grande quantidade de exteriores. Pelo segundo, *telenovelas de actriz*, estas sobressaem e acompanham os objectivos da protagonista em fazer carreira. Se o primeiro modelo assenta na inovação, ela não está patente no segundo. O terceiro modelo é o das *telenovelas de época*, relatos que representam o passado, embora não seja preciso a busca da verosimilhança dos factos narrados. As telenovelas podem produzir a sua versão da história com igual liberdade que qualquer outra indústria cultural, caso da literatura ou cinema.

Mazziotti analisa ainda as heroínas que surgem em algumas telenovelas, as quais se opõem às normas sociais e se aventuram em âmbitos vedados anteriormente à mulher, afastando-se dos estereótipos da protagonista doce, sofrida, dócil. O novo comportamento radica no discurso verbal combativo e no estilo assumido pelas atitudes face a questões sociais. As heroínas conseguem ultrapassar as dificuldades, mas a sua rebeldia é uma atitude verbal: não corresponde à totalidade das suas acções nem ao desenvolvimento da trama.

Heróis e histórias operam dentro da telenovela, uma grande locomotiva da televisão (Borelli, 2005: 187-203) e que abordei em secção anterior. Borelli começa o seu texto lembrando o tripé da televisão brasileira: jornalismo, variedades e dramaturgia. Por exemplo, a telenovela está na grelha de programas da Globo desde 1965, ano de arranque do canal. No horário nobre, emite duas novelas (das 7 e das 8), ensaduichando o noticiário (estratégia seguida pelas portuguesas SIC e TVI). A novela, que contribuiu para a construção da grelha vertical de programação, com conhecimento prévio e regular no dia-a-dia da recepção televisiva, é, por regra, um produto de baixo custo de produção e alto grau de rentabilidade. Uma novela com 150 ou 200 episódios pode pagar-se ao fim de dois a três meses de exibição, excluindo as receitas de *merchandising* e *product-placement*.

Ora, heróis e histórias nas novelas significam uma escrita específica para televisão, tema trabalhado por Laura Bulger (2004), a qual estuda a passagem do texto literário para o ecrã. Bulger, que relaciona o mundo ilusório da ficção com o mundo virtual do audiovisual, identifica a novela com os traços do género: brevidade, simplicidade, acção centrada em figura primordial e referência histórico-social. Na sequência, entende haver dimensão estética – semelhante às grandes obras literárias – em séries, mini-séries e telefilmes produzidos directamente para o pequeno ecrã. Apesar de defender que a imagem da escrita no pequeno ecrã é prova da convivência feliz da literatura com o meio electrónico mais popular e manipulador (2004: 45), Laura Bulger aponta diversas dificuldades que surgem nessa transposição, em especial as relacionadas com o espaço e o tempo, intrusões narrativas ou representações dos estados mentais da personagem.

Por seu lado, Ponte (2004: 46-47), que dá uma atenção especial à relação entre folhetim e jornalismo de interesse humano, situa o começo do folhetim na imprensa e a polémica que o formato narrativo adquire no jornal e aponta a técnica do episódio (do folhetim), onde se joga a curiosidade e a expectativa. O folhetim surge como compromisso entre literatura e jornalismo, em que a sucessão de episódios cativa a atenção dos leitores. Do mesmo modo, o romance policial está próximo da narrativa da série e do *suspense* (Ponte, 2004: 48). Bulger (2004) e Ponte (2004) apoiam a minha análise sobre concursos e personalidades televisivas como Zé Maria e José Castelo Branco. Já Torres (2006: 19) chama a atenção para o uso frequente em televisão do que designa por tragédia. O autor propõe vertentes que vão da construção do conceito de tragédia televisiva à caracterização do género que é a tragédia televisiva, as personagens e a dimensão emocional da tragédia, a reacção na recepção (o espectador) e o desfecho (do luto à necessidade de regressar à ordem).

Aqui, merecem atenção a Endemol e a Produções Fictícias, duas empresas produtoras de conteúdos. A primeira, criada em 1994 por dois produtores holandeses (depois, comprada pela espanhola Telefonica e vendida em 2007 à própria Endemol), produziu programas de sucesso como *All you Need is Love*, *Chuva de Estrelas*, *Perdoa-me*, *Academia de Estrelas*, *Médico de Família*, *Acorrentados*, *Masterplan*, *Big Brother* e *Operação Triunfo*. Grande parte destes programas passaria em horário nobre, procurando alcançar todas as idades, classes sociais e regiões. A criação de grupos de foco especializados que vêem a gravação da primeira série e dão a sua opinião insere-se na estratégia para agradar a audiências mais vastas. A segunda, a Produções Fictícias, inclui Herman José no seu portfólio (*Parabéns*, *Herman 98*, *Herman 99*, *Herman SIC*), *Contra-Informação* (televisão), *O Inimigo Público* (imprensa), *O Homem que Mordeu o Cão* (de Nuno Markl, rádio), *Manobras de Diversão* (teatro) e *É a Cultura, Estúpido!* (tertúlia sobre livros, blogues e cultura). A figura central é Nuno Artur Silva, professor de português até se dedicar à argumentação e escrita (poesia, teatro e banda desenhada). Santos (2006b) traça o percurso de vida da produtora de humor (e de outros géneros). Associado às *Produções Fictícias*, está o sucesso de o *Gato Fedorento*, de Ricardo Araújo Pereira, Tiago Dores, Miguel Góis e José Diogo Quintela. De um blogue, estes quatro humoristas saltaram para as principais indústrias culturais: televisão, livros e DVD.

Apesar da produção de conteúdos ser grande, mantém-se a dificuldade em arranjar guionistas que escrevam bem (compreender o tamanho das cenas e o ritmo de encadeamento, além de aceitar o ritmo alucinante de escrita). Por exemplo, a Casa da Criação ocupa oito pessoas a escrever *Morangos com Açúcar*, enquanto *Dei-te Quase Tudo* teve seis guionistas. Rui

Vilhena, guionista de *Ninguém como Tu*, falaria sobre o modo de escrita para telenovela ([14]). Um episódio de novela ocupa 65 páginas, o que dá 390 páginas por semana e 12350 páginas a novela toda. O trabalho decorre todos os dias, incluindo domingo, ocupado a planear o trabalho criativo da semana seguinte. Este esforço percorre toda a cadeia de valor: enquanto os actores e actrizes lêem e interpretam os textos, mantêm-se continuamente os trabalhos de montagem e pós--produção. Como escreveu Flichy (1980), a telenovela é um produto de fluxo, um programa que se emite todos os dias, diferente do cinema, indústria de edição ou produção que se alarga ao longo do tempo. Embora com prazos de distribuição e exibição, o filme pode atrasar ou recomeçar, mas à telenovela isso não se permite – não haverá um dia em que se anuncie: hoje, por falta de produção, não há novela.

([14]) *Diário de Notícias*, 3 de Fevereiro de 2006.

Concursos

Embora se tivesse já essa percepção, os *reality shows* espelham a televisão do real. A televisão sempre lançou formatos artificiais como jogos, comédias de situação e documentários. Segundo Dolan Cummings (2002: xii), a televisão do real abrange formatos como *Survivor* (participantes que sobrevivem numa ilha deserta) e *Acorrentados* (jovens ligados com cadeias a jovens do sexo oposto). O elemento fundamental é a presença de gente anónima em situações anormais e que concorre por um prémio, com o envolvimento participativo da audiência. Esse envolvimento coloca a sorte ou o azar dos concorrentes na decisão das pessoas igualmente anónimas, a audiência. O sucesso da TVI, que começara nos noticiários protagonizados por Manuela Moura Guedes e nas novelas portuguesas, prolongou-se nos *reality-shows* (*Big Brother*, *Quinta das Celebridades* e *1ª Companhia*) e na novela infanto-juvenil *Morangos com Açúcar* (que aposta, entre outras coisas, no entretenimento musical, lançando os *D'zrt* e os *4 Taste* ou convidando a "boys-band" *Anjos* para actuação no programa).

Mas a estrutura mais conseguida da televisão do real é o *Big Brother* (grupo de concorrentes isolado em casa vigiada por câmaras de televisão 24 horas por dia e encorajado a interagir de modo permanente). Todas as semanas, os concorrentes são chamados a classificar os seus colegas, enquanto a audiência vota com vista à saída de um deles. O *Big Brother* transforma anónimos em estrelas não devido a um talento especial (conhecimentos, beleza) mas porque se tornam pessoas conhecidas, caso do Zé Maria, vencedor da primeira edição da TVI, canal privado que comprou o formato para Portugal. Filomena Mónica [15] escreveria, em texto fulminante, sobre uma homónima de Zé Maria, a madeirense Nadia Almada, que ganhou o quinto concurso do *Big Brother* no Reino Unido, com "um grande par de mamas" e o apoio dos tablóides ingleses. Nadia era transexual, o que os telespec-

---

[15] *Público*, 25 de Agosto de 2004.

tadores sabiam mas não os habitantes da casa, o que atraiu os olhares *voyeuristas*. Ao anonimato, juntam-se o *voyeurismo* e a humilhação e degradação da condição humana, tais como dificuldades em ir à casa de banho, má alimentação e intrigas ([16]), aceites pela necessidade de ganhar dinheiro do prémio neste tipo de concursos.

Embora o *Big Brother* seja apresentado como *reality-show*, tem igualmente características de telenovela com guião quase escrito e concurso (o prémio é o motivo dos concorrentes). Na primeira edição, emergiu o herói anónimo Zé Maria, ganhador do concurso na passagem de ano de 2000. Figura simples de Barrancos (pequeno concelho alentejano), anteriormente servente de pedreiro, ganhara notoriedade por duas simples frases que enunciava frequentemente, como se fossem *soundites* políticos ou *slogans* publicitários. No concurso, cultivou o gosto de tratar as galinhas colocadas pela produção do *reality show* e mostrou uma paixão meiga por uma concorrente, não correspondida. O seu êxito representou a vitória do mundo rural sobre a cidade, recompensado com dinheiro e fama. Convencido da sua conquista do mundo, Zé Maria – com nome próprio mas sem nome de família – mudou-se para uma zona residencial chique de Lisboa e abriu um restaurante, mas rapidamente perdeu o desafio. Ao invés, a TVI fez do programa uma âncora da sua passagem ao primeiro lugar das audiências em Portugal, ao lado dos noticiários sensacionalistas, das telenovelas portuguesas e do comentário político de Marcelo Rebelo de Sousa.

E como reagiram os *media* quando Zé Maria pretendeu suicidar-se, já na ressaca do insucesso? Enquanto a imprensa de referência se manteve circunspecta e com análises sociológicas, a imprensa de televisão e cor-de-rosa seguia o registo individual, ligado aos concorrentes da primeira edição do programa e revelando ligações amorosas falhadas. Temos aqui uma narrativa mais perto da novela, com vários intervenientes com sugestões ou pistas para a compreensão do caso. Muita da imprensa que entronizou Zé Maria, vendendo as revistas

---

([16]) *Sunday Times*, 15 de Janeiro de 2005.

onde se falava no herói do povo, transformava-se em agente vampírico para vender novas notícias.

Do mesmo modo que o *Big Brother*, outro concurso, *A Quinta das Celebridades*, seria mais narrativa do que *reality--show*, com a produção do programa a seleccionar conteúdos emitidos. Assim, o que parece espontâneo é resultado de uma escolha. Uma narrativa é uma história, é uma ficção com ingredientes como atenção, suspense, movimento, drama. Ao mesmo tempo, as revistas aproveitam momentos de suspense e movimento, construindo novas narrativas sobre as histórias seleccionadas e montadas pela produção do programa, naquilo a que se designa por *meta-estrutura do concurso*. A segunda telenovela da TVI, que usou quase o título de uma novela de grande sucesso da SIC (*Celebridade*), no ar pouco tempo antes, empregava dicotomias que simplificam qualquer narrativa: distinção entre urbano (José Castelo Branco e Cinha Jardim) e rural (Avelino Ferreira Torres, presidente da câmara de Marco de Canaveses). Aliás, José Castelo Branco seria longamente presença das capas das revistas cor-de-rosa. Apesar de programa televisivo orientado para as classes C2, D e E, também as classes sócio-económicas-profissionais A, B e C1 viam o programa. Por isso, não podemos esquecer a simbiose entre programas de televisão, caso dos *reality-shows*, e as revistas e publicações.

Morangos com Açúcar

Quais as razões do sucesso da novela *Morangos com Açúcar*? O elenco vai-se renovando, pois tudo gira à volta de uma escola onde os alunos passam de ano lectivo até saírem, acontecendo o mesmo com os professores do Colégio da Barra, o núcleo central. Concebida para atingir um público-alvo entre os quatro e os vinte e poucos anos, a novela já tem personagens-tipo: duas das iniciais foram Pipo e Joana, mais tarde ficou Zé Milho, associado ao *hip hop*. Outra personagem, Calipso, mandava mensagens secretas à sua melhor amiga. Mais recentemente, a novela, polarizada em torno da personagem Dino, teve de ser refeita, dada a morte do actor Francisco Adam (13 de Abril de 2006). Também no seio da novela nasceram bandas musicais: D'zrt e 4 Taste.

A novela (da Casa da Criação, NBP), para além das histórias, é modeladora de comportamentos e promotora de *merchandising* (discos, roupa, livros, material escolar, concertos), assim como emprega *product placement* em determinadas cenas. Os actores (amadores) provêm de agências de modelos, já com formação e experiência da publicidade. Os argumentistas (cinco a seis) passam o seu dia-a-dia numa vivenda com piscina, escrevendo os episódios com 40 dias de antecedência relativamente à emissão.

Desde o seu começo que houve críticas à série, pois cerca de meio milhão de jovens portugueses consome histórias em que entram diariamente sexo, gravidezes de adolescentes, droga e traição. Há quem acuse a televisão de deseducar os jovens, mas também se pode considerar que os pais procuram desculpabilizar-se, pois não acompanham directamente o que os filhos vêem. Apontar o dedo à televisão serve apenas para aliviar consciências.

Isso verificou-se quando morreu o jovem actor Francisco Adam (22 anos). Os jornais trouxeram na primeira página referências a Dino e ao seu intérprete, o mesmo acontecendo nos noticiários dos canais de televisão. No dia da morte do actor, os *Morangos com Açúcar* tiveram uma das audiências mais elevadas de sempre (18% de *rating* e 50% de *share*), ilustrando que, pelo menos por um dia, os pais se esqueceram das censuras e acompanharam os filhos no visionamento da novela. Se falar de sexo é perigoso, uma tragédia humana torna-se entretenimento familiar.

Como os outros actores da série, Francisco Adam começara a trabalhar como modelo, tendo dado a cara, durante mais de quatro anos, por várias campanhas publicitárias. Depois de um *workshop* com um actor brasileiro, inscreveu-se em *casting* para os *Morangos com Açúcar* e foi seleccionado. Dino (tornado namoradinho de Portugal) seria figura nuclear da terceira série, balanceado entre a namorada que não sabia ainda se era ou não a namorada para a vida inteira e a irmã que o apoiava com conselhos sem fim. À dimensão portuguesa, a morte de Francisco Adam torná-lo-ia o nosso James Dean (Dino), jovem que subiu depressa no estrelato e que morreu depressa na estrada (Eduardo Cintra Torres ([17])).

Tal leva-me a olhar de modo distinto o fenómeno juvenil conhecido por *morangomania*. Se as audiências da TVI reflectem a simpatia dos telespectadores, estes são também alimentados pelas revistas sociais e de televisão, que colocariam na capa o actor e a família enlutada em publicações. E, para além das revistas de televisão, a internet é um outro meio de procura de informação. Embora sem ter meios de caracterização da situação actual, julgo que quem procura na internet são jovens consumidores da série.

Realço a terceira série, pois a minha reflexão assenta nela dado ter sido a série da qual vi mais episódios. Para além do uso intenso da cor nos fundos como as paredes ou as portas, quase *fauve*, faz apelo à banda desenhada e à câmara rápida ([18]). À banda desenhada porque insere palavras ou expressões, para reforço da cena. Não é arte conceptual, mas usa o princípio. À câmara rápida, porque, quando importa chegar a uma cena e em vez de um *raccord*, faz correr mais velozmente os movimentos dos actores. E, como substituição de cortes rápidos de planos, produz *fade outs* com desenhos:

([17]) *Público*, 19 de Abril de 2006.
([18]) Escrito no blogue a 27 de Fevereiro de 2006.

corações, linhas verticais, linhas horizontais, enquanto se esbate o plano com as personagens. Deste modo, há um apelo à cultura visual – cor, alteração dos planos, uso da escrita para reforço das ideias –, o que torna a série mais apelativa, sem esquecer o conteúdo das histórias. É que, se a narrativa decorre num espaço determinado (a escola), o que se mostra não é o trabalho inerente a esse espaço, mas os intervalos entre aulas, o que acontece no bar, com uma transferência do local de trabalho para o local de lazer, onde o vestuário, as pequenas intrigas (ciúmes, enamoramento, zangas e pazes) são as matrizes dessa narrativa. Já a presença dos "cantores" (*D'zert* e *4 Taste*) enquanto personagens fulcrais da novela reforça a cumplicidade entre narrativa e simpatia dos fãs da banda e da série. Acresce-se que a passagem de *Morangos com Açúcar* no horário nobre a seguir ao noticiário das oito da noite significa uma aposta forte do canal televisivo.

Diário de Sofia

O *Diário de Sofia* surgiria no panorama de entretenimento como ideia inovadora, concentrando em si várias indústrias culturais (internet, revistas, livros, televisão). Quando começou, em 2002, era apenas um sítio da internet, actualizado diariamente, relatando o dia-a-dia da jovem Sofia. O sucesso do sítio deu origem a livros, estendeu-se à imprensa cor-de--rosa com a publicação de uma crónica mensal na *Ragazza*, e, depois, à série televisiva, de grande interactividade com o público. Em Novembro de 2003, o emprego de mensagens SMS ampliava os contactos entre série e espectadores, com milhares de participantes, e, em começos de 2004, aparecia em rubricas curtas na Antena 3. O quotidiano desta popular adolescente – interpretada pela actriz Marta Gil – aparece em episódios de cinco minutos. Na série, vê-se Sofia, as amigas Rita e Joana, o antigo namorado Joca e a irmã Mariana. Com uma montagem rápida, a história acompanha a vida de uma estudante do secundário, as aulas e o relacionamento com o sexo oposto. Com um dilema diário para resolver, ela apresenta-o sentada num sofá e voltada para a frente da câmara, pedindo conselhos à audiência, que envia uma mensagem para decidir o que tem de fazer no dia seguinte. Ao fim-de-semana, emite-se um compacto de 25 minutos. O sucesso depois alargar-se-ia para o estrangeiro, com o formato a ser vendido para vários países.

O conceito de ficção interactivo do *Diário de Sofia* implicava que, na internet, se publicassem os capítulos da história, igualmente disponíveis em ficheiro de texto para clientes com acesso normal, em ficheiro multimedia em acesso por banda larga e via e-mail. A primeira série interactiva portuguesa seria transmitida no canal SMSTV do cabo.

Na série, há o exemplo claro de sinergia de várias indústrias culturais: livro, televisão, telemóvel e internet (complementado através de fóruns de discussão). Com a vantagem acrescida de ser um programa que ascende de um canal por cabo e é guindado a um canal de sinal aberto, de maior audiência, tal a fama conquistada. O horário habitual de emissão é às 15:30, voltado aparentemente para um público mais jovem que o do programa *Morangos com Açúcar*, que passa ao fim da tarde na TVI, embora o ambiente escolar esteja presente em ambas as ficções. No *Diário de Sofia*, o ponto fulcral é a interactividade (a votação dos telespectadores é fundamental na continuação para a narrativa).

Sobre a Produção de uma Telenovela ([19])

Há um livro coordenado por Alexandre Hachmeister (2004), *Queridas Feras*, que conta a história da telenovela com o mesmo nome que passou no canal comercial TVI, entre Novembro de 2003 e Outubro do ano seguinte. Da sua leitura, retiro quatro assuntos: argumento, espaços geográficos da história, realização e picos de acção da novela.

O primeiro assunto é o argumento – e a maneira como ele se desenrola até chegar à representação que vemos no ecrã do televisor. A novela *Queridas Feras* começara a ser gravada no final de 24 de Setembro de 2003, tendo-se prolongado até Julho de 2004. Mediaram dois meses entre o começo das gravações e a emissão, mais precisamente a 30 de Novembro de 2003. O nome inicial seria *Um Lugar ao Sol*, mas, como as mulheres apareciam como as grandes feras da história, o título definitivo fixou essa característica. A Casa da Criação, empresa responsável pelo argumento e diálogos da novela, fez reuniões frequentes com responsáveis da TVI (e da NBP), para aferir os resultados. Assim, conclui-se, a novela é um trabalho colectivo, a nível de texto e da direcção artística, e que segue estudos de mercado feitos pelo cliente.

Um objectivo inicial reside na definição de público-alvo. Dada a especificidade da TVI, canal popular, procura-se que a novela alcance a família (mas englobando variáveis de heterogeneidade a nível social e etário). Depois, atende-se à estrutura da escrita, com a ideia de núcleos e fases da história. No caso de *Queridas Feras*, a história centrava-se em torno de duas famílias rivais, os Guerra e os Gama, mais duas ou três famílias, um grupo de amigos que vem de fora e personagens isoladas como Mónica. Dos temas, os guionistas destacariam "pais separados" e parque temático.

O plano de acção inclui uma sinopse de cada cena, trabalho distribuído pelos cinco guionistas. Um guião pronto tem 50 páginas, de 25 a 30 cenas. Há uma pessoa a rever cada epi-

---

 ([19]) Adaptação da crónica lida em 24 de Julho de 2006 na Antena Miróbriga Rádio (102,7 MHz), região de Santiago de Cacém.

sódio na Casa da Criação, que coordena a equipa de guionistas. Quando a novela começou a ser escrita, a história tinha 120 episódios, mas subiu para 220, a meio do processo. Por vezes, a equipa de produção sugere temas e pede para desenvolver personagens secundárias, no sentido de criar a multi-história e ultrapassar o triângulo dos protagonistas.

Um segundo assunto é o dos espaços geográficos de filmagens exteriores. Dado a história passar-se no Alentejo, a Câmara Municipal de Évora manifestou imediato interesse em colaborar, chegando à forma de protocolo com a NBP. Ideias: divulgar o património arquitectónico de Évora, o rejuvenescimento do Alentejo e a qualidade de vida no interior do país. Assim, em termos de história, a arquitecta Mónica (desempenhada por Fernanda Serrano) tinha um apartamento em Évora, o jovem Alex (desempenhado por José Fidalgo) fora passar férias numa barragem alentejana e procurou trabalho no parque temático Safari Park (em Santiago do Cacém). A novela começara com um conde (de Monte Belo), arruinado, e com um grande rival, Afonso Guerra, um novo-rico regressado da Austrália, e que residia na praça do Giraldo, o coração da cidade de Évora.

Quanto ao Badoca Safari Park, juntou-se a ficção e a realidade. Os visitantes que se deslocam ao parque temático fazem-no para ver aves e animais da quinta e fazer o safari propriamente dito. Os animais incluem zebras, antílopes, búfalos de água, tigres de Bengala (estes em cativeiro) e girafas (um dos exemplares dá pelo nome do parque, Badoca).

Pela complexidade e duração da novela, a sua realização recai em três profissionais. O principal realizador, Manuel Amaro da Costa, via-se como maestro numa orquestra, dada a relação estabelecida entre os vários sectores, e tinha Patrícia Sequeira e Telma Meira como co-realizadoras. Aqui, há uma repartição de equipas que filmam exteriores e interiores. Os cenários, construídos por Raul Neves, são um outro elemento a destacar, pois a ligação entre exterior e interior de um cenário tem de ser realista. Um ensaio precede cada cena gravada, em que três câmaras se situam na parede que falta na sala.

Um quarto tema que destaco é aquilo a que se chama picos de acção. De cinco em cinco episódios, há uma história que acaba – precisando de um pico de acção para fazer esse corte e transição. De *Queridas feras* destacam-se duas cenas. Um aconteceu logo no seu começo: um casamento realizado em adega típica de Colares. Na boda, Xico Zé, que casara com Lili, vê esta com Afonso Guerra. Propõe o noivo um brinde à sua mulher e ao seu amante. Outro pico de acção foi o corte de cabelo de Fernanda Serrano, cuja personagem tinha o cabelo a cair, por tratamento de cancro da mama. Curiosamente, na altura, Fernanda Serrano era a cara da publicidade de um banco comercial, pelo que houve necessidade de gerir a nova imagem de mulher com cabeça rapada.

As Revistas como Espelho dos Programas de Televisão

É interessante analisar o fenómeno das revistas cor-de--rosa, cujas capas quase em exclusivo se dedicam a programas de televisão (*reality-shows*, *talk-shows*, telenovelas). Em especial, os *reality-shows* fazem circular personalidades saídas de um vasto conjunto de antigos futebolistas, profissionais das artes do espectáculo em fim de carreira, gente que aparece nas revistas cor-de-rosa para se mostrar na televisão, ter oportunidades fotográficas e regressar às revistas e festas, por vezes com acompanhantes extravagantes, desempregados, anónimos, ingénuos e semi-analfabetos com sonhos de ascensão social, numa mistura de esquema e variação própria das telenovelas e destinadas a satisfazer o *voyeurismo* dos espectadores, que igualmente seguem as vidas privadas dessas personagens nas revistas cor-de-rosa ou sentimentais, as quais servem de distracção de um quotidiano monótono e alimentam a fileira de indústrias culturais (como os romances de cordel agradavam às empregadas ou criadas nos primeiros decénios do século XX).

Olhando a *Quinta das Celebridades*, por exemplo, e lendo as revistas, encontrar-se-iam duas linhas de personalidades separando os géneros: homens fortes, mulheres frágeis. Dito de outro modo, os homens do programa representariam dois subtipos, dominantes e vitoriosos na narrativa televisiva mas tocando extremos do ponto de vista dos estereótipos (Alexandre Frota como actor de filmes pornográficos, Castelo Branco com sexualidade ambígua). A narrativa da *Quinta* assentaria em tais personagens, pois as sínteses do programa, ao início, mostravam quase apenas os dois, para maior reconhecimento e fixação nas audiências. Já quanto às mulheres, elas possuíam carácteres dominados em busca da orientação superior masculina. Olhando melhor as capas das revistas, as mulheres estão prontas a "vender-se", com fotografias entre o erótico e o pornográfico. A estrutura do programa reproduzia-se nas revistas, possuindo ambas uma postura dominante machista, em que as revistas mostravam mulheres sozinhas em busca de companhia masculina.

Além de reconstituírem a narrativa da televisão, as revistas alargam essa dimensão. Pequenos boatos e intrigas alimentam uma curiosidade que circula entre televisão e revistas, com estas a privilegiarem e inventarem cenas familiares, negócios e dissidências. Assim, as revistas funcionam em torno de um centro, o programa da televisão, mas alimentam-no, concluindo-se que existem vários efeitos como repetição (as personalidades passam pelas publicações), entreajuda (a necessidade mútua de publicitação de factos e personalidades entre televisão e revistas), e alavanca (o *Quintal dos Ranhosos*, rábula inserida em programa de Herman José e de crítica a outro programa, teve imediata repercussão nas revistas, funcionando como narrativa de oposição).

O dispositivo comunicacional da *Quinta das Celebridades* afastava-se do criado no *Big Brother*: naquele, os concorrentes expulsos podiam regressar ao local, o que não era válido neste. A maleabilidade na saída e entrada de personagens aproxima-se do modelo de novela clássica, permitindo uma recomposição de papéis a todo o momento, o que serve para captar melhor a audiência, que também aprecia as lutas entre bons e maus, entre papéis simpáticos e altivos. Desenham-se, deste modo, histórias autónomas das personagens (os que ainda estão dentro e os que estão fora), criando uma rede de situações e de acontecimentos, o elemento fulcral de uma novela. A isto junta-se a ideia de que os *media* (televisão e revistas) se articulam num esforço de ganhos comuns (visibilidade, financeiros), apesar da concorrência entre grupos mediáticos.

Televisão e revistas alimentam-se mutuamente, falando da mesma coisa mas com outros registos. Maiores vendas e audiências são as medidas desse sucesso. A complementaridade dos *media* escritos (cada espectador de televisão tem informação suplementar, sabendo o que pensam os intervenientes e os familiares que acompanham cada sessão diária com muito entusiasmo) dá-nos a dimensão do programa de televisão. As personagens de um programa frívolo ganham densidade psicológica e sociológica com as entrevistas, falando dos seus medos e dos seus projectos (caso de Valentina Torres, interveniente do concurso *1ª Companhia*, que queria emagrecer e deixar de fumar), o que aumenta a simpatia dos telespectadores e os leva a reconhecer como seus (da sua classe, dos seus gostos), consumindo mais atentamente as emissões e comprando mais revistas que falem sobre estes ídolos de curta duração.

As revistas que se alimentam de notícias da televisão surgem nas épocas da neotelevisão e pós-televisão, seguindo a terminologia de Eduardo Prado Coelho (2006). Pós-televisão significa múltiplos ecrãs, mas ainda culto pelas séries e pelos *reality-shows*, com personagens como Zé Maria e José Castelo Branco. Há contradições bem visíveis na pós-televisão: com José Eduardo Moniz, as histórias da TVI procuram um público feminino, mais velho e da classe D e têm continuidade narrativa em revistas sentimentais generalistas, o que representa um recuo face à geração multimedia, como Cardoso e Amaral (2006) traçaram. Mas a televisão, na pós-televisão, polariza-se: os mais velhos vêem canais generalistas (*reality-shows*, *talk-shows*, telenovelas) e os mais jovens aderem ao cabo (séries, *talk-shows*). Estes últimos retornariam à televisão generalista para ver séries e telenovelas infanto-juvenis. E, apesar de o grupo-alvo principal ser o género feminino em geral, haverá uma distinção mais fina. Isto é, as revistas são orientadas para uma audiência feminina mas a que o público masculino se rende.

As histórias promovidas pela televisão e pelas revistas têm estruturas semelhantes: paixões e desamores, filhos, casas, amizades e concorrência, estruturas antropológicas já antigas e que os *media* de massa "roubam" à literatura e contos populares, agora lidos não em silêncio ou à roda de amigos e familiares mas mediados por um ecrã (acompanhado em extensão nas histórias das revistas). Apesar de parecerem não narrativas, os *reality shows* têm guiões, e as "surpresas" estão contempladas nesses guiões (livres, como em alguns filmes, que deixam os actores e actrizes com grande disponibilidade de encenação). Os cortes diários e a condução do apresentador(a) são duas das formas de transformar horas monótonas em picos de atenção.

Apesar de serem meios que atraem audiências elevadas, os *reality shows* produzem universos fechados e auto-referenciais. À recepção do programa, seguem-se as conversas entre o público, numa reconstituição do mesmo. O fechamento significa ainda uma ausência de crítica ou conhecimento da realidade. O sonho de ganhar dinheiro ou um carro não nos mostra os problemas e as situações do país. A produção de *reality shows* mostra um mundo neutro e apolítico, em que mesmo os rufias têm bons sentimentos (o Frota dos filmes pornográficos, tornado célebre no nosso país num desses *reality shows*, aparece a beijar e acarinhar o seu filho, numa revista cor-de-rosa). Para além da família, dos amigos e dos colegas de emprego ou escola, são estas personagens que habitam o nosso quotidiano, não ficando ninguém alheio à evolução das histórias do programa. O fechamento social e cultural é dado ainda pela repetição até à exaustão, em todas as publicações, dos tiques de cada uma das personagens. Dado o fechamento, podemos aplicar o conceito de *quase-público* (Dayan, 2006), audiência que não transparece o seu discurso para além do círculo de consumo doméstico.

Capítulo 3

Cinema

OS NÚMEROS DO CINEMA [20]

Segundo dados divulgados pelo ICAM (Instituto de Cinema, Audiovisual e Multimedia) em Março de 2006, o número de espectadores registara uma quebra de quase um quarto do total face a igual período de 2005, alcançando pouco mais de 1,1 milhões de entradas nos cinemas. Isso fez soar as sirenes de alarme da indústria, nomeadamente a exibição, e logo num momento em que se anunciavam mais salas a abrir em Lisboa. O fenómeno da quebra de espectadores do cinema não é, aliás, um problema nacional mas europeu e americano.

Avançam-se várias explicações. Uma delas é o consumo de televisão, tema recorrente desde a massificação deste meio nos anos 70. Mais tarde, o videogravador familiar, ao permitir o registo de programas, caso dos filmes, baixaria o número de saídas ao cinema. Em simultâneo, nasciam as lojas de vídeo, onde se podiam alugar ou comprar filmes em formato magnético (VHS).

---

[20] Texto baseado em crónica lida na Antena Rádio Miróbriga a 29 de Maio de 2006.

Mas é, nos anos mais recentes, com a digitalização, que aumenta a regressão nas idas ao cinema. O filme em DVD e o barato reprodutor "made in China" tornam mais adequada a designação *cinema em casa* e a correspondente acção de ver um filme no sofá da sala de estar, sem a preocupação de o espectador da frente dificultar a visão do ecrã.

O encanto da ida ao cinema, desde os anos 40 e 50 até antes das duas décadas finais do século XX, era a saída. Fala-se em consumos culturais de saída distintos dos consumos no lar (ler jornais e livros, ver televisão, ouvir rádio). Esse tipo de saídas era quase uma festa. Preparava-se todo um cerimonial, vestindo-se a melhor roupa e convidando familiares e amigos, fomentando uma tertúlia após o filme. As estrelas e os galãs enchiam as conversas: a beleza, a elegância, a força, a fantasia, o humor, a tragédia. Ria-se e chorava-se na sala escura do cinema. A gorjeta ao arrumador fazia parte do ir ver uma fita e o dia eleito era o sábado.

Se nos começos do animatógrafo os espectadores comentavam, jocosamente ou a propósito, o silêncio passou a ser a regra de ouro. O filme era arte, pelo menos nos cinemas do centro da grande cidade. Distinguia-se a estreia e a *reprise*, esta às vezes com anos de distância. Como o consumo de cinema por indivíduo era raro em média, os filmes ficavam na memória. Correntes sociológicas diferentes diziam que o cinema era ou educação ou divertimento. Um pouco à semelhança da televisão: formar, informar, entreter.

Já nas três últimas décadas do século XX, com a banalização do cinema, houve uma espécie de dessacralização. Passava-se a ir sem a cerimónia de outrora, com jeans e ténis a substituírem o fato e gravata ou a saia pelo joelho. E os temas diversificavam-se: as comédias de Hollywood ou os filmes de António Silva nos anos 30 e 40 tornavam-se mais densos psicologicamente, e mesmo com temas polémicos ou chocantes. Chegava-se ao fim da ingenuidade enquanto espectadores (*Casablanca*, *West Side Story*, *Música no Coração*). Isto sem referir as salas mais recentes – ou algumas delas –, onde se levam bebidas e batatas fritas, com a banda sonora do filme a ser complementada por um certo ruminar dos espectadores. Neste aspecto, voltou-se ao começo do cinema.

A guerra dos formatos também levou à perda dos números de espectadores do cinema. No começo da massificação da televisão, alguns cineastas apostaram em formatos gigantes, como o 70 mm, cujos filmes passavam apenas em alguns cinemas.

Com o crescimento de zonas periféricas à cidade para habitação, os cinemas da "baixa" de Lisboa ou Porto e de bairro perderam clientela. Para os menos agradáveis e abafados cinemas de centro comercial da periferia, de paredes forradas a tecido e já não de madeiras ou mármores, e para a televisão. Nesta, o género telenovela reformulava gostos estéticos. O filme de 90 minutos deu lugar à saga de 150 episódios, todos os dias transmitidos à mesma hora da noite, com um enredo de múltiplas histórias e lentidão na acção, de modo a apanhar-se a narrativa mesmo que ela não fosse vista durante alguns dias por um espectador ocupado, e frequentemente falada com sotaque brasileiro.

Televisão, vídeo e DVD marcaram o cinema, com este a definir-se como *arte* opondo-se aqueles, designados por *indústrias de conteúdo*. A digitalização, isto é, o uso de computadores, alargou-se a outras áreas, como as máquinas fotográficas, a indústria dos discos, os livros (chamados *e-books* ou livros electrónicos). Negócios assentes há décadas, muitos deles desde finais do século XIX, deram origem a novas actividades. Tudo isto em muito poucos anos. Ainda nos podemos lembrar que, há cinco ou seis anos, a nossa máquina fotográfica funcionava com rolo. Agora, fazemos fotografias e vídeos e colocamo-los em servidores da internet, como o Flickr e o YouTube.

Há um outro inimigo mortal do cinema – a pirataria. A mesma que fez diminuir o lucro das editoras discográficas. Filme estreado, filme copiado. As máquinas digitais têm essa simultânea vantagem e desvantagem: copiar com a mesma qualidade do original. E a internet é uma rede de rápida expansão dessas cópias, num processo muito difícil de controlar. Nunca se falou tanto de *direitos de autor* – da sua perda – como agora.

Claro que, apesar dos números menos agradáveis para os exibidores, o cinema não pode acabar. A ilusão na sala escura, a efabulação a partir da paisagem, de rostos bonitos e de aventuras fantásticas tem de persistir. A memória da humanidade em mais de cem anos assim o exige.

E, talvez por causa disso, os números de Abril de 2006 tenham sido positivos face a igual mês em 2005, com uma subida de 37,5% (1730 mil espectadores). Para isso contribuíram filmes como *Idade do Gelo 2*, *Infiltrado*, *Scary Movie 4* e *Instinto Fatal*. Mesmo antes do *Código da Vinci*. Pelo menos, por instantes, o cinema está salvo.

O CINEMA E O MUNDO DA MODA [21]

A moda é um mundo fascinante. Revistas como *Elle*, *Vogue*, *Marie Claire*, *Cosmopolitan* e *Máxima* vendem muito. Há um canal temático na televisão por cabo sobre moda. A telenovela que passava na primeira metade de 2006 no horário nobre da SIC, *Belíssima*, tinha como centro uma empresa dedicada à moda.

Nessa altura, estreava-se um filme nos Estados Unidos, *Devil Wears Prada* (*O Diabo Veste Prada*), realizado por David Frankel, com Meryl Streep no principal papel. Tratava-se da história baseada num romance de enorme sucesso em 2003, escrito por Lauren Weisberg, antiga assistente da directora da *Vogue*, previsível personalidade que o filme disseca. Este, que chegou a Portugal no Outono de 2006, analisava o jornalismo e carreiras profissionais, para além de moda. Meryl Streep faz o papel de Miranda Priestley, despótica editora-chefe da revista *Runway*. As outras personagens principais pertencem à assistente de direcção, a qual aspira a um lugar futuro na prestigiada revista *New Yorker*, e a dois homens, um, o braço direito de Miranda mas que se passa para o lado da assistente, o outro, o correspondente ao proprietário da *Vogue*, *Vanity Fair* e *New Yorker*.

O peso da *Vogue* no universo da moda é enorme, nomeadamente nos Estados Unidos. Numa exposição no Metropolitan Museum of Art, a revista fez um tributo à moda inglesa, convidando individualidades do mundo da moda e da música como Kate Moss e Jennifer Lopez e milionários como Donald Trump. Dizem as más-línguas que todos eles se vestiram aconselhados pela directora da revista.

Especula-se sobre as semelhanças entre realidade e filme. Há quem diga que o filme retrata as condições de trabalho duro de quem vive e pensa a moda. Há também quem afirme que o filme critica e não celebra a moda. Merryl Streep asse-

---

[21] Texto adaptado de crónica lida na Antena Rádio Miróbriga a 3 de Junho de 2006. Dados sobre o filme recolhidos a partir da leitura do *Observer* de 25 de Junho de 2006.

gura que a sua personagem não é a cópia da influente directora da *Vogue* mas segue o estilo de pessoas que ela própria conhece na indústria da moda.

O certo é que, também recentemente, foi traduzido para português um romance de Sarah Glattstein Franco, directora da revista *Cosmopolitan* em Espanha, chamado precisamente *Diário de uma directora de revista... feminina*. Afirma Glattstein que a história nada tem a ver com a realidade. Mas fala da redacção de revistas dedicadas à moda: Isabel Gonzaléz, ou Isa como é conhecida entre os íntimos, é uma jovem que ingressa num jornal de Salamanca, o *Heraldo de la Fortuna*. Aí, começa a escrever sobre moda, acabando por ingressar na *Femme*, a melhor revista feminina em Madrid. Depois, torna-se directora da *Mulher Prática*, revista reposicionada para concorrer directamente com a *Femme*. Mais algum tempo depois e Isa recebe convite para dirigir a própria *Femme*, o topo das revistas espanholas.

O livro descreve o ambiente de uma redacção de revista feminina. Primeiro, as redactoras de moda e colegas como estilistas, directoras de secção e da revista formam um grupo hermético. Depois, cada redacção organiza-se de um modo específico, indo desde secções em espaços fechados até espaços abertos, juntando directora e conjunto da redacção. Em terceiro, a directora tem uma vida social intensa como almoços com anunciantes, passagens de modelos, contactos com escritores e jornalistas que escrevem páginas de destaque ou quando se trata de fotógrafos ou ilustradores.

De que trata uma revista de moda? Cosméticos, perfumes, acessórios, mas também sucesso profissional e amoroso. E ainda amizade, filhos, dinheiro, automóveis, cultura e produtos biológicos, idade e dietas, saúde e bem-estar, férias e lazer. Horóscopos e publicidade a marcas de prestígio constituem um complemento permanente nas revistas. Com as capas de cada número a incluírem modelos ou estrelas do mundo da música e do cinema.

E a vida das modelos? Lê-se no sítio da novela brasileira *Belíssima*: "O mundo está cheio de jovens como Giovana e Erica, que fazem de tudo para brilhar no universo da moda.

Rostinho bonito – ou «exótico» –, salto nos pés, manequim na casa dos 30 e elas estão prontas para se aventurar nas passarelas mundo fashion afora". Mas o "lugar ao sol", o *glamour* e a promessa de uma boa conta bancária são, com frequência, sonhos que depressa se esfriam.

Contando com êxitos ou insucessos pessoais, a moda movimenta milhões. Deve ser tão poderosa como as indústrias desportivas (futebol, basebol, ténis ou basquetebol), pelo que também dita ordens fortes. Com recurso a modelos anorécticas, cuja vida profissional nas passarelas altamente mediatizadas é de curta duração e onde estão sempre patentes problemas psicológicos, como foi o recente caso de drogas em Kate Moss. E sem se saber qual a percentagem de peças de vestuário exibidas que se vendem. Mas atrai outras indústrias culturais, como a música, o cinema, a televisão, o design, a publicidade. E onde há cidades que sabem fazer bem a indústria da moda: Nova Iorque, Londres, Paris, Milão.

O CINEMA E OS SEUS PÚBLICOS [22]

Um livro coordenado por Manuel José Damásio e intitulado *O cinema português e os seus públicos* (2006) mostra que 64,5% da população portuguesa vai ao cinema mais de uma vez por mês, sendo essa frequência levemente superior nas mulheres. Os tipos de filmes preferidos são a comédia e o romance para as mulheres, a acção e o terror para os homens.

A partir de um inquérito, traçou-se a regularidade na ida ao cinema: 60,8% vêem mais de um filme português por mês, embora 93,3% prefiram um filme estrangeiro. Duvido daquela percentagem dos que vêem cinema português – é que a produção anda à volta de 12 filmes anuais e o tempo de permanência nos ecrãs é escasso.

Das razões apontadas para ver um filme português, cerca de 50% apontam o argumento, seguindo-se os actores e actrizes (28,7%) e a promoção do filme. Mas a satisfação sobre os filmes portugueses não é elevada, pelo ritmo lento da história ou narrativa. Respostas mais satisfatórias vêm da credibilidade das histórias, próximas da vida real, dos valores éticos, morais e culturais e de elementos técnicos como guarda-roupa das personagens, caracterização (maquilhagem, penteados, adereços) e escolha do elenco.

O livro seguiu duas metodologias: 1) inquérito a espectadores, junto à bilheteira, e por telefone e internet, e 2) grupos de discussão. Para se entrar nestes últimos, a condição era não se gostar de cinema português. Opção aparentemente bizarra, ela tem cabimento se considerarmos que, apesar de 60,8% dos cinéfilos irem ver filmes portugueses, muitos fazem críticas sérias ao cinema nacional. Razões? Vai-se ao cinema como actividade lúdica, de distracção e identificação com os temas dos filmes escolhidos. Ao contrário, o cinema português dá-nos temas tristes (prostituição, racismo, droga, pobreza) e tem pouca dinâmica (depressivos e monótonos).

---

[22] A parte inicial desta secção do texto foi adaptada de crónica lida na Antena Rádio Miróbriga a 19 de Junho de 2006.

Se quisermos, podemos ver as coisas sob outro ângulo. Como escreve Paulo Viveiros na introdução:

"não há uma indústria de cinema em Portugal, não há géneros cinematográficos que estabeleçam uma identificação do público com temáticas e actores. [...] todos clamam nostalgicamente pelas comédias dos anos 30 e 40 do Estado Novo (António Silva, Vasco Santana, Ribeirinho, Beatriz Costa, Santos Carvalho), porque foi o único momento em que o cinema português gerou uma empatia com o público luso. E porquê? Justamente porque eram histórias banais com as «graçolas» («chapéus há muitos, seu palerma», «Ó Evaristo! Tens cá disto?») que incluíam um par romântico, que faz parte de qualquer género, sem qualquer pretensão intelectual" (pág. 18).

Ora, muita da actual produção cinematográfica nacional hoje é a de realizador-autor (43%). Uma sugestão feita no livro respeita ao *making of*, relevando o papel do produtor como indicando tema e realizador. Uma outra sugestão foi a criação de novos públicos. Aqui, fico igualmente com dúvidas. Dos inquiridos, 46,5% têm licenciatura, seguindo-se 33,6% com o 12º ano. Os estudantes representam a maior fatia de respondentes (47,4%). Em termos de idade, 51,1% têm entre 15 e 24 anos.

Criar novos públicos seria recuperar públicos, nomeadamente os acima de 24 anos. Os estudos de consumo de cultura indicam que, a partir de um certo nível etário, baixa o número de espectadores. Explicações? Emprego, constituição de família e nascimento de filhos, redução do tempo de lazer.

Acresce-se a isto uma diminuição do número de espectadores ao longo dos anos mais recentes: o DVD faz concorrência, além de ser caro ir ao cinema. Mas há tendências contraditórias: em Portugal, entre 2004 e 2006, inauguraram-se 133 salas de cinema (mas fecharam 55 ecrãs). Ou seja: há mais 12800 cadeiras disponíveis, mas menos 3800 espectadores por dia ([23]). Contas feitas, há no país 650 ecrãs de cinema, mas nenhum em 95 concelhos do país (em números redondos,

---

([23]) *Diário de Notícias*, 11 de Junho de 2006.

quase um terço dos concelhos nacionais). Distritos como Évora e Vila Real não têm mais de oito salas, tantas quanto cada um dos onze centros comerciais de Lisboa e Porto.

Públicos e consumos do cinema em Portugal

Grande parte das investigações sobre cinema ocupa-se em descrever a história do sector e a estrutura económica (produção, distribuição e exibição) (Fernández, Prieto, Muñiz e Gutierréz, 2002: 47). Uma outra área muito estudada é a da constituição dos seus públicos consumidores (Ethis, 2006; Damásio, 2006). Primeiro, porque há dados estatísticos de frequências das salas de cinema, após a automatização das bilheteiras, caso de Portugal, com informação centralizada no ICAM. Depois, porque a Marktest tem um painel que dá conta regularmente do perfil dos espectadores de cinema, comparando-os com consumidores de outras indústrias culturais, como os espectadores de televisão e compradores de DVD.

Em estudo antigo produzido em Espanha (Cuadrado e Frasquet, 1999, citado em Fernández *et al.*, 2002), foi trabalhado o universo de espectadores dos 15 aos 35 anos na província de Valência. Como primeiro resultado, o público foi dividido em três grupos: 1) fãs, 2) os que assistem por causas de relações sociais, e 3) apáticos. O primeiro grupo é o que frequenta mais as salas de cinema, ao passo que os consumidores dos segundo e terceiro grupos elegem os multiplexes, situados nos centros comerciais, em maior número que o grupo dos fãs. Este frequenta com assiduidade as salas de cinema tradicionais (Fernández, Prieto, Muñiz e Gutierréz, 2002: 49). Entre os fãs abundam as mulheres e os que possuem habilitações mais elevadas. Ao contrário, os que assistem por razões sociais são mais jovens e pertencem mais ao sexo masculino. Nos três segmentos predominam indivíduos de rendimentos médios. Ethis (2006: 40) distingue assíduos, regulares e ocasionais. Como nos estudos anglo-saxónicos se começaram a destacar a influência de condições e características das salas de projecção e de alguns serviços periféricos sobre a assistência do público,

Cuadrado e Frasquet dariam relevo às condições técnicas (conforto, condições do ecrã, som e imagem) e frequência das estreias.

Outros trabalhos (Férnandez, 1998; Redondo, 2000, citados em Fernández *et al.*, 2002) usaram informações sobre características socioeconómicas do entrevistado (idade, estado civil, nível de estudos) e sobre a sua história profissional (relação com a actividade produtiva, experiência no posto de trabalho, empregos anteriores). Nos trabalhos, é hábito introduzir-se uma pergunta relativa a hábitos de lazer do indivíduo, incluindo o consumo de alguns bens culturais.

Dos resultados, conclui-se que o cinema é um assunto de jovens, compaginável com outras práticas culturais, como destacarei no capítulo 9. Em Portugal, havendo uma média de quase dois milhões de espectadores (estudo da Marktest realizado em 2004), o retrato médio do espectador indica que vive em Lisboa, tem entre 18 e 34 anos, pertence à classe média e média alta, estuda ou é quadro superior. Mas os jovens entre os 14 e os 17 anos são os maiores consumidores: basta ver os *blockbusters* e os filmes de animação no final de cada ano. O hábito de ir ao cinema reduz-se com a idade, com presença mínima de maiores de 45 anos e residual acima dos 50 anos. Os indivíduos com estudos universitários mostram maior consumo, prática alterada quando surgem responsabilidades familiares. As actividades do lar e a presença de filhos menores e outros dependentes reduzem os índices presenciais (Fernández, Prieto, Muñiz e Gutierréz, 2002: 51). Por seu lado, são também jovens os clientes do mercado de aluguer de DVD.

Ao longo dos anos, e face aos consumos de cinema, tem havido uma queixa permanente, a da perda de espectadores (e a correspondente quebra de receitas nas salas de cinema). Desde os anos 70, tem-se produzido um fenómeno de reconversão das salas de cinema, desaparecendo progressivamente os grandes locais tradicionais, com um único ecrã, para outros espaços com salas múltiplas. Se os anos 80 foram os dos mini-cinemas, os anos 90 representaram o momento dos multiplexes e dos megaplexes, localizados em grandes centros comerciais, ligados às novas tendências de lazer da população (Ethis,

2006). Aliás, o multiplex é o tipo favorito de sala: o Colombo em Lisboa, o Arrábida Shopping no Porto. A maioria dos espectadores vai regularmente ao cinema uma vez por mês ou de 15 em 15 dias. O sábado é o dia preferido, seguindo-se a 6ª feira e a 2ª feira. As salas, ainda que de dimensões mais reduzidas mas mais confortáveis, permitiram recuperar o número de espectadores.

Ao mesmo tempo, observa-se um fenómeno contraditório: abertura e encerramento de salas de cinema, com um saldo positivo para novas salas. O fenómeno explica-se pela transferência de espaços, com os espectadores a frequentarem mais os cinemas dos centros comerciais. Em Lisboa, o Quarteto, quando atingiu 30 anos de existência, tinha o seu futuro ameaçado. Distribuidores e exibidores têm um controlo grande nas salas, o que leva as salas independentes a ter apenas filmes "difíceis" ou não estreias, o que reduz a frequência de espectadores.

Quais as razões que levam muitos potenciais espectadores a não irem ao cinema? Há várias: televisão como forte substituto do cinema, barreira económica junto dos mais jovens, ausência de infra-estruturas cinematográficas em muitas localidades, a que se juntam o vídeo e o aluguer de filmes vídeo. Com o crescimento dos DVD, o cinema transforma-se em prazer de consumo doméstico, até porque já se vendem mais DVD do que entradas em sala. Acresce-se o aumento da pirataria na internet, com quase dois terços da informação partilhada correspondendo a ficheiros de vídeo. Hoje, as redes de amigos são a plataforma principal de difusão de cópias ilegais de filmes, conforme uma investigação que fiz sobre consumidores de videojogos. Aliás, estes representam um peso crescente na fileira do cinema.

Sobre a Generosidade dos Críticos de Cinema

Parto do princípio simples de que os críticos de cinema são elementos fundamentais na formação (e aconselhamento) dos públicos de cinema. Com frequência, recorro a eles para a decisão da escolha do filme a ver. Isto porque tenho deles, os críticos de cinema em geral, a consideração de que são indivíduos – apenas homens em três jornais que analisei – capazes de olhar o produto filme e desconstruir para o espectador as tramas narrativas e fazer as análises sociológicas, psicológicas e semióticas que interessam.

As estrelinhas (ou bolinhas) que cada um dos críticos de cinema coloca à frente dos filmes são, assim, instrumentos preciosos de estudo. Mas persiste uma questão: onde acaba a objectividade e começa a subjectividade da interpretação e da opção do crítico? Enquanto professor, sinto esse dilema. O momento mais difícil (e menos compreendido pelos alunos) de um semestre lectivo é quando atribuo classificações. Faço uma grelha de elementos a ponderar, mas fica sempre um travo de subjectividade, que inclui a disposição emocional do momento da avaliação.

Isto a propósito de dois filmes. Procurei nas classificações dos suplementos do *Público* ("Y"), *Diário de Notícias* ("6ª") e *Expresso* ("Actual") – edições de 24 e 25 de Março de 2006 – e tentei confrontar posições. O primeiro, de Manoel de Oliveira, *Espelho mágico*, que já vi e gostei muito. O mais forreta é o *Diário de Notícias* (uma bolinha de Eurico de Barros e duas de Pedro Mexia), o mais generoso é o *Expresso* (quatro estrelinhas de Francisco Ferreira e cinco de Cintra Ferreira). O segundo, de Jia Zhang-Ke, *O Mundo*, que igualmente vi e apreciei muito. O *Público* coloca-o a meio da tabela das apreciações: três bolinhas segundo três críticos (Luís Miguel Oliveira, Mário Jorge Torres e Vasco Câmara). Já o *Expresso* exprime tendências opostas quanto à avaliação: das duas estrelinhas de Jorge Leitão Ramos às quatro estrelinhas de Cintra Ferreira.

Os críticos mais generosos em classificações são Cintra Ferreira (*Expresso*) e João Lopes (*Diário de Notícias*), ao passo que os mais forretas são dois críticos do *Público* (Vasco Câmara e Mário Jorge Torres) (excluí as observações de péssimo). Os críticos do *Expresso* são os que vêem mais filmes (seis a dez), os mais regulares os do *Diário de Notícias* (três críticos viram oito filmes cada e apenas um viu somente cinco filmes), ao passo que os do *Público* analisaram menos filmes no conjunto dos três jornais.

Pergunta do espectador que se serve das críticas para escolher um filme: cada um dos críticos não pode revelar que critérios usa para dar estrelinhas e bolinhas?

Filmes Portugueses

Edgar Pêra, um fabricante de imagens

A entrevista de Carlos Vaz Marques a Edgar Pêra veio no "DNA" ([24]). Nele, e a propósito do seu último filme *És a Nossa Fé*, Edgar Pêra revela-se. Nascido em 1960, começou por estudar psicologia, mas trocou a área pelo cinema, onde se inscreveu na Escola Superior, que termina em 1984. Escreve ficção para cinema, televisão, rádio, imprensa e publicidade. Em 1990, estreia no "Fantasporto" a sua primeira curta-metragem, rodada nas ruínas do Chiado.

Para além do cinema, a sua outra paixão é a banda desenhada, que deixa marcas no seu trabalho, a nível do enquadramento. Trabalha em vídeo e não em película, devido ao custo desta e do equipamento, em regime de autofinanciamento ou em regime de encomendas. Por isso, talvez, não gosta de se definir como cineasta ou videasta, mas "repórter que manipula imagens". *A Cidade de Cassiano* (1991), com 23 minutos, sobre o arquitecto modernista Cassiano Branco, e *Guittarra com Gente lá Dentro* (2004), de 13 minutos, onde coloca a música de Carlos Paredes, são dois dos seus filmes. Ele, que aceita a "sensação de haver uma relação entre arte e espectáculo", refere que o seu filme *És a Nossa Fé* é "um filme quase sem futebol nenhum. É um filme sobre os adeptos de futebol" que, além da mística, têm expectativas.

Papéis de Rita Durão

Já a vi nos filmes *Quaresma* (2003), do desaparecido José Álvaro Morais, *As Bodas de Deus* (1999) e *Vaivém* (2002), do também desaparecido João César Monteiro, e em *Capitães de Abril* (1999), de Maria de Medeiros. Vê-la-ia em *André Valente*, de Catarina Ruivo.

([24]) *Diário de Notícias*, de 9 de Julho de 2004.

Mas Rita Durão trabalha mais frequentemente no teatro. Do seu currículo como actriz, segundo informação que retirei da internet, ela actuou nomeadamente em *Romeu e Julieta*, de Shakespeare, *Despertar da Primavera*, de Wedekind, *Dia de Marte*, de E. Bond. No teatro da Cornucópia, participou em espectáculos como *Triunfo do Inverno*, de Gil Vicente, *O sonho*, de Strindberg, *Quando passaram cinco anos*, de Lorca, *O colar*, de Sophia de Mello Breyner, *Barba azul*, de Jean Claude Biette, e *Hamlet*, de Luís Buñuel. No teatro, vi, agora, Rita Durão a fazer de Inês, a jovem apaixonada de Otto, pertencentes a ramos rivais de *A família Schroffenstein*, de Heinrich von Kleist, uma versão oitocentista do *Romeu e Julieta*. Aparece frágil, simultaneamente feliz e apreensiva com o desenrolar da situação desavinda. A morte dos jovens apaixonados dá-se às mãos dos próprios pais, num cenário austero onde surge vincada a personagem desempenhada por Luís Miguel Cintra.

A cara que mereces

O filme *A cara que mereces*, de Miguel Gomes, passou no IndieLisboa2004. Da revista *Zeromag*, Outono/Inverno 2004, tira-se a seguinte sinopse: "Francisco, porta-te bem! Sei que é o teu aniversário, já tens trinta anos, é Carnaval, estás vestido como um *cowboy* para a festa da escola e estás rodeado de miúdos que detestas. Mas não é razão para seres tão chato... Repete comigo: «Até aos 30 anos tens a cara que Deus te deu. Depois, terás a cara que mereces»". Aqui, não quero fazer o papel de F. F. no *Expresso*. Mas confesso que não bati palmas no final da projecção, ao contrário de muitos amigos do jovem realizador e pertencentes a uma grande comunidade de entusiastas de cinema. Miguel Gomes, no começo da sessão, falara da entrega e generosidade dos artistas na produção da fita.

O filme é constituído por duas histórias, a primeira em torno de Francisco e Marta, animadores de uma festa para crianças, ele vestido de *cowboy* e ela de borboleta. A algum *nonsense* junta-se uma grande criatividade e planos muito bonitos. Francisco é hipocondríaco, sempre em desmaios e febres, e muito azar em pequenas desgraças. A primeira história acaba com ele a ter sarampo, que liga à segunda, onde Francisco desaparece de cena mas sempre enunciável, através de sete amigos que se prepararam para o ajudar na cura da doença. De acentuado onirismo, na segunda história são nítidas as influências das histórias maravilhosas de Harry Potter e de muitas memórias do cinema. Mas a unidade narrativa da primeira história perde-se aqui.

Trata-se, contudo, da primeira longa-metragem, onde a generosidade anda a par de alguma ingenuidade. Ora, sem eu querer ser contemporizador, acho que há lugar para o cinema fora da linha dominante e das histórias estereotipadas que o cinema comercial nos impinge. A violência e os traumas psicológicos que inundam o cinema de *uma sala perto de si* são aqui enquadrados pela imaginação e um regresso aos contos e ao fascínio da infância, pela despreocupação com uma narrativa linear, pela dádiva de planos e rostos simultaneamente humanos e pasmados.

Noite Escura e *Kiss me*

Num mesmo fim-de-semana, vi dois filmes portugueses, *Noite Escura*, de João Canijo, e *Kiss me*, de António Cunha Telles. Confesso que uma das principais razões que me levaram às salas de cinema foram, para além dos realizadores, as estrelas Beatriz Batarda e Marisa Cruz.

Da primeira, conhecia o recente desempenho em *Quaresma* (2003), dirigida por José Álvaro Morais, ao lado de Rita Durão. Mas, aqui em *Noite Escura*, tem um papel simbólico imprescindível: a única consciente de uma família de quatro pessoas (pai, mãe e duas filhas, em que ela desempenha o papel da mais velha), cujo negócio é uma casa de alterne. Ela assiste a toda a sordidez da actividade em si e do principal móbil da história em particular – a venda da irmã a uma máfia russa como moeda de troca por um negócio mal conduzido pelo pai.

Ela está irreconhecível numa película de cenas rápidas e *travellings* constantes, com primeiros planos das principais personagens: cor de cabelo, aparelho nos dentes, voz e expressão grave. A par de Rita Durão, é das artistas portuguesas que mais aprecio.

Já de Marisa Cruz lembrava-me de uma capa no caderno "Actual" do *Expresso*, da sua passagem pela moda e do namorado futebolista João Pinto, ido do Benfica para o Boavista (e, depois, Braga, entre um escândalo de dinheiro de passe de jogador). O desempenho da falsa loura que queria ser Marilyn Monroe na Tavira dos anos 50 é promissor (além do contributo de Nicolau Breyner, cada vez melhor como actor; eu vira-o recentemente em *Milagre segundo Salomé*, de Mário Barroso, e *Os Imortais*, de António Pedro Vasconcelos). Um reparo apenas: provavelmente não valeria a pena mostrar Marisa Cruz tantas vezes nua: já sabíamos que ela era uma mulher bonita. Quase parecia o filme *Romance* (1999), de Catherine Breillat.

Assinalo também as memórias cinematográficas de Cunha Telles, nomeadamente Marylin e alguns cineastas, e a banda sonora do filme de Canijo, onde a música pimba se adapta bem ao enredo.

Pedro Sena Nunes no Teatro Cine da Covilhã

A Covilhã, cidade com 40 mil habitantes e cinco mil estudantes universitários, tem um Teatro Cine que foi inaugurado em 31 de Maio de 1954, pela companhia de teatro Amélia Rey Colaço-Robles Monteiro, segundo uma placa ali colocada. Em 1957, nele se cantava *La Traviata*, dirigida pelo maestro Frederico de Freitas, conforme outra placa comemorativa. Teatro e ópera num tempo em que a televisão ainda não existia sequer em Lisboa.

O Teatro Cine tem uma fachada granítica imponente, numa esquina de ruas do centro da cidade. Pelo ar interior sofreu obras recentes; está impecável, em linguagem simples. Ao mesmo tempo que arrancava um congresso de ciências da comunicação, organizado pela Associação Portuguesa das Ciências da Comunicação (SOPCOM) a 22 de Abril de 2004, o Teatro Cine da Covilhã passava duas curtas-metragens de Pedro Sena Nunes.

A primeira intitulava-se *A morte do cinema* e narrava a história de Álvaro Dias, mecânico de automóveis e projeccionista do cinema Avenida, em Aveiro, que recuperara uma máquina de projectar do cinema da Murtosa e passava sessões clandestinas para amigos e curiosos. Especialmente, filmes apimentados (como os de Cicciolina) e para senhoras (como *Música no Coração*). Frequentemente narrado em voz directa pelo antigo mecânico e projeccionista, a curta-metragem fez-me lembrar o filme *Cinema Paraíso*. Os projeccionistas são homens (ou mulheres) como nós, têm uma ânsia de passar a cultura cinematográfica. Se o personagem de *Cinema Paraíso* tinha uma memória cinematográfica quase erudita, o personagem real do filme de Sena Nunes está mais próximo da terra e da ria de Aveiro.

A segunda curta metragem de Pedro Sena Nunes que passou no Teatro Cine da Covilhã intitula-se *Cacilheiros – Alerta*. Enquanto a primeira película era uma história de vida, muito etnográfica, esta conta a história de um homem e uma mulher que atravessam o Tejo sem se cruzarem nunca, em cacilheiros ou em barcos de alerta e vigilância. Há sonhos que se expressam no rosto do homem e há fantasias na mulher bailarina. Quase não há uma história mas há um ritmo narrativo que agrada. E quase me chegava ao nariz o cheiro da água do rio Tejo, entre o fétido e o proveniente de algas. A música de Carlos Zíngaro, sincopada, minimalista, ajuda as deambulações e as fantasias das duas personagens.

Pena que a magnífica sala – que eu pressentia plena de casais a chorarem com as árias da Traviata e a aplaudirem Amélia Rey Colaço e a sua companhia, há quase cinquenta anos, talvez juntando ainda todos os estudantes universitários para um espectáculo da tuna – tivesse apenas quatro espectadores.

A Costa dos Murmúrios

Retiro do sítio Cinecartaz.Público.pt o seguinte texto sobre *A Costa dos Murmúrios* (2004), filme de Margarida Cardoso baseado num romance de Lídia Jorge e em que Beatriz Batarda desempenha um papel principal: "No final dos anos 60, Evita (Beatriz Batarda) chega a Moçambique para casar com Luís, um estudante de matemática que ali cumpre o serviço militar. Evita rapidamente se apercebe que Luís já não é o mesmo e que, perturbado pela guerra, se transformou num triste imitador do seu capitão, Forza Leal. Quando os homens partem para uma grande operação militar no Norte, Evita fica sozinha e, no desespero de tentar compreender o que modificou Luís, procura a companhia de Helena, a mulher de Forza Leal. Submissa e humilhada, Helena é prisioneira na sua casa, onde cumpre uma promessa".

Através de Helena, Evita conhece o lado escondido de Luís. E, apesar de oposicionista (prática que trouxera de "um café estúpido do Campo Grande", diz Luís), ela deixa-se enredar no "sistema" (a África não é preta, é amarela, comenta-se no filme). Repete quase a história de Helena, só que com desfecho diferente. Dois militares, duas ociosas mulheres de oficiais num regime moribundo, em África.

Gostei de ver Beatriz Batarda no filme de João Canijo, *Noite Escura*, em que interpreta o papel de mulher vigorosa num ambiente social e profissional sórdido, e no filme de José Álvaro Morais, *Quaresma*, em que é uma mulher com problemas de ordem psíquica, pertencente à classe média alta, duas interpretações que me levam a vê-la como uma das actrizes mais completas do actual cinema português. Mas aqui não. Para mim, há má condução de actores e actrizes. Beatriz Batarda parece que soletra as palavras, como se aprendesse a língua ou corrigisse a pronúncia. E a história até é interessante, o elenco bom, mas com um ritmo lento.

O filme coloca uma questão, à qual eu sou sensível, a guerra colonial, a meu ver bastante mais próximo da realidade do que *Os Imortais* de António Pedro Vasconcelos (que analisa os traumas pós-guerra). Em *A Costa dos Murmúrios*, vêem-se as crises psicológicas que resultam do conflito entre sonho e áspera situação social, que relacionam a condição do indivíduo com uma situação colectiva em decomposição.

Enquanto assistia ao filme pensei nessa guerra colonial simultaneamente já longínqua (passaram quase trinta anos desde o seu fim) e perto de nós (porque parecemos estar ainda de luto e não ter energias para discutir a guerra, o fim do império, o regresso a casa). Na realidade, foi uma guerra prolongada e sem sucesso (1961-1974), momento doloroso e com feridas ainda abertas. Mas a História precisa de ser escrita e a ficção que vi não ajuda minimamente a perceber esse período.

Alice

Primeira longa metragem de Marco Martins (argumento também seu), *Alice* (2004) narra a história do desaparecimento da pequena de três anos. Os pais procuram-na, Mário (Nuno Lopes) e Luísa (Beatriz Batarda).

Nunca se vêem imagens de Alice, mas apenas a procura da menina. História baseada num caso verídico ocorrido na década passada, o desempenho de Nuno Lopes é notável. Como li numa das críticas ao filme, ele representa o lado autocontrolado da família, ao passo que Beatriz Batarda – cujo desempenho é menor do que eu julgara, a partir do que lera –

faz o lado emotivo. Destaco a música minimal, mas muito bonita, de Bernardo Sassetti (marido de Beatriz Batarda).

Para além da história, o que se vê é a rotina diária pendular entre emprego e casa, nos subúrbios da grande cidade. Por vezes lento, às vezes quase exasperando pelo ruído de automóveis e outros veículos que circulam nas vias principais, o filme não é piegas – e podia sê-lo, dada a temática. A fotografia e a montagem são excelentes: basta recordar a sequência dos planos das gravações de câmaras instaladas nas estações de comboio. Ao lado do *big brother* a que associamos os registos, detecta-se outro lado: o do andar das pessoas quando as imagens achatam um pouco o seu movimento, como se fossem anãs ou pinguins.

Odete

De *Odete*, o novo filme de João Pedro Rodrigues, lia-se no *Público* de 12 de Janeiro (de 2006) que a entrada no circuito comercial francês mereceu crítica elogiosa. Retiro alguns elementos do texto assinado por Ana Navarro Pedro: "conjuga pintura melodramática dos sentimentos e estruturação de um dispositivo abstracto" (*Le Monde*); "Grande história de amor mórbida assediada pela sombra hitchcokiana de Vertigo" (*Libération*); "Elementos almodovarianos coexistem com uma certa frieza bressoniana, o cineasta tentando compor um universo simultaneamente melodramático e cerebral" (*Libération*).

No blogue sound+vision, João Lopes (autor do blogue a par de Nuno Galopim) destaca: "de acordo com elementos divulgados pelo distribuidor português do filme (Lusomundo), *Odete* já ultrapassou, entre nós, a barreira dos 10 mil espectadores — trata-se de um valor tanto mais interessante quanto estamos perante um lançamento de escala reduzida (10 salas), para mais num contexto de exibição dominado ainda pelos espectáculos típicos da quadra natalícia".

Parece haver uma unanimidade em torno do filme. Além disso, as críticas rodeiam a película com referências a outros cineastas, fazendo pensar mais em influências e menos em novidade, como se depreende de Cintra Ferreira, que escreveu no último *Expresso* sobre o filme: "As sombras de Douglas Sirk e Fassbinder pairam sobre este surpreendente filme de João Pedro Rodrigues, sobre uma jovem (magnífica Ana Cristina Oliveira) num percurso de «transformação» e «transfiguração» que a leva a assumir o papel do amante de um jovem homossexual".

Se nas críticas francesas, ou o que nos chegou depois da escolha da jornalista, se fica a entender muito pouco da história, para além das citações cinéfilas, no texto do crítico do *Expresso* há um olhar para o fio da narrativa (ao filme, ele atribui 4 estrelas em 5, coisa que o seu colega V. Baptista Marques reduz para 1 em 5 estrelas, prova de que, afinal, não existe consenso).

O filme recordou-me *Alice* (2004), primeira longa metragem de Marco Martins, onde se conta a história de uma menina de três anos desaparecida, com os pais a procurará-la. Aqui, há magníficos desempenhos de Nuno Lopes (Mário) e de Beatriz Batarda (Luísa). O grito lancinante desta ocupa todo o espaço no ecrã.

O que liga *Alice* e *Odete*, para além dos nomes femininos – o que significa um centrar no universo das mulheres –, é a ausência de alguém: Alice apenas nomeada e de que conhecemos uma fotografia; Pedro, o jovem que morre no seu automóvel contra uma árvore, logo no começo da narrativa de *Odete*. As duas são elo de ligação nas histórias que envolvem homens (Mário em *Alice*; Rui em *Odete*). Ambos os filmes têm muitos planos nocturnos (mais *Odete* do que *Alice*), o que significa filmes densos psicologicamente, histórias de subúrbios da grande cidade e de vidas tristes ou dramáticas.

O cinema pode constituir, enquanto indústria cultural, um sinal premonitório da realidade social, cultural e económica. Os filmes portugueses estreados vão do melancólico ao negro, desesperançados e violentos, de uma certa forma, pois obrigam-nos a ficar encolhidos na cadeira enquanto assistimos à projecção das imagens e a sair apressadamente do cinema e com ar cabisbaixo, de culpa. É evidente que uma produção de seis a sete filmes por ano não nos dá uma tendência de sentido do cinema português, mas falta-nos alegria, comédia, confiança nas nossas capacidades e criatividade. Ou o mundo do cinema é um aparte da realidade social – e não passa de puro fingimento?

Diários da Bósnia

É merecido o espaço concedido pelos suplementos "Y" (*Público*) e "6ª" (*Diário de Notícias*) [25] ao novo filme (documentário) de Joaquim Sapinho. A história conta-se rapidamente. Joaquim Sapinho foi a Sarajevo (lê-se: Sáráiiêva) em 1996, três meses depois do longo cerco a que a cidade esteve sujeita (quatro anos). Em 1998, o realizador voltou à Bósnia. O filme desdobra, assim, duas narrativas temporais: a primeira, a sépia, mostra a destruição; a segunda, a cores, mostra o luto e, também, a vontade de viver. As imagens a sépia pareceram-me efectuadas por um historiador pré-histórico, que mostra as ruínas de uma civilização outrora rica, caso de Conimbriga, ou que foi afectada por uma catástrofe natural, como Pompeia (devido ao vulcão Vesúvio, na Itália). Mas estas ruínas foram feitas há pouco mais de dez anos.

Das histórias do filme que mais me comoveram, contam-se a das muçulmanas, em momento de pausa na fábrica, cantando e rezando, mas também fumando e partilhando uma bebida, e a do homem que levou Joaquim Sapinho a visitar a aldeia que ele e os vizinhos destruíram, temendo ser eliminados pelos habitantes daquela. Há um pudor, salientado nos textos dos jornais, em não apresentar mortes ou choros, apenas as marcas de destruição material. Mas também me impressionou a rapariguinha que anda quatro quilómetros de casa à escola e usa um lenço vermelho.

Sarajevo, pelos acordos de paz, já não tem sérvios. E os sinos das igrejas cristãs que, dantes, pareciam replicar aos chamamentos dos imãs muçulmanos para as orações, já não

---

[25] Edições de 14 de Julho de 2006.

tocam. A uma maioria muçulmana, coexiste uma pequena prática cristã. Sapinho, que filmou o interior de uma igreja e a sua prática religiosa, depois de muito procurar, ressalta a espécie de placa tectónica que aquela cidade representa. Foi ali que começou a Primeira Guerra Mundial, por aquelas terras inscreveu-se a federação jugoslava no pós-Segunda Guerra Mundial, por ali, os turcos otomanos implantaram a religião muçulmana face à prática mais antiga dos cristãos ortodoxos. O realizador questiona: como foi possível vizinhos de décadas de convívio acabarem por se matar uns aos outros? Um documentário a ver, até para confrontar com a violência actual que ocorre no Médio Oriente.

Escrevi acima sobre o olhar de quase arqueólogo em Sapinho, ao registar a destruição de Sarajevo em 1996. Mas também me impressionaram as imagens do eléctrico, indo do centro da cidade para os arredores da cidade. Os rostos dos passageiros estavam fechados e cabisbaixos – ainda não tinham superado psicologicamente a violência e as mortes. O luto estava em curso. Um homem passava rapidamente as contas do seu rosário, embora não fosse perceptível qualquer tremura dos lábios a indicar que rezava. O interior da parte traseira do eléctrico – veículo já velho – estava grafitado.

Lembrei-me dos eléctricos de Praga, muito semelhantes. Numa das linhas, circulei dos arredores para o centro e deste para outros arredores. Parecia a viagem de Sapinho. A paisagem urbana não era assim muito bonita – os prédios eram de linhas sóbrias, para não dizer austeras. Um dos pontos fortes da linha era a paragem junto a um hipermercado, semelhante a um nosso Carrefour ou Continente. As pessoas deslocavam-se de eléctrico para trazer as suas compras. Não notei uma perda do comércio local, de proximidade, face à concorrência do supermercado. O guia que nos acompanhou por esses dias falava do insucesso dos centros comerciais e hipermercados na República Checa, o que, como turista, não podia contestar, dada a minha ignorância da realidade económica e social daquele país.

Mas vi, apesar de tudo, abundância de bens. O que não acontecera numa passagem pela antiga Jugoslávia, antes da queda do muro de Berlim (claro que a diferença de anos, a riqueza económica dos Checos e a adesão à União Europeia são elementos de distinção). Nessa visita, algures na Bósnia, um supermercado tinha as prateleiras vazias e o café turco que bebemos tinha uma espessa camada de pó por cima. O sítio era mais pobre do que os cafés mais tristes que se encontram no nosso país.

Haveria uma frágil coesão social – famílias com poucos recursos, separação entre mundo urbano e rural com pouca mobilidade, enquadradas numa ideologia sempre omnipresente e que recalcava os valores religiosos. A guerra alterou essa coesão social – a começar pelas clivagens culturais e religiosas. Vizinhos a massacrarem vizinhos temendo que estes tomassem a mesma posição – eis o desespero e a ausência de valores de bom senso levados ao extremo. A guerra produz fanatismos que a razão não consegue eliminar. Fica, como no caso do homem que se confessa ao realizador, a angústia interior e a incapacidade de jamais voltar a felicidade aquele indivíduo e aquela sociedade. Ao contrário do que Sapinho pensa, a neve, que esconde tudo quase até ao nível das copas dos pinheiros, poderá ter um efeito purificador na memória dos povos e evitar que aconteça de novo uma enorme barbaridade, logo aqui na Europa, continente dito civilizado.

Uma Capa da Edição do *Público*

A discussão na blogosfera terá começado no **ContraFactos & Argumentos**, de Pedro Fonseca, e continuado no **Atrium**, de Luís António Santos. O tema: a capa do jornal *Público*, com um grande destaque ao caderno "Y" sobre a estreia do filme *King Kong* ([26]).

António Granado, do blogue **Ponto Media** e jornalista daquele diário (e possivelmente o editor que fechou o jornal), reagiu de modo activo: "És capaz de me mostrar (um *link* serve) uma melhor foto de primeira (com actualidade) do que esta que o *Público* escolheu? Conheces tu, porventura, a produção das agências noticiosas desse dia? O que é que tu sabes sobre as fotos dos fotógrafos do *Público* tiradas no dia? Todos os outros temas de capa de sexta não têm foto que sirva ao *Público*, infelizmente: Iraque, demos foto de primeira dois dias antes; Europeu de sub-21: sem foto; Bebé maltratada: nem pensar; Facada no coração: ainda menos; Exame de português: sem foto. O *King Kong* é realmente um filme de excepção e o trabalho do Y desse dia bem merecia o destaque. Aliás, não é a primeira vez que fazemos primeira com a estreia de um filme de que toda a gente fala".

Depois de uma troca de opiniões (quentes), o autor do **Atrium** esclarece que o postal dele questionaria "uma decisão editorial". E, aqui, parece-me fundamental pensar como trabalham os jornalistas na altura do fecho da edição. As escolhas – e as decisões – são rápidas, pois o tempo urge. Refugio-me no que escreveram Granado e Malheiros (2001: 121): "Quando se depara com um trabalho jornalístico com imprecisões, erros, desvios da verdade, com um título enganador ou acompanhado de uma fotografia imprópria, a primeira reacção do leitor [...] é exigir uma correcção. Infelizmente (mas não sem razão), existe a sensação generalizada de que é inútil pedir a publicação de correcções aos órgãos de comunicação, visto que eles vê[e]m esses pedidos como gestos de agressão e têm

---

[26] Edição de 16 de Dezembro de 2005.

tendência ou a ignorá-los ou a publicá-los... respondendo em seguida de forma violenta".

A resposta de António Granado, no "território" de Luís António Santos (o blogue deste), pode enquadrar-se no que o próprio jornalista e Vítor Malheiros escreveram sobre "resposta violenta". Contudo, e apesar do argumento razoável de Luís António Santos, parecem-me aceitáveis as razões de Granado. Primeiro, porque há uma cultura intrínseca do jornal para a memória cinematográfica e da moda, caso da capa do dia 17 de Abril de 1990, a anunciar a morte de Greta Garbo (não foi preciso dizer o nome todo nem escrever que ela era estrela de cinema; a única alteração que hoje o jornal faria era pôr os anos de nascimento e de morte).

E, segundo, o destaque aponta para uma leitura mais atenta do caderno "Y", o que quero aqui fazer. No longo texto que Rita Siza faz sobre o realizador Peter Jackson é evidente a aplicação do modelo de cadeia de valor ao trabalho cinematográfico agora em exibição. O texto começa por salientar o primeiro boneco animado de *King Kong* a partir de um esqueleto em arame. O filme não seria acabado. O segundo *King Kong* já se tornaria possível quando o realizador já era conhecido. Reescreveu o guião e a ideia do filme foi evoluindo até à fase de pré-produção, altura em que se desenha a ilha de Skull, com fauna pré-histórica e flora tropical. Há ainda o processo de criação digital de dinossáurios, mas, quando tudo apontava para o arranque do filme, a Universal desiste do projecto (1996-1997). Somente à terceira vez é que o realizador pode levar a sua ideia para a concretização, tinha agora 44 anos.

Se o filme de 1933, de Merian C. Cooper e Ernst B. Schoedsack, era impressionante em termos de tecnologia, o filme agora realizado volta a manifestar essa apetência pelo prodígio tecnológico. Para além de que o filme de 1933 salvou a RKO da falência, dada a procura dos espectadores. Agora, os efeitos especiais tomam conta do filme e colocam-no entre o realismo e a total imaginação. Num outro texto, Jorge Mourinha dá conta de pormenores da narrativa – e defende a actriz Naomi Watts como a grande protagonista, enquanto Rita Siza escreve ainda sobre as raparigas do King.

Por tudo isto é que me parece devermos pensar na complexidade criativa e na negociação para levar avante um projecto cinematográfico e não somente em elencar mais um simples filme de entretenimento. As indústrias culturais, sejam do domínio da informação ou do entretenimento, envolvem muitas profissões, actividades, competências e sinergias para serem apenas alvo da etiqueta *entretenimento*. Da escolha de uma imagem num jornal diário até ao episódio de uma telenovela como *Ninguém como Tu*, acabada a 20 de Dezembro de 2005, passando pelo programa de informação semanal ou uma análise sociológica dos media, temos de pensar nessa rede de conceitos e práticas que nos absorve e leva à reflexão.

E agora, Luís?

A 16 de Dezembro de 2005, Luís António Santos editava um postal no seu blogue **Atrium** sobre a capa do jornal *Público* desse dia. Razão: o destaque dado à estreia do filme *King Kong*, e que eu aproveitei para escrever um texto no meu blogue cinco dias depois.

Também o *Diário de Notícias* apostaria, no corpo central da primeira página, no filme português *Odete*. Parece-me que, em discussão, estão os mesmos pressupostos que os desencadeados por Luís António Santos há quase meio mês. Porquê tanto espaço na primeira página a um filme? Ocupa o espaço central e tem uma fotografia a toda a largura da página (12,4 x 25,3 centímetros). Aqui, aplica-se o emprego da perspectiva e da regra de ouro da pintura renascentista: o nosso olhar vai directo para a rapariga sentada, dentro de uma casa de banho, e calçada com patins. Do *trailer* passado nos cinemas, percebe-se a angústia de Odete, "a princípio, uma personagem leve, meia pop. E o filme vai enegrecendo" (da entrevista de João Pedro Rodrigues a Nuno Galopim, no jornal de 29 de Dezembro de 2005).

Só depois do impacto da leitura visual da imagem em si é que o nosso olhar se prende nos outros destaques: a perda do poder de compra dos quadros superiores do Estado e os bebés portugueses que nascem em Badajoz. E um pequeno destaque em baixo e à direita remete-nos para o tema do dia (o mercado dos livros, o crescimento das pequenas editoras e as vendas pela internet), que ocupa duas páginas, mais do que a análise ao filme português (quase página e meia). Há, assim, uma vontade de preencher a primeira página com temas fora dos habituais (futebol, campanha política para as presidenciais), numa altura em que a frequência anual das salas de cinema está a baixar e também caem as vendas de jornais, como o próprio *Diário de Notícias* (neste caso, por aumento dos gratuitos, o que obrigará a reorientações do negócio).

O filme aborda um tema complexo a nível do relacionamento de jovens casais envolvendo os dois sexos. Aliás, o título do destaque, para além do nome do filme, é "O cinema português em versão hipersexual" (não sei muito bem o significado último desta palavra). Tal poderá querer dizer da importância dada pelo jornal em termos de discussão de mudanças de comportamentos (gostemos ou não deles). Ou seja, estamos para além da leitura do simples entretenimento que um filme como o *King Kong* nos proporciona, e que o Luís António Santos expressou com muito calor.

Cinema | 149

FILMES ESTRANGEIROS

Breakfast at Tiffany's (1961)

Underhill (2004: 119) faz uma análise das lojas de jóias, de que destaca as de Cartier e Tiffany, e equaciona: "Audrey Hepburn e Tiffany tornaram-se sinónimos. Ela é, apesar de falecida, uma célebre porta-voz". Trata-se, obviamente, de uma referência ao filme de Blake Edwards, com Audrey Hepburn (no papel de Holly Golighty) e George Pappard (representando Paul Varjak), *Breakfast at Tiffany's* (1961) (na Cinemateca Portuguesa vi uma cópia legendada em castelhano, com o título *Desayuno con Diamantes*; o título português foi *Boneca de Luxo*, devido ao romance de Truman Capote, que inspirou o filme, ter esse título no nosso país).

Fixemo-nos em Audrey Hepburn (1929-1993). Em 1954, ela representaria *Sabrina*, ao lado de Humphrey Bogart e William Holden, num filme dirigido por Billy Wilder. Dois anos depois, desempenhava o papel de Natasha Rostov, em *Guerra e Paz*, realizado por King Vidor e ao lado de Henry Fonda e Mel Ferrer. Já em 1964, dava-se a grande consagração no papel de Eliza Doolittle, em *My Fair Lady*, de George Cukor e com Rex Harrison e Stanley Holloway nos outros papéis principais. Para além de actriz, ela foi embaixadora da UNICEF. No ano a seguir à sua morte, foi criada em Nova Iorque a ONG Audrey Hepburn Children's Fund, continuando o seu trabalho em prol das crianças doentes em todo o mundo. Em 1998, o Fundo passou para Los Angeles, onde ainda se mantém.

Consideremos um filme como um texto (de igual modo à notícia de jornal ou ao anúncio num *outdoor*). O texto fílmico é composto por convenções estéticas; nós conseguimos perceber uma elipse, um *raccord*, campo e contracampo, como resultado de uma longa aprendizagem a ver cinema. Ora, as codificações estéticas são acompanhadas por outros tipos de codificações – como aliás explica a semiótica. As questões sociais, políticas, religiosas ou de outro tipo podem adquirir significado para além do exposto em cru. Nós lemos um texto dentro, e para além, dos seus valores e símbolos. Se as convenções de uma época (sociais, morais, estéticas) impedem a representação "real" de um problema, há sempre a possibilidade de fazer referência ao problema não de modo explícito mas jogando com palavras ou gestos, que o leitor habituado a textos consegue interpretar.

Nesse sentido, o filme *Breakfast at Tiffany's* é paradigmático em dois aspectos. O primeiro é que aborda uma temática até então não permitida na cinematografia americana, a da representação da prostituição (tanto feminina quanto masculina). As duas personagens centrais do filme (Holly e Paul) assumem, ainda que de forma velada – quase estética –, a considerada profissão mais antiga do mundo. Segundo, a actriz inicialmente pensada para o papel de Holly era Marilyn Monroe, actriz bem mais sensual. Sucede que, devido à instabilidade psicológica de Marilyn (suicidar-se-ia no ano seguinte) e à mudança de realizador, a Paramount escolheria Audrey Hepburn, tendo que se adaptar toda a personagem feminina ao perfil da actriz. Audrey Hepburn era uma princesa, no modo como desempenhou (ou desempenharia) os seus papéis em *Sabrina*, *Guerra e Paz* e *My Fair Lady*.

Como recorda Manuel Cintra Ferreira, no texto que acompanhou a projecção de *Breakfast at Tiffany's*, há momentos de ritmo intenso, como sucede na festa – com personagens insólitas e cenas de uma grande inventividade. E a música, *Moon River*, de Henry Mancini (que lhe deu um óscar), é uma daquelas melodias que nunca esquecemos.

Relembro apenas o(s) primeiro(s) plano(s): vê-se Holly Golighty a caminhar na 5ª Avenida, em direcção à joalharia Tiffany. Enquanto come um pequeno-almoço volante, ela mira as montras e as jóias ali expostas. A câmara foca-a em plano americano e depois em plano geral, quando se afasta e deita a embalagem da bebida e o guardanapo de papel fora, numa papeleira. O grande sonho dela era comprar diamantes na loja (daí o título castelhano). Muito mais tarde, já o filme vai a meio, ela entra na Tiffany, na companhia do amigo Paul Varjak. Os dois pretendem comprar uma jóia, por apenas dez dólares. Motivo: uma relação mais íntima que parecia instalar-se entre os dois. Claro que não conseguem comprar a jóia mas tão simplesmente gravar um anel saído num pacote de bolos. E a relação entre os dois só se concretiza no fim feliz da fita. Tudo isto se passava em Nova Iorque, assunto do ciclo da Cinemateca.

Wanda

Vi o filme de Barbara Loden, realizado em 1970 (24 de Agosto de 2004). Filme seco e duro, mostra *Wanda*, uma "mulher lenta", como diz o gerente de uma fábrica de confecções para lhe negar a admissão ao emprego. Mulher passiva, como li na imprensa e que Eduardo Prado Coelho retomaria na sua coluna diária no *Público*.

Mas quem fez *Wanda*? Como a realizadora não é conhecida, toda a gente acrescenta, como se fosse um novo nome no bilhete de identidade: mulher de Elia Kazan. E na folha volante, distribuída no cinema King, pode ler-se: "Alguns dariam a obra inteira de Elia Kazan pelo único filme realizado pela mulher Barbara Loden. *Wanda* (1970) continua a ser um filme desconhecido apesar de oferecer o retrato mais perturbador do cinema dos anos 70 [...]. É um tiro sobre o romantismo *glamouroso* de Hollywood, um negativo violento de todos os Bonnie and Clyde do mundo. A personagem de Wanda permanece uma figura magnífica" (Stéphane Delorme, *Cahiers du Cinéma*).

Acrescentaria eu: vê-se uma América sórdida, suja, um ambiente deprimente como que saído da Depressão de 1929, com a loucura ou a ausência de perspectivas a rondar as pessoas. Mas o filme é mais moderno do que esse final dos anos loucos; ele aproxima-se dos anos da guerra do Vietname. Escritora do filme, realizadora e intérprete, Barbara Loden nasceu em Orion, na Carolina do Norte, foi viver para Nova Iorque, teve aulas de representação e acabou por entrar em *Wild River* (1960), de Kazan, a que se seguiu *Esplendor na relva* (1961), dirigido pelo mesmo Kazan.

Há quem encontre neste filme solitário de Barbara Loden (1932-1980) a sua autobiografia: a de mulher apagada diante do génio de Kazan e das suas polémicas políticas e estéticas. Além disso, Loden faleceria cedo, aos 48 anos, vítima de cancro. Por mim, *Wanda* virou filme de culto.

Goodbye Dragon Inn

É a última sessão num velho cinema de Taiwan. O jovem que entra encontra a sala quase vazia. Mas, por vezes, vêem-se pessoas (ou serão fantasmas?): um jovem casal que come algo ruidosamente, uma rapariga que tira os sapatos, espectadores que fumam, alguns velhos, uma criança. Elas mudam de sítio ou deambulam pelo edifício do cinema. A história anda também à volta de dois empregados do cinema, a arrumadora e o projeccionista. Ela aproxima-se da cabina de projecção, mas não o encontra, como sempre. Deixa-lhe parte da sua refeição, após o que deambula pelo edifício labiríntico do cinema. No ecrã, passa um filme realizado 36 anos antes, *Dragon Inn*, cuja acção lembra o kung-fu e os filmes de artes marciais antigas no Oriente.

Nascido na Malásia, o realizador do filme, Tsai Ming-Liang, instalou-se em Taiwan no ano de 1977. Em 1981, concluia um grau universitário de Arte Dramática na Universidade de Cultura Chinesa. Tornou-se autor de teatro e trabalhou para a televisão (telefilmes). Os seus trabalhos andam à volta da sociedade actual, solidão e estilos de vida urbana. Mas Tsai Ming-Liang usa igualmente a harmonia nos enquadramentos, as sombras das personagens projectadas no chão, o som da queda dos pingos da água dentro de baldes, o andar da arrumadora, que coxeia, em especial quando sobe uma escada metálica, produzindo sons diferentes consoante o pé. Os diálogos são raríssimos e não têm uma sequência na acção – a palavra é menos importante do que a imagem (quase sempre com câmara parada, em posição semelhante à de um espectador numa sala) e o som dos movimentos das personagens, mostrando a alienação e o tédio da vida urbana.

Há uma homenagem aos actores e actrizes que caem no esquecimento e aos cinemas que morrem. O espectador que chora é Tien Miao, actor do filme em exibição dentro do filme, *Dragon Inn*. Na minha história pessoal, lembro-me de desaparecerem salas onde formei e apurei o meu conhecimento cinematográfico, como o Trindade, no Porto, e o Mundial, em Lisboa.

Cars – *o filme da Pixar e da Disney* [27]

Vinte anos atrás, a Walt Disney – da *Branca de Neve* e do *Rato Mickey*, para não nomear mais êxitos – teve a possibilidade de adquirir por cinco milhões de dólares os estúdios Pixar, que se haviam especializado em animação por computador. Não o fizeram mas entraram num acordo de co-produção e distribuição, que durou quinze anos. Nos últimos anos, após sucessos como *Toy Story* (1995 e 1999), *À Procura de Nemo* (2003) e os *Incríveis* (2004), a Pixar pareceu maior do que a Disney, ameaçada tecnologicamente. É que se aquela desenvolvia cada vez mais as potencialidades do computador na animação, esta permanecia fiel ao papel e ao lápis. A notícia de despedimentos dos desenhadores da Disney nos últimos anos teve um efeito de grande dramatismo: pelo desemprego de centenas de pessoas e pelo final de uma arte manual que alegrara várias gerações de apaixonados do cinema.

Mas a Disney acabou por comprar a Pixar, por 7,4 mil milhões de dólares (quase seis mil milhões de euros). E *Cars* (*Carros* em português) surgiria como uma parceria dos dois estúdios. *Carros* é "filho" de John Lasseter, director criativo da Pixar e do filme, agora em acumulação com a direcção da Disney e da Walt Disney Imagineering, encarregado do desenho de novas atracções para os parques temáticos.

---

[27] Texto adaptado de crónica lida na Antena Miróbriga Rádio em 10 de Julho de 2006 (apoio de artigos publicados nos jornais *El País*, de 11 de Junho, e *Diário de Notícias*, de 30 de Junho).

A história de *Cars* é, quanto a mim, muito humanizante. Carros antropomorfizados, isto é, com características pessoais como individualismo ou companheirismo, projectam-se à volta de Lightning McQueen, um jovem, veloz e ambicioso carro que quer ganhar o troféu de campeão. Ainda imaturo, não reconhecendo a importância do trabalho em equipa, é abandonado acidentalmente e surge em Radiator Spring, uma cidade esquecida da velha estrada 66, que liga os Estados Unidos de costa a costa. Aí, é obrigado a prestar serviço cívico, por destruição de bens.

O carro, inicialmente zangado com a população da cidade, acaba por estabelecer laços de amizade. Ri com as brincadeiras do velho carro de reboque Redneck, descobre que o austero juiz que o condenou é Hudson Hornet, uma antiga glória do automobilismo e que conquistara a taça que McQueen quer agora ganhar, e apaixona-se por Sally, um Porsche 911 transformado em linhas sensuais e que chama "autocolante" ao vigoroso carro de corrida. A estrada é asfaltada e as lojas abandonadas recuperam a cor, os néons e o movimento. Quando McQueen é descoberto pelos media, helicópteros e automóveis invadem Radiator Spring e voltam a pôr a cidade no mapa. E a equipa de McQueen é feita pelos novos amigos, que o apoiam numa fantástica corrida na Califórnia.

Apesar da dificuldade de transmitir uma mensagem, pois trata-se de um filme de animação em que todos os desenhos são carros, a entreajuda e justiça, o ideal americano dos grandes espaços da natureza e o optimismo na resolução dos problemas são elementos visíveis na história.

Além de John Lasseter, o principal autor do filme, imaginado após uma viagem de caravana pelo interior dos Estados Unidos ao longo de dois meses, outra figura da Pixar é Steve Jobs, co-fundador da Apple Computer (Macintosh) em 1976 e agora dono de 50% das acções da Pixar, que ajudou a fundar em 1986, e o maior accionista individual da Disney, com 7% das acções.

O acordo de compra prevê a produção de duas longas metragens por ano. Até então, a média da Pixar é um filme em cada 18 meses. O estúdio da Pixar, em Emeryville, a norte de

S. Francisco, deve ser agora um espaço frenético de imaginação. Claro que os responsáveis do estúdio dispõem de espaços igualmente criativos, decorados a seu gosto. Podem encontrar-se escritórios com a forma de cabanas de madeira ou castelos medievais, com piscinas e mesas de pingue-pongue e transportes que incluem trotinetas.

E espera-se – facto curioso para quem fez da animação por computador o principal recurso – a recuperação das pranchetas tradicionais. É que o computador é uma ferramenta como o lápis e o papel.

Duas Mulheres, Dois Destinos
ou Como o Peso dos Media é Forte

Estando a preparar um texto para uma aula, reparei no percurso de duas artistas da música e da rádio (uma delas ainda mais conhecida no cinema). O motivo de as trazer aqui foram duas fotografias com elas junto a um microfone, significando ou a gravação de um disco ou a presença num espectáculo. Ambas tiveram uma enorme reputação nos Estados Unidos: Judy Garland e Kate Smith – provando a grande influência dos *media* no seu conhecimento. O que foram e o que representam hoje, eis a razão deste texto, modesta homenagem às duas, a primeira das quais é Judy Garland.

O feiticeiro de Oz será um dos filmes que mais vezes vi na televisão. Houve anos em que não havia Natal que a televisão pública não o passasse: primeiro vi-o a preto e branco, depois apareceu colorido. E a canção com a letra "Somewhere over the rainbow/way up high,/there's a land that I heard of/once in a lullaby./Somewhere over the rainbow/skies are blue,/and the dreams that you dare to dream//really do come true" fica gravada na nossa memória, mesmo que gasta ou usada para outros objectivos. Actriz: Judy Garland.

Nascida Frances Ethek Gumm, em 1922, no Minnesota, cedo conheceu as artes musicais e da representação, associada aos pais e às duas irmãs mais velhas, mais tarde as *Gumm Sisters*. De Los Angeles, para onde a família fora viver, a mais nova das irmãs Gumm era aquela a quem as audiências mais prezavam. Numa visita a Chicago, elas mudariam o nome para *Garland Sisters*. Em 1934, teriam um grande sucesso em Los Angeles. Após uma audição com o patrão da MGM, Louis B. Mayer, a mais nova das irmãs torna-se Judy Garland. Entrava para o difícil mundo do cinema. O seu primeiro êxito deu-se com o terceiro filme *Broadway Melody* (1938), em que cantou *Dear Mr Gable*. Depois, em 1939, foi o enorme sucesso *O Feiticeiro de Oz*, em que cantou *Over the rainbow*, a canção a que sempre apareceria ligada em toda a sua vida.

Judy Garland ainda estava em idade de crescimento físico. Como muitas adolescentes, ela tinha uma tendência para ganhar peso, problema que se arrastou pela vida, tomando remédios para manter uma certa linha adequada aos estereótipos do cinema. A ingestão de anfetaminas para perder o peso afectá-la-ia física e psiquicamente e influenciá-la-ia mesmo na sua vida sentimental, muito desequilibrada. Casou cinco vezes e teve três filhos.

Em 1941, contra a vontade da mãe e dos estúdios da MGM, casou com David Rose, separando-se quatro anos depois. A carreira no cinema continuava cheia de sucessos: *For Me And My Gal* (1942), *Presenting Lily Mars*, *Thousands Cheer* e *Girl Crazy* (todos em 1943), *Meet Me In St. Louis* (1944), *The Harvey Girls*, *Ziegfeld Follies* and *Till The Clouds Roll By* (todos em 1946). Três semanas após a estreia do filme *The Clock* (1945; *A Hora da Saudade* em por-tuguês), Judy Garland e Vincent Minnelli casavam-se. No ano seguinte, nascia a filha Liza Minnelli.

O final dos anos 40 trouxe novos êxitos como *The Pirate*, *Easter Parade* e *Words And Music* (todos em 1948) e *In The Good Old Summertime* (1949). Começava um período pessoal difícil: medicamentos, álcool e distúrbios emocionais levaram-na a trabalhar menos e a acabar com o contrato com a MGM. Em 1951, separa-se de Minnelli e tenta suicidar-se. Começava a lenta decomposição moral e física de Judy Garland, que se desligaria da MGM. Vincent Minnelli, apontado como um modernista *queer* que criou homens delicados nos seus filmes, escondia a sua identidade homossexual, apesar de casado por quatro vezes. A ligação a Judy Garland valeu a esta ter sido injustamente apropriada pela iconografia homossexual, apesar de ela sempre se mostrar muito feminina (Fiske, 2003).

O casamento com Sid Luft trouxe alguma calma e brilho profissional. Fez uma viagem à Europa, aparecendo no Palladium de Londres. Depois, em Nova Iorque representaria no Palace Theater. A sua carreira resumir-se-ia nesse período a um papel em *A Star Is Born* (1954), para o qual fora nomeada para um óscar. Os problemas pessoais regressariam, tentando outra vez o suicídio. Um novo papel em *Judgement At Nuremberg* (1961), para o qual fora nomeada de novo para um óscar, melhorou a sua reputação. Mas o casamento estava em perigo. Apesar de ela e Luft falarem em reconciliação, até porque tinham duas crianças, Lorna and Joey. Em 1961, o sucesso voltaria a sorrir a Judy Garland, quando apareceu em Abril de 1961, no Carnegie Hall, de Nova Iorque. O concerto gravado render-lhe-ia cinco prémios Grammy. A partir daí a sua carreira resvalou. Em 22 de Junho de 1969, ingeriu uma quantidade fatal de calmantes. A América e o mundo choraria esse desaparecimento precoce, ficando os seus filmes e discos. Judy Garland trabalhara 45 dos seus 47 anos de vida. Fez 32 filmes, deu a voz a mais dois, foi estrela em 30 programas de televisão. Gravou cerca de uma centena de singles e 12 álbuns.

Quanto a Kathryn Elizabeth Smith nasceu em 1907, em Nova Iorque. Desde muito cedo despertou para a música e a dança. Seria descoberta por um produtor nova-iorquino em 1926. Depois, em 1930, passou para a Columbia Records, sendo o vice-presidente Ted Collins seu companheiro e gestor, levando-a também para a rádio (1931), onde fez imediato sucesso.

1943 foi o ano de marca de Kate Smith, ao cantar *God Bless America*, de Irving Berlin. Ela começara a gravar discos logo em 1926. Dos seus principais sucessos, contam-se *River, Stay 'Way From My Door* (1931), *The Woodpecker Song* (1940), *The White Cliffs of Dover* (1941), *I Don't Want to Walk Without You* (1942), *There Goes That Song Again* (1944), *Seems Like Old Times* (1946), and *Now Is the Hour* (1947). Nos anos 50, ela gravou álbuns.

Kate Smith teve um programa popular de entretenimento em rádio com o seu próprio nome, *The Kate Smith Hour*, no ar entre 1937 e 1945. Em 1950, Kate saltava para a televisão com um programa de entretenimento de segunda a sexta-feira, o *Kate Smith Hour* (1950-1954). A sua última série foi *The Kate Smith Show*, na CBS, com a duração semanal de meia-hora nos anos 1960. Morreria em Raleigh, Carolina do Norte, em Junho de 1986 [informação recolhida em www.katesmith.org].

De Kate Smith conta-se a seguinte façanha, após a entrada dos Estados Unidos na Segunda Guerra Mundial. Para obter financiamento para o esforço da guerra, os Americanos – como tinham feito no conflito de 1914-1918 – criaram títulos de guerra, uma espécie de investimento. A 21 de Setembro de 1943, Kate Smith estaria 18 horas seguidas num programa de rádio da Columbia Broadcasting System, para persuadir o público a comprar títulos de guerra, conseguindo vender 39 milhões de dólares deles e provando, assim, o grande efeito do meio rádio.

Para a posteridade, *Over the rainbow* e *God bless America* ficaram como marcas de Judy Garland e Kate Smith, uma representando o sonho e a magia na infância, a outra o estado adulto de uma Nação forte, que sabe fazer a sua redenção em momentos difíceis [o *God bless America* voltou a ser cantado no 11 de Setembro de 2001]. *Over the rainbow* e *God bless America* surgem no período antes e durante a Segunda Guerra Mundial, num momento de grande expansão económica e cultural americana, em que cinema, rádio, discos e, depois, televisão eram as cartas da cultura mundial. Nesse momento, as teorias da comunicação falavam em efeitos moderados dos *media* (*two step flow of information* e líderes de opinião, ou a *teoria dos efeitos limitados*, de Paul Lazarsfeld e outros investigadores). Mas Robert Merton, exactamente quando analisou a maratona de Kate Smith na rádio, começava a delinear aquilo que seria chamada a *teoria dos usos e gratificações*. À crescente hegemonia cultural (e política e económica) correspondia uma teoria interpessoal na comunicação que desvalorizava o impacto dessa cultura de massa.

À nossa escala, talvez encontrássemos semelhanças com Beatriz Costa (música e cinema) e Maria Alice (rádio e música), mulher de Valentim de Carvalho, comerciante e produtor discográfico.

Capítulo 4

Rádio, Música e Fonografia

Para mim, a rádio é um meio de comunicação fantástico, como prova o trabalho que a ele dediquei (nomeadamente Santos, 2005). Para além das tecnologias associadas à transmissão de sinal, a rádio foi o primeiro meio de comunicação electrónico, responsável pela formação e alteração de gosto estético musical. Comprovam esta afirmação as estações de rádio dos primeiros anos, quando passaram de programas de música clássica para música nacional (cantada na língua de cada país), trocando a possibilidade de ouvir sons musicais universais por sons nacionais ou regionais, seguindo o cinema, que deixou de ser linguagem universal quando passou do cinema mudo para o sonoro. Se a rádio das estações pioneiras era a dos concertos de música clássica transmitidos ao vivo, como prolongamento da sessão da sala de espectáculos, a indústria fonográfica (em especial a partir dos discos de 78 rotações por minuto) cresceu rapidamente, enquanto surgiam novas profissões (empresários, produtores, artistas). Assim, e seguindo o gosto e a investigação prévia do autor, o capítulo tem uma destacada componente na área da história da rádio.

Podemos, a exemplo da televisão, demarcar um período de paleorádio e neorádio (ver capítulo sobre a televisão). O primeiro tempo viria até aos anos 60, com o peso da onda média e uma cultura nacionalista e paternalista, focando a formação (e alguma pedagogia). Com o advento da FM e dos programas de autor, que Matos Maia (1995) define bem, a par do peso da publicidade, surge a neorádio. A pós-rádio, a partir do conceito de Prado Coelho (2006) aplicado à televisão, surge na segunda geração das rádios locais e rádios na internet.

A Emissora Nacional Segundo Nelson Ribeiro (2005)

Nelson Ribeiro distingue três períodos na vida da Emissora Nacional (EN) desde o seu arranque até ao final da Segunda Guerra Mundial: 1) de 1933 a Julho de 1935; 2) de Agosto de 1935 ao final de 1940; 3) de 1941 a Fevereiro de 1945. Período experimental, posse de António Ferro como dirigente máximo da EN e alteração de programação atendendo à próxima derrota da Alemanha na guerra são elementos determinantes das três fases da estação nos anos iniciais e de afirmação.

Nelson Ribeiro entende que Salazar não deu muita importância à radiodifusão; daí o atraso na constituição da rede de onda curta para irradiar programas e propaganda até às colónias. Apesar disso, houve um controlo político sobre todos os que falavam ao microfone, tendo de perfilar o ideal do Estado Novo. Momentos marcantes da EN seriam os começos da Guerra Civil de Espanha (1936) e da Segunda Guerra Mundial (1939). Apesar da neutralidade, a EN tendeu para as forças nacionalistas de Franco e foi permissível à transmissão de notícias do país de Hitler.

O estudo faz também luz da importância de António Ferro, o ideólogo do regime com a sua noção de *política do espírito*. Referência às outras estações importantes da época – Rádio Clube Português e Rádio Renascença –, análise da programação da estação do Estado e um forte enquadramento teórico da propaganda como gestora da ideia de emissora do regime são outros dos contributos do livro de Nelson Ribeiro.

A Rádio em Salazar e Caetano

Do livro de Dina Cristo (2005), destaco as páginas do plano económico, onde a autora analisa a publicidade que "inundou a rádio, nos anos 50" (2005: 73-78). As pequenas estações englobadas nos Emissores Associados de Lisboa e Emissores Norte Reunidos (Porto) beneficiariam com ela, após hesitações políticas ao longo de duas décadas, sobre a sua necessidade ou não para o funcionamento das emissoras. Uma das maiores estações de então, o Rádio Clube Português, aproveitaria o crescimento publicitário para inaugurar estúdios na rua Sampaio e Pina (Lisboa) e um novo emissor de onda média. Com a liberalização publicitária, reaparecia o produtor independente (de que já havia antecedentes nos anos 30), formando-se empresas como APA, Produções Lança Moreira, Gilberto Cotta, Sonarte, que passariam a dominar as rádios privadas. Mas na década de 70, o peso excessivo dos produtores, que enchiam os programas com publicidade, começou a ser contestado.

Dina Cristo, nas páginas iniciais, dá conta da rádio instalada no começo dos anos 50 e na ruptura que se preparou nos finais da década de 60, com relevo para programas como *PBX* (Carlos Cruz e Fialho Gouveia, 1967), *Página 1* (José Manuel Nunes, Rádio Renascença, 1968), *Tempo Zip* (1970) e *Limite*. A esta programação, dispersa pelo Rádio Clube Português e Rádio Renascença, a autora designa-a como a rádio nova, em que a reportagem de rua e a passagem de discos novos criariam outros públicos de rádio, jovens embora minoritários. Ela chama a atenção para a importância da Rádio Universidade como centro irradiador de novas experiências estéticas que possibilitaram essa renovação da rádio em Portugal, em condições difíceis, dada a permanente censura.

A obra de Dina Cristo tem uma preocupação pelo lado jurídico do meio e por momentos de maior peso político por que a rádio passou. Daí o realce dado à preparação do golpe de estado de 25 de Abril de 1974 – e os seus preparativos na rádio – e à radiodifusão no começo da guerra colonial (1961). E também à descrição e análise da propaganda, dividida em três parcelas: subversiva, de integração, contrapropaganda.

Rádio Luna: da Homenagem à Memória do Tempo

No momento em que desapareceu injustamente a Rádio Luna (e a Voxx), quis homenagear a estação (Março de 2004). Apesar de sintonizar intermitentemente as duas estações, da Voxx recordava a voz grave e de sotaque nortenho em fantásticos spots e da Luna a música clássica e também o jazz.

2004 fica a oitenta anos das primeiras emissões regulares de rádio em Portugal. Para recordar as duas estações, aproveito, primeiro, a de Abílio Nunes dos Santos Júnior, o CT1AA, que começou as primeiras "chamadas" em 1924, numa mistura de grafia, fonia e radiodifusão. Ainda nesse ano, passava a transmitir concertos às quintas e aos sábados, estendendo depois a emissão ao domingo. Um dos locutores era o santomense Herculano Levy (1889-1969), poeta, intelectual e depois grande proprietário de imobiliário (Santos, 2005: 354). Santos Júnior era comerciante (foi dono dos Armazéns do Chiado, onde fica hoje, entre outras lojas, a FNAC) e tinha duas paixões: os automóveis (com um Bugatti ficou em segundo lugar no circuito do Campo Grande, por esses anos) e a rádio (comprava microfones nos Estados Unidos, num tempo em que o Atlântico se atravessava por navio). Então, as estações fechavam em Agosto e Setembro para férias.

O outro emissor que quero lembrar é o de José Joaquim de Sousa Dias Melo (1898-1982), o CT1AB (Santos, 2005). Em 1924, era gerente de um hotel que ainda hoje existe na esquina da rua da Betesga com a rua Augusta, em Lisboa (quando circulo por ali, imagino a antena no topo do telhado e a modesta mesa de emissão com um microfone junto a um pick-up que ele próprio confeccionou, conhecimentos que adquiriu numa permanência em França). Ele passaria depois a gerente de uma ourivesaria na mesma zona da baixa lisboeta.

A aventura radiofónica de Dias Melo foi mais curta do que a vida da estação Luna. Mas tinham semelhanças: eram artesanais, não buscavam o lucro e tinham o prazer da música clássica (embora há oitenta anos os discos fossem uma novidade e, em algumas estações, tocassem músicos nos programas ao vivo). Dias Melo deixou a radiodifusão mas manteve-se ligado à fonia até morrer, pagando os recibos referentes à sua licença de fonia, como indica um ofício da Rede de Emissores Portugueses aos Serviços de Radiocomunicações (27 de Agosto de 1982).

O historiador José Augusto França (1992: 86) identifica a estação de José Dias Melo, a qual tinha "uma revistinha lançada a copiógrafo em 1924". Como era a radiodifusão deste amador? Ele iniciara "os seus trabalhos como amador emissor em meados de 1924, com os melhores resultados, merecendo eles várias referências nas revistas da época. No princípio de 1925, já era ouvido no Porto, Tavira e outros pontos em fonia [alternava fonia com radiodifusão, embora fosse mais forte naquela] com grande intensidade e os receptores melhores naquele tempo eram o Bourne, Schnel e Reinartz, de duas ou três válvulas. [...] além dos registos dos primeiros trabalhos, mencionados atrás, ainda possuo algumas dezenas de cartões e de entre eles destaco um relativo ao meu primeiro QSO a distância com o célebre F8BF" (documento do próprio radialista). A técnica, e não a programação, dominava o esforço dos amadores de rádio em 1924.

Programas de Humor na Rádio

Um dia, ouvi o compacto (textos de toda uma semana) do programa de humor *Palmilha Dentada*, que passava diariamente na *Antena 1*, antes do noticiário das oito da manhã (17 de Abril de 2004). Não escutava o programa desde o dia em que critiquei o humor dos teatreiros do Porto (Ivo Bastos e Rodrigo Santos) e recebi, via correio electrónico, a reacção deles. Sem pretender dizer que me reconciliei com o humor do *Enigma da Palmilha Dentada*, "a primeira rádio-novela com Aloe Vera", reconheço que personagens como a dupla do General e do Cortês estão bem trabalhadas. E também a dupla Emilinha e La Salette, caso do diálogo desta semana sobre a fuga de cérebros, referindo-se à intenção ministerial de cativar o regresso ao país de investigadores portugueses (desde que tenham escrito cem artigos em revistas internacionais).

No programa, encontram-se tipos característicos de *nonsense*, misturando o género do indivíduo esclarecido ou que se julga esperto em oposição à ingenuidade de outras figuras que vivem o dia-a-dia. Tal construção de diálogos também foi possível encontrar no programa de humor anterior na Antena 1, *A Conversa da Treta* (António Feio e José Pedro Gomes), embora aqui eu detectasse um humor mais fechado, identificando tipos de pessoas de um meio urbano popular, desenrascados e finórios (ou procurando aparentá-lo).

Claro que o ideal seria traçar uma genealogia do humor radiofónico português. Mas este não é o espaço para tal trabalho nem a investigação está feita. E seria importante perceber também a relação do humor entre os vários media: hoje na televisão e na rádio (casos de Herman José, os citados António Feio e José Pedro Gomes e o mais recente caso de Nuno Markl; décadas atrás, nos jornais e na rádio (*O Senhor Doutor*, de Henrique Samorano e de José de Oliveira Cosme, e os diálogos de Olavo d'Eça Leal na Emissora Nacional). Cada meio de comunicação tem características próprias, resultando uma estética específica. Num livro magnífico, Fernando Curado Ribeiro (1964) tecia comentários interessantes sobre essa estética radiofónica.

Isto vem também a propósito de *A Voz dos Ridículos*, programa de humor emitido a partir do Porto e fundado há mais de 60 anos ([28]). Sem rebuscar muito nas minhas memórias, e sem procurar desequilibrar o peso dos vários autores, destaco João Manuel, Bê Veludo e Mena Matos. Apesar de tudo, a notícia – cujo tema não mereceu tratamento nos considerados jornais de referência, como *Público* e *Diário de Notícias*, o que ilustra a tese da centralidade da capital e da periferia do resto do país – assinalou o aniversário mas não se deteve na análise das personagens e o contexto social, histórico e cultural do programa.

Emissão iniciada em 1945, no Portuense Rádio Clube, passaria por outras rádios como a Ideal Rádio (dentro dos Emissores Norte Reunidos) (rádios "minhocas", hoje designadas por locais), Rádio Comercial Norte e Rádio Festival, onde continua. Sendo uma espécie de porta-voz do jornal humorístico com o mesmo nome, no programa sempre se destacaram retratos e estórias de indivíduos e famílias dos bairros mais populares da cidade do Porto (Maia, 1995: 162). Para além dessa análise ao quotidiano também feita pelos *Parodiantes de Lisboa*, nascidos em 1947 e transmitidos nas estações desta cidade, os *Ridículos* sempre combinaram diálogos com música, onde o acerto vocal era menos importante do que o destaque das situações. As letras eram originais, dizendo respeito a tais situações, mas as músicas eram populares, logo já conhecidas do auditório do programa. Durante muitos anos, *A Voz dos Ridículos* animou muitos espectáculos, tendo como fins beneficientes, isto é, fazer receitas para apoiar obras sociais. Para completar, Maia (1995) faz alusão aos cortes da censura aos textos dos *Ridículos*, o que não deixa de ser curioso. É que, mesmo a brincar, se dizem coisas sérias.

Sem querer estabelecer filiações profundas, considero que a *Palmilha Dentada* bebe bastante desse humor portuense dos *Ridículos*, ao passo que a dupla da *Conversa da Treta* recebeu identidade de personagens dos *Parodiantes de Lisboa*, talvez a marcar as idiossincrasias colectivas das duas cidades de onde provêm os humoristas ou teatreiros.

---

[28] *O Primeiro de Janeiro* (18 de Abril de 2004). O texto foi escrito por Zulmiro Raimundo, colaborador do programa e filho de um dos fundadores.

De qualquer forma, nota-se a montagem de um dispositivo simples – o que sabe um pouco de uma coisa e o que ignora ou confunde tudo sobre essa coisa, o que ensina e o que é ensinado, o mais atinado e o mais "espalha-brasas", o mais urbano e o mais popular. Isso vem do tempo de *O Senhor Doutor* e do *Menino Tonecas* (que nasceu nos jornais, transitou para a rádio e, mais recentemente, para a televisão). O humor residia nos trocadilhos mas procurando ensinar. Dito de outra maneira – aprender a partir do humor, género: "*Professor*: D. Afonso Henriques, desejoso do poder, com o auxílio de D. Paio, arcebispo de Braga, e de balsão desfraldado na Batalha de S. Mamede, derrotou as hostes da sua mãe, Dona Teresa... Vamos! Repita lá isto... *Aluno*: D. Afonso Henriques, desejoso de comer, atirou-se ao paio do arcebispo de Braga, e com o calção rasgado na Travessa de S. Mamede papou as hóstias da mãe da Teresa" (Maia, 1995: 77).

O humor combina-se, assim, com educação e reflexão. Mas sem esquecer códigos morais implícitos. Há, no escasso tempo de cada emissão, um traço pictórico impressionista, que caracteriza um dado grupo social. Em *O Senhor Doutor* vivia--se o esforço da escolarização obrigatória, *A Voz dos Ridículos* e *Os Parodiantes de Lisboa* retratam as figuras e tipos populares das cidades de onde emitem, ao passo que a *Palmilha Dentada* já não reflecte a busca do verismo dos programas anteriores, antes uma filosofia de desconstrução. Em que a sátira e o riso estão sempre presentes, como também observamos nos velhos jornais e publicações de Rafael Bordalo Pinheiro, nos finais do século XIX (o burlesco das figuras públicas), e redescobrimos no cinema dos anos 30 e 40, com os seus tipos populares (o desenrascado, o desastrado, a menina que pretende casar, o pinga-amores, os com dotes escondidos ou sublimados e que se revelam eficazes para o sucesso futuro).

Claro que o ideal será estudar, ao longo do tempo, as personagens criadas nos programas de humor radiofónico, analisar a sua evolução, entrada e saída, em suma, as diversas narrativas em jogo. E ver a importância dos sons – em separadores, *jingles*, vozes.

O Teatro Radiofónico, Segundo Eduardo Street

O livro de Eduardo Street (2006) começa com os programas infantis e os amadores da rádio, nos anos 30. E nomeia Armando Neves (1899-1944), colaborador da há muito desaparecida Rádio Luso, como o pai do teatro invisível ou teatro radiofónico. Será, contudo, na Emissora Nacional, no seu ano experimental (1934), que o teatro radiofónico se consolida. A primeira transmissão coube à peça de Júlio Dantas, *A Ceia dos Cardeais*. Samuel Dinis seria um dos intérpretes, marcando o começo de uma carreira muito ligada ao teatro na rádio. Já em 1936 seria transmitida a primeira peça escrita para a rádio: *Bodas de Lia*, de Pedroso Rodrigues.

Em 1938, surgia Virgínia Vitorino (1898-1967) (do grupo de Fernanda Castro, que era mulher de António Ferro, presidente do Secretariado de Propaganda Nacional e da Emissora Nacional, a partir de finais da década de 30). Membro do Conselho Permanente de Programas, Virgínia Vitorino foi fundamental para a transmissão regular de teatro radiofónico (como autora e intérprete sob o nome de Maria João do Vale). Outra figura importante no arranque do teatro radiofónico seria Maria Madalena Patacho (1903-1993), autora de programas como *Meia Hora de Recreio para Crianças*. Alice Ogando (1900-1981) e Odete Saint-Maurice (1918-1993) seriam duas das principais figuras na organização de programas de teatro radiofónico, havendo mesmo uma competição entre as duas para conseguirem séries mais longas de episódios. Outras ainda seriam Ema Paul e Judite Navarro (1918-1987).

Ao longo de 70 anos de teatro radiofónico, e num total de 237 folhetins, Alice Ogando foi a campeã da adaptação de romances a folhetins (28), seguindo-se Odete Saint Maurice (24), Judite Navarro (18), Ema Paul e Botelho da Silva (17) e Álvaro Martins Lopes (13). Dos autores representados, Camilo Castelo Branco vem à frente (11 títulos), acompanhando-o Alexandre Dumas (8), Walter Scott e Charles Dickens (6 cada um) e Júlio Dinis (5). Pelos autores, consegue-se perceber quais as estéticas políticas preferidas. Os folhetins de autores portugueses representam 51,5%.

No mapa das figuras pioneiras, destaque ainda para Olavo d'Eça Leal (1908-1976), poeta, dramaturgo, locutor e escritor de teatro, que criou a personagem Octávio Mendes (Mendes), que o acompanhou em trinta anos de diálogos. E Jorge Alves (1914-1976), que começara no Rádio Clube Português e fora para os Estados Unidos aprender a técnica de montagem – ou sonorização ou realização radiofónica. Com Jorge Alves nasceram os primeiros folhetins e os indicativos de cada programa, que alertavam os ouvintes para a sua transmissão. Assim como Álvaro Benamor (1908-1976), o responsável pelo programa *Teatro das Comédias*, que se prolongaria de 1952 a 1974.

No livro são evocadas outras vedetas – as vozes da rádio, de que se destaca a primeira locutora da Emissora Nacional, Maria de Resende, a qual ainda escreveu versos e contos para crianças e era muito popular entre os portugueses residentes no estrangeiro. Mas há muitas outras vozes lembradas no livro, tais como Manuel Lereno (1914-1976, que morreu amargurado pelo afastamento ditado pela mudança de regime político em 1974), Carmen Dolores (1924), Rui de Carvalho (1927), Eunice Muñoz (1928) ou Canto e Castro (1930-2005).

Eduardo Street apresenta algumas balizas na evolução do teatro radiofónico. Inicialmente, esse tipo de programa combinava canção e diálogo humorístico. A separação ocorre em 1942. Nessa época, surge o *Domingo Sonoro*, programa idealizado por Ferro, onde se combinam diálogos de Olavo, Francisco Mata (1915-1983) ou Costa Ferreira, entre outros. *Diálogos do Zequinha e da Lélé*, com Vasco Santana e Irene Velez, iniciavam-se em 1947, escritos por Aníbal Nazaré, e tornaram-se os mais famosos diálogos da rádio. O início da perda de protagonismo da rádio seria 1965, quando o auditório das grandes cidades troca o meio sonoro pela televisão. Nessa altura, gravava-se ainda um número impressionante de folhetins, à volta de 13 por ano, como aconteceu em 1965. 1974 ditou o fim de um ciclo de teatro radiofónico, retomado em 1997 na Antena 2, com o título de *Teatro Imaginário*, dirigido por Eduardo Street, e que apresentou 43 peças até 2002.

Uma referência obrigatória à história da rádio de Street é a dedicada à publicidade nas estações comerciais. Segundo o autor, esta, a partir dos anos 50, cercava os noticiários ou confundia-se com o sinal horário. A relação com o teatro radiofónico é a entoação da voz (suavidade, dramatismo) para apresentar o produto publicitado. A publicidade também seria responsável pelo patrocínio de muitas novelas, a primeira das quais teve como intérprete José Mensurado, mais tarde jornalista da televisão.

Berta Cardoso no Museu do Fado [29]

Em 2006, o Museu do Fado organizou uma exposição sobre a fadista Berta Cardoso (1911-1997). Foi o irmão dela, Américo dos Santos, guitarrista amador, que a levou para a canção em 1927, tinha ela apenas 16 anos. Estreou-se no "Salão Artístico de Fados", ao Parque Mayer. A passagem dos anos 20 para a década seguinte, marcada pela ditadura e pela instauração da censura, assistiu igualmente ao aparecimento de publicações sobre o fado, dando conta das actividades de intérpretes, músicos, autores e compositores, com apontamentos biográficos, e com promoção de edições discográficas recentes e anúncios de espectáculos e digressões pelo país e fora dele.

Berta Cardoso seria capa de uma dessas revistas, logo em Outubro de 1930, a *Guitarra de Portugal*. Aí se escreveu que "chegou, cantou e venceu. E venceu sem esforço e sem exageros porque possui todos os requisitos necessários para ser cantadeira e triunfar", com um "conjunto de dons próprios, que a impuseram sem favoritismos".

A fadista actuava em situações distintas, que iam do teatro de revista a operetas, dos cafés aos salões de dança. Logo em 1929, aos 18 anos, actuou no teatro Maria Vitória, na revista *Ricócó*. Dois anos mais tarde, foi a Madrid gravar para a editora Odeon, acompanhada por Armandinho (Armando Augusto Freire) e Georgino de Sousa. Os seus êxitos "Lés a lés" e "Fado da Azenha" rapidamente esgotaram. Em 1932, pertencia ao elenco privativo do "Salão Jansen", espaço prestigiado na rua António Maria Cardoso, em Lisboa. Nesse mesmo ano, foi ao Brasil (Rio de Janeiro, S. Paulo, Santos e outras cidades), no elenco da "Companhia Maria das Neves", protagonizada por Beatriz Costa, e obteve substancial êxito. A fadista, pioneira na internacionalização da música urbana lisboeta a par de Ercília Costa, voltaria a sair do país no ano seguinte, agora em direcção a África (Angola, Moçambique e

---

[29] Texto adaptado de crónica lida na Antena Miróbriga Rádio em 31 de Julho de 2006.

Rodésia). O aparecimento de companhias fadistas profissionais, nessa época, facilitava a organização de espectáculos de grande peso.

Se a ligação ao teatro de revista se manteve ao longo dos anos, ela preferiu ser cantadeira, actuando no Café Luso, em 1936, e no Retiro da Severa, em 1937, ao qual pertencia como elemento privativo, isto é, com contrato de actuação. Em 1939, voltava ao Brasil, na companhia de outros nomes famosos do fado, como Alfredo Marceneiro. Antes, gravara actuações no teatro Variedades e no Retiro do Colete Encarnado, que seriam incluídas no filme de António Lopes Ribeiro, *Feitiço do Império*, estreado em 1940. Nas décadas de 30 e 40, Berta Cardoso continuou a gravar, agora para a etiqueta Valentim de Carvalho. E associou-se também a anúncios na imprensa.

Na altura, havia uma discussão em torno do fado e da sua importância social ou não. Luiz Moita publicava palestras sobre o fado, emitidas na Emissora Nacional (*O Fado, Canção de Vencidos*, original de 1936), a que respondeu outro autor, Victor Machado, com uma antologia de biografias (*Ídolos do*

Fado, original de 1937). Obviamente, Berta Cardoso estava integrada neste grupo: "uma cantadeira de mérito inconfundível".

Os anos seguintes continuariam a ser de grandes sucessos, e que passariam pela televisão, já nos finais da década de 50 do século XX. Mas a exposição patente no Museu do Fado esclareceria melhor os seus passos, com recurso a cartazes, excertos de filmes e sons que ilustram a importância desta mulher no panorama do fado.

Indústria Fonográfica

No final de 2004, baixava para três o leque das três principais companhias da indústria discográfica: Universal, EMI--Warner e Sony-BMG. As razões públicas da fusão mais recente (Sony e BMG) apontavam para três pontos: pirataria, quebra de vendas em suportes de música e forte concorrência nos toques de telemóveis. Além das justificações tecnológicas, havia um sentimento pessimista de elementos económicos e psicológicos, com revisão de todos os escalões da cadeia de valor do modelo de negócio. Para Martins *et al.* (2004: 74), a cadeia de valor da indústria fonográfica envolve "o desenvolvimento/criação, a negociação de direitos, a produção e reprodução, o marketing e promoção, a distribuição e comercialização e o consumo".

Nos anos 80 e 90, houve um crescimento de vendas, quando a popularização do CD levou à reedição dos catálogos das companhias discográficas, relegando para segundo plano a aceitação e promoção de novos valores e estéticas musicais. Isto enquanto a implantação do formato MP3 e a massificação dos meios electrónicos de transmissão e reprodução, facilitadores de partilha de cópias pela internet (*downloads* gratuitos), afectavam a criação discográfica. A quebra de vendas e a pirataria, que obrigariam as multinacionais à concentração de empresas e a maiores economias de escala, reduziam também o número de artistas associados às etiquetas, enquanto se manifestava um outro elemento, os agravamentos fiscais, como o IVA.

Há uma leitura menos pessimista, provocada pelo surgimento de pequenas editoras (Hesmondhalgh, 2002), e que conduz a duas linhas de força, a primeira das quais indica que as produtoras independentes, dotadas de pequenas estruturas produtivas e logísticas, direccionadas para nichos de público, com catálogos específicos e fomentando o aparecimento de novos talentos e profissionais, de estéticas e estilos diferentes, se adaptam melhor às crises económicas que as empresas grandes, pelos custos fixos envolvidos. Outra linha de conduta é a da diversidade cultural, tema já abordado no primeiro capítulo, pois a força da indústria do disco reside na renovação da produção local, com qualidade e popularidade. As etiquetas que apostam na diversidade cultural, apesar de pequenas, representam um destacado volume de emprego e de vendas. Contudo, as estruturas financeiras, mais frágeis em termos de investimento, podem arrastar as produtoras independentes para dificuldades, significando perda de autores, catálogos e diversidade, e conduzindo a uma luta mais desigual com os estúdios principais: a da passagem da sua música nas estações de rádios, sujeitas às *playlists* dos sucessos das gigantes da indústria.

Dois outros pontos ainda. O primeiro é a tendência recente, para além dos descarregamentos pagos, das vendas de música com sucessos das telenovelas infanto-juvenis (*Morangos com Açúcar*, *Floribella*), o que indicia uma mudança no gosto urbano e massificado. Nesse sentido, Paula Cordeiro (2007), que investigou a relação entre música passada numa estação de rádio e o consumo da música, salientou igualmente que as telenovelas estão a ter influência na divulgação de autores e músicos, dentro de um tipo musical definido mas que acaba por se reflectir nas escolhas da rádio. Contudo, ela assegura que os artistas novos têm muita dificuldade em passar na rádio, só veiculados quando têm sucesso nas vendas. O tema principal do seu trabalho seria, aliás, comparar a *playlist* da RFM e a tabela de discos vendidos e relacionar os êxitos da mesma estação e os concertos ao vivo, assim como a estratégia de marketing para promoção de artistas e concertos e a reciprocidade entre rádio e indústria discográfica. O outro ponto diz respeito à comercialização, área de permanente transformação. Nos anos mais recentes, desapareceram lojas como a Virgin, Valentim de Carvalho, Strauss e Roma (Lisboa), enquanto a FNAC emergiu como a grande superfície de comercialização fonográfica. As lojas tradicionais sobreviventes apostaram na especialização (catálogos de jazz, música experimental, electrónica, músicas do mundo, *reggae*, e vinis em segunda mão), fazendo preços mais baixos do que os realizados nas lojas mais conhecidas. A compressão das margens de lucro e o conhecimento especializado, a par da venda de bilhetes e informação actualizada na internet compõem o pacote de oferta das novas estruturas empresariais.

Elementos para a História da Indústria Discográfica: Valentim de Carvalho e Arnaldo Trindade

No começo da indústria fonográfica, o primeiro grande produtor seria a estação pública de rádio, a Emissora Nacional (Tilly, 2006) ([30]). Dos anos 30 a 50, quase tudo terá girado à volta da Emissora Nacional, com a televisão a disputar o lugar de grande cliente anos mais tarde. Entretanto, surgiam as primeiras empresas de discos, nomeadamente a Valentim de Carvalho (em Lisboa) e a Arnaldo Trindade (no Porto), enquanto outras editoras discográficas, de dimensão mais reduzida, entram também no negócio de gravar e distribuir discos.

Valentim de Carvalho nasceu na freguesia de Santa Isabel, em Lisboa, a 14 de Fevereiro de 1888, dia de São Valentim (daí o seu primeiro nome). Os pais eram de Maxial, junto a Torres Vedras. A primeira casa de Valentim de Carvalho foi em Campo de Ourique, onde o pai tinha uma casa de pasto (restaurante), na esquina da rua Ferreira Borges com a rua Correia Teles. A família vivia no primeiro andar, sobre o armazém. A mãe queria que o jovem estudasse, mas, muito doente, não conseguiu impor a sua visão (Matos, 1989). Desde cedo, Valentim de Carvalho dedicar-se-ia à actividade comercial, primeiro como colaborador e, mais tarde, como empresário.

Assim, desde 1914, ocupava a rua da Assunção, 39, onde vendia nomeadamente capas e letras de músicas (de revistas). Depois, em 1923, ocupa também o até então chamado salão Neuparth, cujo nome mantém, à rua Nova do Almada, 95 a 99, no Chiado. O estabelecimento fora fundado por Eduardo Neuparth em 1824, ligado à música. Valentim vendia gramofones, discos, pianos e músicas. Ainda em 1923 edita o conjunto da obra de António Fragoso, considerado então a principal figura da música portuguesa. A publicidade feita à loja tinha desenhos de Stuart Carvalhais, em estilo *jazzband*, na altura em que *cancan* e *charleston* se ouviam nos discos.

([30]) Na caracterização da indústria fonográfica, esta secção é muito devedora a António Tilly dos Santos.

Valentim de Carvalho casaria com Maria Alice Marques, colega do conservatório da sua irmã Etelvina. Maria Alice foi fadista e uma das primeiras vozes da rádio e do disco. Para além das músicas da mulher, o catálogo discográfico da casa Valentim de Carvalho confunde-se com a edição de discos no nosso país, no fado como noutros tipos de música. Valentim de Carvalho chegou a abrir um moderno estabelecimento de venda de instrumentos musicais, na Avenida de Roma, em Lisboa, por altura da instalação da rede de metropolitano. No Porto, duas lojas na rua 31 de Janeiro (antiga rua de Santo António), uma com o seu nome e outra com o nome de Vadeca, deram conta da sua importância empresarial. Em Paço d'Arcos, instalaria um estúdio de rádio e televisão (ainda existente, mas com outro dono). Após o incêndio do Chiado, em 1985 – e já com o seu fundador desaparecido –, a marca das lojas foi perdendo relevo. A abertura da FNAC no mesmo Chiado foi o golpe de misericórdia.

Apesar de existir um livro sobre Valentim de Carvalho (Matos, 1989), que serviu para estas notas, ele é muito desigual no conteúdo. Por isso, considero que ainda há muito a fazer para o verdadeiro balanço – estético, cultural, industrial e económico – da obra do empresário considerado *self-made man* e por isso cortejado no Estado Novo, apesar de ter feito fortuna não na música mas no imobiliário (Tilly, 2006).

A concorrência viria de Arnaldo Trindade – com negócio inicial ligado a electrodomésticos –, que passou a aglutinar a música. Começou por fazer impressão de discos ingleses, acabando com as dificuldades em obter discos de *rock* e *pop*, constituiu-se como promotor e apoiou autores portugueses, caso de José Afonso. Mas também foi na Arnaldo Trindade que Adriano Correia de Oliveira iniciou a actividade de gravar discos, no que sucedeu ser uma editora de cantores não queridos pelo regime político. Também José Cid, com disco anunciado na televisão, o que terá acontecido pela primeira vez, esteve ligado à mesma editora, representando outro gosto musical.

Rádio (Emissora Nacional, Rádio Renascença, Rádio Clube Português e estações "minhocas") e indústria fonográfica (Valentim de Carvalho e Arnaldo Trindade) são, pois, elementos cruciais na formação musical das diversas gerações ao longo do século XX. A que se juntam as salas de espectáculo e o ensino oficial da música (Branco, 1982).

Para elucidar os começos da rádio, João de Freitas Branco faria um "comentário à escolha de pessoas em postos cruciais da acção cultural no campo da música" (1982: 62). Embora contra o pensamento habitual, Branco considera que alguns dirigentes da rádio pública seriam nomeados sem identificação precisa com Salazar e o Estado Novo, bastando "garantias de não militância «subversiva»". O exemplo mais significativo seria Duarte Pacheco, ministro da tutela, que nunca aderiu ao partido da União Nacional (morreu, ainda jovem, de acidente de viação). Por isso, e ainda segundo Branco (1982), o resultado seria uma programação que não correspondeu aos chamados situacionistas, "desde os concertos da Sinfónica e das suas orquestras-satélites (Genérica, Popular, de Câmara) e as emissões do Quarteto de cordas e do Trio com piano até às transmissões de obras gravadas em disco". Sem pertencerem aos quadros da Emissora Nacional, brilhariam dois nomes entre muitos: José Viana da Mota e Guilhermina Suggia.

Uma perspectiva apolítica na memória da rádio seria a recordada por Rogeiro (Baptista *et al.*, 1971: 52), para quem "a rádio escolar, os programas de teatro, as palestras sobre literatura e língua portuguesa, sobre temas científicos da actualidade e sobre os problemas fundamentais da Nação Portuguesa, designadamente os de Defesa Nacional". E ainda séries sinfónicas, realizadas em salas de espectáculo, serões para trabalhadores realizados nas fábricas e serões para soldados, marinheiros e forças de segurança realizados nos quartéis ou em grandes salas de espectáculo. Em 1971, Clemente Rogeiro era director da Emissora Nacional, estava-se nos anos finais do regime; o livro onde Rogeiro incluía as suas impressões reunia escritos das figuras centrais ligadas ao aparelho ideológico da informação, rádio e televisão (Moreira Baptista, Geraldes Cardoso, Clemente Rogeiro e Ramiro Valadão).

Curiosa a definição de panorama da radiodifusão sonora em Portugal, segundo Clemente Rogeiro: "Como se sabe, em

Portugal vigora um regime a que chamarei de pluralismo radiofónico, para empregar um termo tão do agrado desta nossa época singular que em tudo pretende ser plural" (Baptista *et al.*, 1971: 49). Rogeiro referia-se à existência mútua de estações públicas (oficiais) e privadas (particulares), conquanto nesse momento não estivesse ainda consignado o pluralismo de opinião e manifestação. A definição do director da Emissora tinha como contraponto a situação do monopólio da radiodifusão no Reino Unido, onde a BBC se opusera recentemente a prerrogativas concedidas às estações particulares. Contudo, naquelas ilhas existia, há já muito, televisão para além do serviço público da BBC, mas o texto de Clemente Rogeiro é omisso quanto a essa forma de pluralismo. O Estado Novo tinha formas pouco subtis de traçar conceitos rigorosos.

A produção musical implica processos inerentes às mudanças, emergência de novos géneros e estilos musicais, influência de políticas editoriais na música popular, relação com a música de outros países e integração nos mercados globais (Tilly, 2006). Estas ideias têm concretização, por exemplo, na nova consciência dos agentes musicais, que reconhecem a necessidade de ter os seus próprios artistas. Até então, como o produtor vinha da rádio, o que se gravava era o que existia, por exemplo, no teatro. Agora, passava a incorporar-se a ideia do descobridor de talentos, do produtor. Cada editora lançava artistas novos e fazia contratos exclusivos. Nasciam agentes musicais que faziam carreira na indústria discográfica, caso de Tozé Brito, que se iniciara nos *Pop Five Music Incorporated*, banda do Porto. Isto enquanto nascia a ideia do conjunto eléctrico, com Vítor Gomes.

Philippe Teillet (2004: 155) aborda o conceito de *músicas amplificadas* (ou *electro-amplificadas*), sublinhando o lugar importante da electrificação e da amplificação na estética das correntes musicais no meio de autor de *rock*, músicas electrónicas e do *rap*, assim como na vida dos músicos que se inscrevem nos diferentes géneros. A expressão "músicas amplificadas" possibilita a evocação do campo da produção musical considerado como o mais específico para a juventude, em vez do termo *rock*, que, após ter sido dominante, está a perder progressivamente o seu carácter federador. O mesmo Teillet trabalha com o conceito de *músicas actuais*, o qual designa um campo de intervenção pública englobando, para além das músicas amplificadas, a canção, o jazz e as músicas tradicionais.

Aumenta, por outro lado, o peso dos agentes produtores. Se, inicialmente, estavam dentro da Emissora Nacional, as editoras privadas passariam a lançar artistas próprios, caso de Marco Paulo em 1966, que substituiria António Calvário, saído da editora Valentim de Carvalho. António Tilly (2006) fala de uma nova periodização, que acaba em 1974, quando, devido a alterações políticas do regime, os músicos se lançam em formas de cooperativismo, que existe até cerca de 1978. Era uma altura em que os músicos entendem combater o imperialismo das grandes editoras e os partidos políticos pretendem criar editoras discográficas. A Festa do Avante, organizada pelo Partido Comunista, é um exemplo paradigmático. Música de contestação, directa e acompanhada à viola. Era o tempo dos baladeiros, conceito que começara com o programa de televisão *Zip-Zip*, e onde se deram a conhecer músicos como Manuel Freire e Carlos Alberto Moniz. A validade musical dependia também da relação com a música tradicional (via recolha de Giacometti). Havia uma sonoridade de inspiração rural e contra as sonoridades do folclore, do fado e da música ligeira, estilos apoiados pelo anterior regime político. Dava-se favorecimento à canção de autor, que interpreta o que diz, como selo de autenticidade. O expoente deste tipo de música popular seria Fausto.

O tempo de empresários como Valentim de Carvalho e Arnaldo Trindade era substituído por outras estéticas e organizadores empresariais. Por exemplo, cresceu o peso dos arranjadores e da sua ligação a músicos, como José Nisa (que fez músicas para Adriano Correia de Oliveira), José Calvário (que trouxe Thilo Krassman para Portugal), Pedro Osório (que se iniciara num grupo musical). Destaca-se também o peso de jovens cantores e compositores, como Paulo de Carvalho (que fez uma tentativa de internacionalização, cantando em inglês) e Fernando Tordo. José Mário Branco, já a trabalhar em

França, procura trazer essa experiência internacional e adaptar o cooperativismo no nosso país. É com José Mário Branco, no seu primeiro disco, que Sérgio Godinho se revelaria.

O novo tipo de música produz a assimilação de música tradicional imaginada na cabeça de alguns desses músicos. A *Banda do Casaco* (em reedição em 2006) protagonizaria esse estilo. Ao mesmo tempo, iniciava-se um estilo de música *folk*, entre a tradicional e a *pop*, assim como surgia uma música de massa, boa para dançar dentro do próprio espectáculo. Assim, na década de 80, deu-se um crescimento discográfico, com grupos de *rock*.

Capítulo 5

Fotografia

BENJAMIN SOBRE FOTOGRAFIA

Walter Benjamin (1892-1940) parte do princípio de que o auge da fotografia se deu no seu primeiro decénio de existência, com Hill, Cameron, Hugo e Nadar, período que precedeu a industrialização (Benjamin, 2004: 22). Esta começaria pelos cartões de visita com foto e o seu primeiro fabricante ficaria milionário. As fotografias iniciais, os daguerreótipos, podiam custar 25 francos e eram guardadas em estojos, como se fossem jóias.

Na mão de alguns pintores, a fotografia tornou-se uma ferramenta auxiliar. David Octavius Hill tomou a fotografia do primeiro sínodo da Igreja escocesa para fazer um fresco. Processava-se, contudo, um movimento de reacção: a fotografia não era arte mas técnica, com irrelevante legitimidade face à pintura. Do que estou a escrever? De um texto de Walter Benjamin, inicialmente publicado em 1931 com o título *Pequena História da Fotografia* (em castelhano saiu com o nome *Sobre la fotografia*).

As primeiras chapas eram pouco sensíveis à luz, o que obrigavam a uma grande exposição ao ar livre (2004: 31). Tal aconselhava o operador a afastar-se o mais possível da mobilidade do objecto a fotografar. Curiosamente, era o tempo em que a pintura ao ar livre começava a revelar perspectivas novas aos pintores mais avançados. A verdadeira vítima da fotografia não foi a pintura de paisagem mas o retrato de miniatura. Por volta de 1840, a maioria dos pintores de miniaturas converteu-se em fotógrafos profissionais. Logo depois, vieram os comerciantes e generalizou-se a prática de retocar os negativos (nos jornais portugueses, tal será visível até meados do século XX). Começava o tempo de os fotografados o serem junto a pedestais, balaustres, mesas ovais, palmeiras artificiais, apoios para a cabeça, uma perna direita e outra dobrada, uma cortina por detrás.

Benjamin (2004: 40) ensaia o conceito de *aura*, que retomará mais tarde (Benjamin, 1985), teia especial de espaço e tempo: "a irrepetível presença próxima de algo sempre muito distante". Ora, trazer uma coisa para perto de nós pode significar reproduzir, fazer uma cópia. Da singularidade e permanência no original transita-se para a fugacidade e possibilidade de repetição na cópia. Benjamin conclui que a percepção das grandes obras é melhorada devido ao desenvolvimento das técnicas de reprodução, embora se reflicta numa tensão entre fotografia e arte.

Sobre a interpretação do espectador, Benjamin tinha o seguinte entendimento: "A natureza que fala a câmara é distinta da que fala o olho; distinta sobretudo porque, graças a ela, um espaço constituído inconscientemente substitui o espaço constituído pela consciência humana" (2004: 26). Por exemplo, não se dá conta do andar de uma pessoa, mas a fotografia, numa fracção de segundo, torna-o patente com os seus instrumentos auxiliares: a câmara lenta, a ampliação. A fotografia revela o mais pequeno, o mais oculto.

A aura é, como disse acima, um conceito que interliga os dois textos de Benjamin (2004, 1985). É o caso do perfil da cordilheira numa tarde de Verão, o respirar da aura dessa montanha. Benjamin fala de autenticidade, de independência, da reprodução técnica, da possibilidade da cópia chegar ao receptor, seja fotografia ou disco fonográfico. A obra de arte reproduzida mantém a sua consistência, mas perde o seu valor aqui e agora, perde o seu ideal de aura. A técnica reprodutiva desvincula o reproduzido do âmbito da tradição; a multiplicação das reproduções substitui a ocorrência irrepetível do reproduzido pela sua ocorrência maciça.

Graças à reprodutibilidade técnica, provoca-se uma sacudidela e torna-se possível a regeneração da humanidade, uma ideia que remete directamente para o pensamento benjaminiano, numa junção de marxismo e de judaísmo. Os dois processos propostos por ele estão relacionados com os movimentos de massa dos nossos dias, e o cinema é o seu agente mais poderoso (Benjamin estivera em 1926 em Moscovo e reflectira sobre o cinema russo).

Walter Benjamin (1892-1940) foi um filósofo e crítico literário alemão de origem judia. Licenciou-se em Berlim com a dissertação *Conceito da Crítica de Arte no Romantismo Alemão*. Entre 1923 e 1925, trabalhou no livro *Drama Barroco Alemão*. Deixou ensaios de grande importância, tais como os sobre Kafka, Baudelaire e as arcadas de Paris. Entre outros, foi influenciado pelo pensamento de Hegel e Lukács. Com a chegada do nazismo, ele procurou refúgio em Paris, intentando alcançar os Estados Unidos por passagem por Portugal. Infelizmente, na fronteira franco-espanhola, temeu ser preso e acabou por se suicidar.

LER UMA FOTOGRAFIA (I)

Bourdieu (2003) escreve sobre a fotografia e os hábitos das classes populares, num tempo em que a fotografia se desenvolvia (finais do século XIX). Se o círculo principal da vida popular é a família e os seus acontecimentos (um nascimento, um casamento, uma reunião, o casal, os filhos), é possível que a fotografia siga esses momentos (pose frontal). A recolha regular de imagens acompanha as cenas principais da vida quotidiana. Deste modo, o álbum de família constrói-se segundo a "verdade da recordação social" ou a ideia do realismo fotográfico (num momento em que as classes economicamente fortes ainda recorriam à pintura, ao retrato, nome que ficou depois na fotografia).

Fotografia

O que me atrai na fotografia acima, datada de meados dos anos 50, é a postura das crianças, junto a uma pessoa bastante velha e possivelmente doente (está em pijama apesar de conservar sapatos de sair). A criança da esquerda, a mais pequena, ainda devia usar fraldas, o que a desequilibra no andar. Usa um estranho chapéu, lembrando modelos de mulheres holandesas de meados do século XVII ou XVIII. As duas outras crianças olham a câmara, juntamente com o velho. São possivelmente netos e avô: a criança do meio está meia desconfiada e o rapazinho tem um leve sorriso. As meninas apoiam-se nas pernas da avó, num sinal de garantia de protecção perante o intruso da fotografia; o menino está mais livre, mas tem uma mão adulta a ele ligado. Dos quatro familiares que aparecem centrados na fotografia, três olham directamente a câmara, compenetrados da atenção; já a criança mais pequena distraiu-se olhando para um movimento fora de campo. Fixo-me agora no calçado das crianças: sandálias para as meninas, botas muito gastas e meias descaídas para o rapaz. Os joelhos deste parecem-me com feridas recentes. Talvez porque gastasse o seu tempo a dar chutos numa bola em terreno duro; as quedas seriam responsáveis pelos joelhos ensanguentados.

Qual terá sido o motivo da reunião? Um encontro de familiares que já não se viam há muito tempo? O aniversário de um dos presentes? A visita a um velho que estaria a morrer? E onde estão as crianças hoje? Ainda vivem? E onde vivem? O que fazem? Curiosidades que não saberemos responder, pois nem sequer conhecemos o nome do fotógrafo.

Ler uma Fotografia (II)

Nunca havia olhado para estas fotografias. Conheci a senhora que, em criança, aparece na primeira fotografia, falecida em 2006. Do grupo de músicos nunca soube da sua existência. Logo, vou efabular quase tudo.

A menina, ida ao fotógrafo de propósito, tem um pequeno fio em torno do pescoço e outros fios em ambos os pulsos, presumivelmente de ouro. Seria Verão, dado o vestido de mangas curtas. Os sapatos parece terem já algum uso, apesar de polidos. O cabelo é encaracolado e o ar triste ou amedrontado. Não sei se se trataria apenas do impacte perante o fotógrafo – possivelmente a primeira ida ao estúdio e a necessidade de se manter quieta, com o braço direito apoiado na cadeira, algo desconfortável porque ela era ainda pequena para a posição. Teria quê, quatro anos? Se sim, estaríamos em 1928, já dentro do tempo da Ditadura Militar que haveria de catapultar Salazar, o homem de quem se voltaria a falar em 2007: um concurso na televisão, um museu na sua terra natal e até um musical.

Como seria a sua vida, brincava muito com os seus irmãos? E a mãe, como se ocupava dela? Ou teria já falecido, vitimada pela tuberculose que afectou muitas pessoas da área onde vivia?

Do conhecimento – como se fosse um eco longínquo – da história de vida da criança, salto para a fotografia dos quatro músicos. No chão, vêem-se três instrumentos de corda e uma bateria. Não possuo conhecimentos para afirmar de que tipo de agrupamento se trata. Tocariam em festas um repertório popular? E passaram por alguma estação de rádio?

Apesar das duas fotografias estarem no mesmo lote, não sei se haveria algum laço de familiaridade ou de amizade entre a menina e algum dos músicos. Nem sei se pertenceriam à mesma época. Pela roupa e penteados, é possível as fotografias serem de período próximo. São rostos urbanos mas, pelo olhar duro e tímido, não viveriam economicamente muito bem. A música seria um espaço de amadorismo, se calhar a partir de uma associação de bairro. Distingue-se bem que um dos músicos é mais velho e de estatura mais baixa, enquanto os dois homens do meio envergam uma espécie de fita como hoje usam os músicos que prendem a si os instrumentos que tocam. A pose é feita de propósito para a fotografia, com os corpos muito rígidos. Por trás dos quatro homens, parece haver uma tela, como se fosse um palco. Mas há uma parte da imagem, em cada um dos lados da fotografia, sem continuidade dessa tela. E existe um degrau à esquerda.

Voltando à fotografia da menina. Onde foi ela executada? Por quem? Em que condições? Há um relato antropológico que me impressionou muito, o do livro de Zilda Cardoso (2001), ao escrever sobre serviços ambulantes privados culturais e a rua do Paraíso, no Porto:

"Os fotógrafos eram frequentadores regulares da rua do Paraíso. Conservo algumas fotografias tiradas por esses homens talentosos e de certo modo mágicos. [...] tanto quanto posso explicar o inexplicável: o mágico enfiava a cabeça num saco preto que prolongava uma caixa de madeira sobre um tripé. Sentávamo-nos numa cadeira em frente a uma certa distância, e ele mandava-nos olhar o passarinho depois de nos compor a cabeça, as mãos, o tronco. Quando estávamos na posição correcta que ele verificava através da lente da caixa negra, premia um botão na ponta de um fio grosso, um tubo, ligado à caixa de madeira e pronto, já estava: tal como nos antigos perfumadores de cristal! Então podíamo-nos levantar e observar as suas manobras" (Cardoso, 2001).

As "manobras" eram converter o negativo em positivo, o mergulhar e secar da película, e cortar as fotografias com uma tesoura, prontas para uso. O livro de Zilda Cardoso é uma pequena pérola na evocação de costumes e gostos antigos, ela que morava na rua do Paraíso e percepcionou o mundo a partir da sua janela, porta ou passeio da rua.

A Menina Dança? [31]

A fotografia de Leonardo Negrão é admirável. Lembra-me a pintura impressionista (Edgar Degas, Auguste Renoir) – não há descontinuidade de cor (ou pontilhismo dos pós-impressionistas como George Seurat) mas a câmara lenta deixou rastos de cores e formas. Certamente que considero a fotografia distinta da pintura e que ela constitui uma arte autónoma, mas foi a primeira imagem que me veio à cabeça quando abri o *Diário de Notícias* [32]. Pelo menos, fiquei muito sensibilizado pelo tema e pela fotografia, eu que não tenho jeito nenhum para a dança (ao contrário do meu pai, que era fã das danças de salão e terá ocupado muito do seu tempo livre enquanto jovem nesta actividade lúdica).

---

[31] O título da minha mensagem, e que se encontra também parcialmente presente no jornal, pertence, quanto julgo saber, a José Duarte, esse mago dinamizador do *jazz*, com uma rubrica muito antiga na rádio (*Cinco minutos de jazz*), em que uma das variações é (ou era) exactamente essa frase.

[32] 16 de Novembro de 2005.

Ora, de que fala o texto de Raquel Rodrigues (com imagens de João Oliveira Silva e Leonardo Negrão)? Dos bailes organizados em vários pontos de Lisboa, com especial incidência no Mercado da Ribeira. Se há reformados, parece haver gente mais nova a desfrutar desta actividade de lazer. No Mercado, a banda musical chama-se *Compacto*, com o ritmo a começar lento até entrar em maior movimento, de modo aos tímidos aceitarem ocupar a pista. O primeiro baile neste estilo teria ocorrido no Carnaval de 2003, lê-se na peça.

Claro que, para quem não saiba dançar (ou o chamado *pé de chumbo*), há o bar, onde se pode conversar com outras pessoas. Há uma sociabilidade que renasce. E aos fins-de-semana, o espaço do Mercado pode atingir as mil pessoas (custo do ingresso: € 2 à semana, € 3 ao sábado e € 3,5 ao domingo).

Um dia fui observar o baile da tenda do Centro Cultural de Belém. E a opinião traçada pela jornalista coincide com o que vi então. Tangos, valsas, *swings*, chá-chá-chás e salsas são tocados sucessivamente, com os bailarinos ou dançarinos a rodopiarem alegremente a sala. Dessa minha observação, anotei o requinte com que muitas senhoras se vestiam. Parecia que se tinha voltado a uma época de ouro dos bailes, com vestuários requintados.

Lembro-me de, noutra ocasião e espaço diferente, ter visto um baile ao ar livre. Estava em Valladolid (Espanha), numa tarde quente de domingo de Verão. As lojas ainda não tinham aberto a essa hora e eu dei um pequeno passeio pelo jardim (não me lembro o nome). Passei um bom bocado sentado num banco; depois, vi muitas pessoas, a maior parte delas casais de uma certa idade, passarem na rua do jardim. Curioso, segui o rasto: era um baile que se começava a organizar. E vi-o animadíssimo.

Portugal não gosta tanto dos jardins como os espanhóis. E, assim, em vez do baile ao ar livre, ele decorre num espaço fechado embora amplo. Isso justifica, julgo, o título na página 50 do jornal: "Em alternativa aos bancos de jardim, muitos reformados, e não só, encontram-se para dançar".

A Fotografia de Imprensa Segundo Emília Tavares

O jornalismo ilustrado no nosso país começou com a *Ilustração Portuguesa* (1903-1924), suplemento ilustrado de *O Século* (1880-1989), primeiro jornal a desenvolver a fotorreportagem. O judeu Joshua Benoliel seria a figura pioneira de fotorepórter nacional, "constituindo o seu trabalho uma verdadeira história gráfica da sociedade portuguesa naquele período" (Tavares, 2002: 18).

As décadas seguintes, segundo Emília Tavares, seriam de ruptura com as características técnicas e de conteúdo noticioso. Responsáveis: Eduardo Schwalbach e Leitão de Barros, que criaram um novo modelo de comunicação de massa e se envolveram no lançamento do *Notícias Ilustrado* (1928--1935), suplemento gráfico do *Diário de Notícias*, o primeiro jornal a ser impresso pelo processo da rotogravura em Portugal. Se Leitão de Barros, pela sua obra multifacetada ao serviço do Estado Novo, está já bem estudado, ainda continua na penumbra a acção de Schwalbach, desde a sua página de artes e letras em *O Século*, antes de se passar para a direcção do *Diário de Notícias*. Leitão de Barros colaboraria nas mais relevantes obras da propaganda do Estado Novo, em articulação com António Ferro, nomeadamente em *Portugal 1934* e *Portugal 1940*.

O *Notícias Ilustrado* propunha-se alargar a sua área de informação à arte, desporto, teatro e cinema. Refira-se que outro meio, a rádio, estava a ser lançado a toda a velocidade. Ou seja, uma parcela substancial das indústrias culturais desenvolvia-se no período.

Leitão de Barros e os seus colegas encetavam "um novo modelo de publicação da fotografia, rompendo com a prática anterior, de enquadrar a imagem no formato original de acordo com critérios de paginação tradicionais e de subserviência da imagem ao texto" (Tavares, 2002: 19-20). À intensificação dos mecanismos gráficos do jornal ilustrado correspondeu uma maior produção de imagens e a procura de fotorepórteres. O *Notícias Ilustrado* tornou-se uma escola, fomentando a fotorreportagem, divulgando a obra de fotógrafos, noticiando os prémios dos fotógrafos. Nomes como Raul Reis, Dinis Salgado, Ferreira da Cunha, Salazar Dinis, Mário Novais e Horácio Novais estão ligados a este movimento jornalístico. Emília Tavares recorda que os arquétipos da imagem de Salazar foram construídos através da acção dos periódicos ilustrados e das obras de propaganda e divulgação do Secretariado de Propaganda Nacional. Acrescento que António Ferro seria o precursor, ao entrevistar Salazar, em 1932, para o *Diário de Notícias*.

Na década de 20, surgiu também o magazine, vocacionado "para o *fait-divers*, as curiosidades, os folhetins, a ilustração, a imagem fotográfica" (Tavares, 2002: 25). A maioria dos fotógrafos de referência do século XX teve imagens publicadas nos magazines e revistas. Como João Martins, fotógrafo estudado por Emília Tavares em tese de mestrado defendida na Universidade Nova de Lisboa. No livro, a autora escreveu ainda: "Espartilhada desde a sua invenção entre técnica, testemunho e arte, a representação fotográfica foi capital na orgânica dos meios de comunicação de massas modernos [...]. Ultrapassando todas as barreiras referenciais a que a cultura tradicional o havia remetido, o objecto fotográfico revelou-se uma peça fundamental na engrenagem da industrialização cultural" (Tavares, 2002: 14).

Henri Cartier-Bresson (1908-2004) ([33])

Henri Cartier-Bresson nascera numa família rica com negócios ligados à indústria têxtil. Mas, logo aos 15 anos, renunciou ao ramo da família e dedicou-se ao estudo da pintura. Marcado fortemente pelo surrealismo e apoiante da Frente Popular ([34]), Henri Cartier-Bresson iria, em 1931, para a Costa do Marfim, já apaixonado pela fotografia. No ano seguinte descobre a máquina fotográfica Leica, que o acompanhará doravante.

Depois, é a vez de se deslocar ao continente americano. Expõe, em 1933, em Nova Iorque e publica *Arts et métiers graphiques*. Percorre o México – crucial para o seu trabalho – e os Estados Unidos em 1934 e 1935. Nos anos seguintes, está a servir de assistente do cineasta Jean Renoir. Na guerra, seria preso pelos alemães, conseguindo fugir à terceira tentativa, em 1943. Terminava, nessa época, aquele que se considera o seu período de juventude, a que se seguiu o da maturidade, coincidindo com o pós-Segunda Guerra Mundial.

É em 1947 que funda a agência Magnum, conjuntamente com Robert Capa, "Chim" Seymour e George Rodger, e inicia a série de imagens fotojornalísticas, nos anos 50 e 60. Ainda em 1947, assiste aquilo que seria a sua retrospectiva no MOMA de Nova Iorque. Logo no começo da Guerra, os americanos, julgando-o morto, quiseram prestar-lhe uma homenagem. Só que ele estava apenas preso, como escrevi acima, e a exposição foi adiada para depois do final do conflito. Bastante mais tarde, rompe com a Magnum em 1966 e casa, quatro anos depois, com a fotógrafa Martine Franck. Abandona a fotografia e passa a dedicar-se ao desenho, embora nunca com o mesmo génio do fotógrafo.

É neste sentido que aponta João Mário Grilo ([35]): "o seu desaparecimento vem recolocar, dolorosamente, uma série de

---

([33]) Texto escrito a 18 de Agosto de 2004.
([34]) O filme *O Agente Triplo*, de Eric Rohmer, faz-me pensar numa revisão da história desse período.
([35]) *Visão* de 12 de Agosto de 2004.

questões fundamentais sobre as imagens, o posicionamento ético e formal de quem as produz e o respeito que merece quem as vê. Qualquer fotografia de Cartier-Bresson é uma resposta «instantânea» e sublime a todas estas questões: a realização suprema da fotografia como fusão entre o mistério do olhar humano e o (não menor) mistério do olhar tecnológico". Dizia Cartier-Bresson: "Para mim, a fotografia é o reconhecimento simultâneo, numa fracção de segundo, do significado de um acontecimento e da organização exacta das formas que o expressam" ([36]). Por isso se permitia dizer: "Susan Sontag? Nunca li. E não sei se ela é muito visual, mas é uma senhora gentil que fotografei" ([37]). E mais: "Benjamin, Barthes, a mesma coisa, não me interesso por teorias sobre fotografia".

A fotografia em si não lhe interessava, mas importava-lhe.

([36]) *Diário de Notícias*, suplemento "DNa", de 13 de Agosto) de 2004.

([37]) Entrevista a Sheila Leirner e editada no mesmo *Diário de Notícias*.

Fotografia

ESPELHO MEU

Foi o título da exposição no CCB sobre Portugal visto pelos fotógrafos da Magnum. Lê-se: "Em 2001, ao percorrer os arquivos da Magnum, encontrámos mais de 1000 imagens sobre Portugal, a maioria das quais nunca tinha sido objecto de qualquer mostra ou publicação".

Percorre-se a exposição com um frémito de reconhecer a História através de fotografias avulsas relativamente aos acontecimentos mais marcantes. Sem os ver todos, no fundo das imagens descobrimos um país que mudou muito desde os anos 50 até hoje. Onde havia ordem reprimida (visível no vestuário, no olhar desconfiado mas em simultâneo subserviente perante a câmara) há variedade (o casamento de ciganos, com as raparigas "produzidas" para a cerimónia, decotadas e de olhos pintados, certamente a cheirarem bem, por oposição à cena de casamento popular em 1964, em que os noivos parecem tristes e arrependidos, e ainda não saíram da mesa da boda, foto feita por Thomas Hoepker). Henri Cartier-Bresson, das muitas imagens que já foi possível ver dele, deixa-nos uma fotografia de 1955, tirada em Viana do Castelo.

Num televisor, passa um filme sobre a reforma agrária, onde se conta a história de franceses que vieram em excursão ver o que se passava nesse ano de 1975. Logo numa das fotografias não muito distantes do televisor, vêem-se jovens descendo a rua no pós-25 de Abril de 1974. Eles parecem-me quase anões e, se não estivesse indicado na legenda da fotografia, parecia-me não uma manifestação urbana, mas rural, sinal de que, afinal, não mudámos tanto como escrevi acima. Para além de uma curiosa procissão no meio da praia, juntando crentes e veraneantes, a actualidade remete-nos para a Cova da Moura e para a segunda ou terceira geração de cabo-verdianos, fotografados por Susan Meiselas.

No desdobrável da exposição, cujas comissárias são Alexandra Fonseca Pinto e Andréa Holzherr (da Magnum Photos Paris), lê-se que "o rapaz da Mocidade Portuguesa [imagem de Thomas Hoepker] tinha sido substituído por mulheres de lenço na cabeça e punho erguido". Há uma imagem curiosa de Guy Le Querrac, a da reunião de pescadores, cujo local de encontro foi o pavilhão escolar local, todos juntos a um cesto de basquetebol, como se estivessem discutindo se a bola tinha ou não entrado.

Na retina, ficou-me a imagem de Josef Koudelka, em Braga, o ano passado. Vê-se uma ramada de videira, em que esta cresce da esquerda para a direita. Os pilares de granito que suportam a estrutura estão levemente inclinados; a árvore está a "rebentar", o que significa Primavera. A neblina que se vislumbra do lado esquerdo recorda o ar calmo e fresco das manhãs. Sem saber porquê, lembrei-me do filme *A Guerra dos Mundos*, de Spielberg, quando os invasores extra-terrestres acabam com a pasmaceira do dia-a-dia das populações e deitam-se a destruir tudo que vêm à frente. Certamente, porque as imagens do filme ainda estão muito presentes em mim, pois não se vislumbram semelhanças. A não ser a comparação das paisagens ainda rurais das fotografias de Josef Koudelka com a falta de conservação dos edifícios das nossas cidades (imagens que fiz em Lisboa e Porto).

Livro de José Afonso Furtado e Ana Barata

Mundos da Fotografia. Orientações para a constituição de uma Biblioteca Básica, de José Afonso Furtado e Ana Barata (2006) ([38]), é mais do que uma orientação para uma biblioteca básica de fotografia. Primeiro, é uma cuidada obra sobre fotografia, da dimensão (22 x 21 cm, 215 páginas) ao conteúdo, onde se harmonizam texto e imagens. Depois, a extrema atenção posta nas referências bibliográficas ao longo do livro, enquadradas nas propostas dos vários capítulos. Assim, é possível acompanhar a bibliografia existente sobre alguns fotógrafos portugueses, bem como a nomeação de publicações periódicas e sítios da internet sobre fotografia. Em terceiro lugar, o destaque à génese da obra, que começou como artigo para a revista *Ersatz* e, felizmente, acabou em livro, dada a importância dos materiais entretanto acumulados pelos autores.

A monografia tem, simultaneamente, um aspecto pedagógico – indicar fontes de informação sobre fotografia, em especial textos teóricos – e um lado ensaístico e histórico sobre esta importante indústria cultural que é a fotografia. Isto apesar de os autores esclarecerem ao início não se tratar de uma síntese da história da fotografia nem um ensaio sobre a fotografia. E escreverem pouco depois que não seguiram um critério de origem ou nacionalidade dos fotógrafos, nem movimentos ou acontecimentos relevantes. Sem nunca esquecerem o objectivo inicial: escrever sobre colecções de documentos que formam uma biblioteca.

([38]) Respectivamente director e bibliotecária da Biblioteca de Arte da Fundação Calouste Gulbenkian.

Mas torna-se importante a sua reflexão, pois ela é um elogio aos fotógrafos – não basta ter uma boa máquina fotográfica para fazer fotografias, é preciso haver um olhar para captar o momento (e, igualmente, um momento) – e aos que sobre eles escreveram, fossem historiadores, sociólogos, semiólogos ou estetas.

Retiro o que se lê nas conclusões: "A fotografia surgiu com a sociedade industrial, em estreita ligação com os seus fenómenos mais emblemáticos: entre outros, o surto das metrópoles e da economia monetária, as transformações do espaço, do tempo e das comunicações. Tudo isto, associado ao seu carácter maquínico, estabeleceu, em meados do século XIX, a fotografia como a imagem da sociedade industrial mais adequada para a documentar, para lhe servir de instrumento e para actualizar os seus valores" (Furtado e Barata, 2006: 204).

De que se lê no livro? Invenção dos processos fotográficos, história e histórias da fotografia, evolução da fotografia, tendências recentes, desenvolvimentos temáticos e outros recursos de informação (revistas, sítios de internet, museus e arquivos). Claro que o livro remete para o labor de José Afonso Furtado e para os seus livros de fotografia. Aqui, incluo algumas das suas imagens.

Fotografia

A História da Kodak

No começo de Janeiro de 2004, a Eastman Kodak Co, a maior companhia de material fotografia do mundo, anunciava ir deixar de vender máquinas fotográficas com películas de 35 mm, nos Estados Unidos, Canadá e Europa Ocidental (onde as vendas baixaram 30% no ano passado), concentrando-se nos mercados emergentes, como a China, Índia e Europa de leste (com um crescimento de 10%). Esta divisão do mundo significa que a Kodak produzirá produtos digitais para os países mais desenvolvidos mas manterá os equipamentos clássicos nos países em vias de desenvolvimento. Poucos meses antes, a Kodak sofrera uma queda acentuada nos mercados bolsistas ao anunciar a aposta apenas em tecnologias digitais, chegando mesmo a deixar de ser cotada, o que aconteceu pela primeira vez em mais de cinquenta anos. Alguns analistas aconselhavam inclusive a que os accionistas da companhia se desfizessem dos seus investimentos na Kodak, o que seria certamente um mau passo.

Este é um mercado constituído por diversas indústrias, como óptica, filmes (película e imagens digitais), câmaras fotográficas e de vídeo e laboratórios, formando cadeias de valor disputadas por companhias multinacionais como Agfa, Sony e Canon. Trata-se de uma área com forte incidência no segmento doméstico e profissional, em migração para o digital, o que também ocorre na indústria do cinema. Recorde-se ainda que os fabricantes de Taiwan se preparam para liderar o mercado no segmento de aparelhos digitais de baixo preço.

A história da Kodak começou quando George Eastman lançou, em 1888, uma máquina fotográfica com o slogan "Carregue no botão que nós fazemos o resto". Então, as imagens eram obtidas em vidro a partir de uma emulsão em prata. Eastman começara a interessar-se pela fotografia em 1878, quando tinha 24 anos, através da leitura de revistas inglesas que falavam das emulsões de gelatina. Algum tempo depois, ele registava uma patente, criava uma empresa e lançava a Kodak, câmara fotográfica com incorporação de um rolo para 100 exposições, a 25 dólares. O consumidor só tinha de fotografar e enviar a máquina com o rolo para a fábrica de Eastman; após a revelação, o consumidor recebia as imagens e um novo rolo na máquina, por mais 10 dólares.

Para se perceber melhor a história da Eastman Kodak, nada melhor do que ler o livro editado por altura do 50º aniversário do museu George Eastman. Ao lado da colecção de fotografias, encontram-se máquinas fotográficas, folhetos e livros. Desde o arranque do museu que a compra de equipamentos e colecções relacionadas com a fotografia foi um objectivo essencial dos seus responsáveis, e actualmente o espólio atinge 400 mil elementos. Por isso, é possível ver-se revistas (*Humphrey's Journal*, o primeiro jornal americano sobre fotografia), filmes (Greta Garbo, cinema de Weimar, colecção MGM com os negativos Technicolor, colecção privada de Martin Scorsese, cinema americano de arte pós-Segunda Guerra Mundial) e objectos (a primeira máquina mundial comercial, a Giroux, o daguerreótipo de Bemis de 1840, o cinetoscópio de Edison de 1894), desde o arranque desta tão importante indústria cultural.

Para além da visão institucional, o museu George Eastman refinou a sua missão de preservação, educação e interpretação. Assim, nos anos 80, puseram-se questões de maior amplitude cultural sobre os objectivos do museu e o lugar da fotografia nele. Entre essas questões, colocaram-se a função interpretativa e a educacional, bem como a relação directa com as audiências que demandam o espaço.

Fotografias de Ocasião

Paula Figueiredo (2004) descreve e analisa a captação de imagens fotográficas *snapshot*, a partir da banalização do uso da máquina fotográfica. A palavra *snapshot* seria traduzida pela autora por *imagem de ocasião*, "não composta, emotiva e instantânea, sem necessitar de conhecimentos técnicos prévios" (2004: 11). Isto é, habilita o indivíduo sem conhecimentos técnicos específicos para a produção de imagens, tornando-o "actor e espectador da cultura visual contemporânea", resultado da produção de imagens cinematográficas, televisivas e telemáticas, hoje ampliadas com as câmaras digitais, que, além de imagens fixas, permitem fazer pequenos vídeos digitais de alguns minutos. E que se colocam nos fotoblogues, num sentido de perda da intimidade e passagem para o público: a paisagem, a flor, a ponte sob nevoeiro, o momento de espera numa fila de automóveis na auto-estrada, os dedos pintados ou com um anel e tatuagem, dentro das sandálias.

É a imagem do quotidiano, que reproduz um modo de estar e viver (a autora não aborda muito a questão do gosto). Se quisermos, é também a imagem de família – a dos nossos álbuns de família, dos antepassados revistos pelas gerações mais novas, ou do nascimento do bebé e do seu baptizado, a festa de anos, a entrada na escola, os retratos tipo passe (para os documentos oficiais), ou ainda as imagens das férias, tudo fazendo parte das biografias pessoais e familiares. Como refere Paula Figueiredo, citando um autor, Boltanski, a imagem do álbum é "uma imagem doce, a qual é igual para todos. Qualquer um se reconhece num álbum de família".

Há um ponto particular neste texto de Paula Figueiredo (trabalha no Arquivo Fotográfico Municipal de Lisboa), que é o do banal na fotografia de autor. São imagens de artista, que revêem o quotidiano nas suas expressões mais banais, às vezes não actuando como *voyeur* ou "penetra", mas parecendo-o. Algumas imagens são perturbadoras da intimidade de familiares e amigos, de violência até, caso de Nan Goldin, de família (o crescimento dos filhos) como em Sally Mann ou "encenadas" como em Philip-Lorca diCorcia.

BELEZAS DIGITAIS

Tem-se registado, nas duas últimas décadas, um enorme desenvolvimento nas capacidades digitais, que incluem os *interfaces* gráficos, a produção de ilustrações, a arte, a publicidade e o design. Não foi a forma de criação em si que mudou, mas o processo de trabalho, considera Julius Wiedemann (2004). Em rápida ascensão, os meios de três dimensões (3D) tornar-se-ão o meio preferido da actual geração de computação gráfica.

Saliente-se o peso da 3D na produção cinematográfica animada, com a *Pixar* e a *Dreamcast*. Para além dos filmes e dos jogos, também apresentações e arquitectura já entraram na fase de produção e interacção digital. As capacidades virtuais reduzem a distância entre o real e o virtual. No Japão, surgiram os ídolos virtuais, personagens criadas por computador. Na maior parte parecem-se com as adolescentes e tornam-se figuras de jogo de computador, cantoras, modelos e actrizes. Em páginas da internet, é já possível fazer *downloads* de vestuário, acessórios e outros utensílios para os modelos digitais. Estes ídolos virtuais japoneses fazem campanhas publicitárias para automóveis ou para servidores da internet. Por outro lado, o desenvolvimento tecnológico digital permite a qualquer pessoa, em casa e com o seu computador portátil, produzir efeitos especiais nas personagens que cria, actividade limitada, até há pouco, aos filmes de Hollywood.

O livro de Wiedemann é a primeira obra mundial de referência de personagens femininas digitais criadas por computação gráfica. Nele expõem-se cerca de 100 artistas em mais de 500 ilustrações sobre a forma feminina. Para Wiedemann (2004), a arte digital entende-se como a arte produzida com recursos digitais ou através da combinação de métodos digitais e analógicos. Das suas páginas, destaco autores como os japoneses Akihiko Kametaka, que se especializou na construção de modelos de mulheres medievais, e Kakomiki, com as suas estrelas pop eléctricas ciber, em especial o modelo Sayaka, o inglês Andy Simmons, com castelos e paisagens fantásticas, e o americano Glenn Dean, com as suas estrelas de Hollywood.

Capítulo 6

Livros

No capítulo, reflicto sobre a leitura de alguns livros que me entusiasmaram muito. O centro é o próprio livro, na sociologia, no romance e referido a autores concretos, pelo que sigo muito de perto cada obra. Mas também o futuro do livro, um optimista (Jorge Manuel Martins), outro mais cauteloso (José Afonso Furtado). E ainda um longo espaço dedicado a Umberto Eco, autor a que tantas vezes voltei, primeiro porque é um autor prolífico, indo da semiótica à literatura, depois porque o livro *A Misteriosa Chama da Rainha Loana* é um debruçar sobre as indústrias culturais de um período histórico bem demarcado, o dos anos 40 e 50 do século XX.

Profissões do Livro

O texto de Jorge Manuel Martins (2005) é um importante contributo para a percepção do livro enquanto indústria cultural. Ele fala de sociologia do livro e avança para o campo da mediação, contextualizado na era digital, com o binómio livro/mediação, numa época em que já ninguém anuncia a morte do livro. O seu trabalho resulta do vaivém entre teoria, observação participante do autor e entrevistas a profissionais do livro. Fundamentais nele são três grandes dimensões de análise: profissões, tecnologias e cultura (2005: 364).

Esclarecendo melhor, o objecto de estudo aponta os actores sociais que intervêm "antes" do livro ser adquirido, não tratando da procura ou da recepção. De destacar a segunda parte, onde o autor estuda pormenorizadamente os vários mediadores dos campos da produção e difusão do livro, a saber: editores, gráficos, críticos e livreiros. Das perguntas de partida, Jorge Manuel Martins indagou a função dos actores sociais da mediação do livro e a sua articulação, assim como o contributo dos novos diplomados da área. E procurou responder à pergunta: o mediador do livro é pessoa de cultura ou pessoa de negócios?

Jorge Manuel Martins coloca uma atenção especial no editor, pois as suas credenciais são os catálogos, os livros e as colecções. Mas, obviamente, também estuda as relações dos editores com os restantes mediadores – agentes envolvidos no processo de fabrico e venda do livro, igualmente interessados no bom funcionamento de todo o processo: gráficos, designers e técnicos de artes gráficas; livreiros, em vários canais de venda; críticos.

O autor parte de duas definições de *indústria cultural*, segundo a UNESCO. Em primeiro lugar, "convém procurar não substituir os objectivos culturais por objectivos puramente comerciais. [...] As indústrias culturais, que integram os novos media, encaminham-se para se tornarem um dos sectores mais importantes da economia. [...] As políticas de desenvolvimento podem comportar toda uma série de incentivos por parte dos poderes públicos" (2005: 48). Em segundo lugar, as indústrias culturais são

> "sectores que: (a) conjugam criação, produção e comercialização de bens e serviços, cuja particularidade reside na intangibilidade dos seus conteúdos, geralmente protegidos pelo direito de autor e cuja dualidade (cultural e económica) constitui o principal sinal distintivo; (b) incluem livros, revistas, música, audiovisuais, produtos multimedia, artes plásticas, cinema, fotografia, rádio, televisão, bem como artesanato e design; (c) em certos países, o conceito é alargado à arquitectura, às artes plásticas, às artes do espectáculo, aos desportos, ao fabrico de instrumentos de música, à publicidade e ao turismo cultural; (d) alguns preferem usar a expressão indústrias criativas (*creative industries*), alguns meios económicos falam de indústrias de expansão (*sunrise industries*) e os meios tecnológicos de indústrias de conteúdo (*content industries*); (e) em muitos países, durante a década de 90, o seu crescimento foi exponencial, em termos de criação de emprego e de contribuição para o PIB" (2005: 330).

Com base nas definições, Jorge Manuel Martins defende que o livro é a mais importante das indústrias culturais, requerendo um clima de liberdades públicas e um ambiente económico e cultural favorável. Como indústria cultural, o livro é uma indústria de criação, produção e difusão de bens e serviços, que veicula valores, reflecte identidades e constrói um contexto económico. E é onde se fala de diversidade ou excepção cultural, face à estandardização das regras da Organização Mundial do Comércio. Dá ênfase à visão integrada da cadeia do livro, naquilo a que chamaria *cadeia de valor do livro*, e que tem os seguintes elos: (a) autores, incluindo escritores, redactores, ilustradores e fotógrafos; b) editores, incluindo peritos editoriais (caso de coordenadores editoriais, tradutores e revisores) e gestores; c) gráficos, incluindo designers e técnicos gráficos; d) agentes de difusão, incluindo os actores dos canais indirectos (distribuição, livraria, quiosque, grande superfície) e dos canais directos (clubes, correio directo, crediário, feiras, comércio electrónico) e críticos (jornalistas, publicistas, educadores e professores); e) leitores, como bibliotecas e consumidores finais. Jorge Manuel Martins não analisa este último elo.

Apesar da grande clareza nesta cadeia de valor, o autor considera-a ultrapassada, pelo que a terceira parte a enquadra numa visão sistémica e holística. Isto é, à cadeia do livro sucede a rede do livro e a rede de cooperação, reforçada pela internet. Os traços principais desta cadeia sistémica e de rede são: 1) a produção já não é exclusiva do editor, pois autor, gráfico, livreiro e bibliotecário também podem ser editores; 2) antes fazia-se primeiro o livro e depois vendia-se, agora pelo *print on demand* é possível imprimir a pedido, desde que o original se encontre digitalizado, 3) todos os mediadores do livro exercem poder, 4) a gestão moderna não separa produção técnica e comercialização.

A cadeia sistémica constitui-se por fluxos de trabalho, indicadores de rentabilidade, mentalidades que mudam, maior envolvimento das pessoas, formação contínua e circulação da informação. No novo ambiente, há três práticas do livro que importa realçar: qualidade, marca e embalagem. Como um livro é diferente de um outro livro, fala-se em *indústria de protótipo*, conceito aliás extensível a outras indústrias culturais como o disco e o filme. Por isso, para o êxito de uma obra são fundamentais as "assinaturas" do editor, do tradutor e do gráfico, mas também as "recomendações" do crítico e do livreiro. Cada um destes mediadores, que selecciona, opera também a transferência da sua própria chancela para o produto de uma indústria cultural onde é protagonista.

Na leitura diacrónica, elaborada na segunda parte do livro, Jorge Manuel Martins entende ter havido uma ditadura do escritor (segunda metade do século XX), a que se seguiu a ditadura do editor (século XX) e, com as indústrias culturais e o mito do mercado, a ditadura do cliente. Já neste século, parece assistir-se à ditadura de outros mediadores, como o tradutor e o gráfico. No seu trabalho, o autor privilegia os críticos, que animam o debate público, nas instâncias ligadas à educação e nos *media* clássicos e electrónicos. Ao assumirem esse papel de influenciadores na difusão dos livros, os críticos são alvo de especial atenção dos restantes mediadores. Há interesse na "boa" imprensa para um livro passar. Uma das coisas más que pode acontecer a um livro é a crítica destrutiva (mas também a ignorância total do produto cultural). E Jorge Manuel Martins acrescenta: o jornalismo cultural deve ir além do texto literário e passar a referir o aspecto gráfico, como paginação e ilustração. O autor destaca ainda que as novas tecnologias impõem novas mediações, novos intermediários, diferentes dos empregues nas anteriores tecnologias.

Do Papel ao Pixel

Do mesmo modo que se fala da mudança do cinema para o vídeo, também se aponta para o desaparecimento do livro e emergência de suportes digitais. A internet traduz o surgimento de novas formas de escrita, edição, distribuição e leitura, e de editores electrónicos, livrarias virtuais, obras hipertextuais e dispositivos de leitura de livros electrónicos (Furtado, 2006: 29).

Segundo José Afonso Furtado, a passagem da cultura do livro em papel para o digital não é a morte de uma por outra mas antes uma transição, é mais compromisso que ruptura. O autor apela à distinção produzida por Martin-Barbero entre palimpsesto e hipertexto: aquele põe-nos em contacto com a memória e a pluralidade dos tempos que acumulam os textos, este remete para a enciclopédia e para a intertextualidade. O que nos conduz para a aceitação de três modos diferentes de inscrição e transmissão dos textos: manuscrito, impresso e electrónico.

O autor prefere olhar a mediação tecnológica no centro desta mudança, socorrendo-se de dois autores, Bolter e Grusin, que desenvolveram o conceito de *remediação*, que é a operação de transferência de conteúdos para outros suportes ou translação-tradução-conversão para outros meios, destacando a lógica formal dos novos *media* que remoldam formas anteriores dos media. Daí, desembocar em algo que escrevemos acima: os historiadores do livro mostram que uma técnica em si não é suficiente para originar uma cultura, não se pode dizer que uma nova tecnologia aniquila as anteriores, pois isso seria determinismo tecnológico, e os novos *media* trabalham em conjunto com os *media* clássicos e com as mesmas forças económicas e sociais.

Há uma defesa do livro, pois ele, com a sequencialidade da escrita, preserva o desenvolvimento da singularidade. O papel e a tinta no livro garantem um equilíbrio entre portatibilidade e imutabilidade, algo que se perde nos *media* seguintes: desaparece a imutabilidade no telégrafo, telefone e rádio, o que ocorre também no mundo digital. Neste, apesar da semelhança entre texto digital e texto impresso, o produto digital sofre permanentes alterações, como se observa nas páginas da internet, constantemente em mudança. Credibilidade, confiança e qualidade são outras dificuldades que separam o mundo impresso do digital.

Outras distinções aparecem: do mesmo modo que a cultura do livro remetia para a relação entre passado e presente, a televisão remetia para o eterno presente e o computador mostra-nos o tempo real. Contudo, acrescentamos, a televisão também nos dá já o tempo real quando se realiza o directo. Cremos que é por tudo isto que Furtado (2006: 114-115) nos fala de diferentes tempos: *tempo longo*, feito de sequências lineares, *tempo curto*, o do *flash*, *zapping*, *replay* e *surfing*, *clip* musical e *spot* publicitário, e *tempo largo*, o do capital-tempo acumulado (biblioteca, artigos arquivados, memorização da informação), investimento que pode ser reutilizado na concretização de novos projectos.

Contra a Interpretação

Susan Sontag publicou *Contra a Interpretação* nos anos 60. Na revisitação à obra, trinta anos depois, escreveria ela: "Tenho consciência de que *Contra a Interpretação* é considerado o texto quintessencial da era agora mítica conhecida como «os anos 60»" (2004: 353). Segundo ela, esse era um tempo de ousadia, de optimismo, de desdém pelo comércio, começo do movimento contra a guerra do Vietname, como nos revela nas últimas páginas, de recuperação dessas actividades iniciáticas. Retenho mais duas ideias contidas das suas memórias: a revelação do cinema ("sentia-me particularmente marcada pelos filmes de Godard e de Bresson. Escrevi mais sobre cinema do que sobre literatura"), as polaridades (alta cultura/baixa cultura, forma/conteúdo, intelecto/sentimento). É isso que se encontra em textos, aqui reunidos, como *Sobre o Estilo*, *Uma Cultura e a Nova Sensibilidade* e *Uma Nota acerca de Romances e Filmes*. No primeiro, ela fala da pretensa distinção entre cultura literária-artística e cultura científica, a primeira vista como cultura geral e a segunda dedicada a especialistas, aquela aspirando à interiorização e absorção e esta a acumulação e exteriorização. Passando por T. S. Eliot e C. P. Snow, Sontag salienta a linguagem especializada das artes, como a pintura de Mark Rothko e Frank Stella e a dança de Merce Cunningham, com a necessidade de uma educação da sensibilidade, "cujas dificuldades e demorada aprendizagem se podem comparar pelo menos às dificuldades de aprender física ou engenharia" (2004: 339).

A autora explica de outro modo no texto *Sobre o Estilo*, entendendo que os estilos já não evoluem lenta e gradualmente mas de modo rápido, sem "deixarem ao público tempo de respiração para se preparar". Para ela, uma obra de arte é perceptível quando se respeita o princípio da variedade e da redundância; senão, as "obras estão condenadas a parecer aborrecidas, feias ou confusas" (2004: 60). Já em *Uma Nota acerca de Romances e Filmes*, Sontag prefere enunciar as semelhanças e diferenças entre literatura e cinema, as suas grandes paixões estéticas. Depois de dizer que literatura e cinema nos oferecem uma visão sob o controlo do autor ("A câmara é um ditador do absoluto. Mostra-nos um rosto quando devemos ver um rosto, e nada mais") ou que existem correntes em cinema como em literatura (realismo, poesia), procura superar a relação existente entre o literário e visual, mas aceita a distinção entre análise e descrição ou exposição. Exemplos do primeiro tipo seriam os filmes de Bergman, Fellini e Visconti enquanto cinema psicológico, "que trata da revelação da motivação das personagens", ao passo que o segundo tipo de cinema, anti-psicológico e que trata "da transferência entre sentimento e coisas" seria o produzido por cineastas como Antonioni, Godard e Bresson.

Claro que os anos 60 estão já esquecidos, ou melhor, como escreve a autora americana: "o espírito de dissidência [foi] sufocado, e transformado em intenso objecto de nostalgia. Os valores do consumismo capitalista cada vez mais triunfantes promovem [...] as fusões culturais" (2004: 358).

Umberto Eco

Para além da narrativa ficcional *A Misteriosa Chama da Rainha Loana*, Umberto Eco (2005) trabalha memórias do cinema, da rádio e da banda desenhada do seu tempo de infância e adolescência. Antes, porém, quero fazer uma breve incursão sobre outro livro do semiólogo e romancista italiano, no caso o livro *O Nome da Rosa* (edição consultada de 1998). Quero ainda aproveitar o ensejo para escrever sobre Giambattista Bodoni, famoso tipógrafo nascido em 1740 e que emprestou o nome ao narrador de *A Misteriosa Chama da Rainha Loana* (ver à frente).

Durante três anos consecutivos, dei a disciplina Teoria da Informação a alunos de pós-graduação em Ciências Documentais na Universidade Lusófona. Na primeira aula de um desses anos lectivos, a 6 de Novembro de 2001, falei do livro de Umberto Eco, *O Nome da Rosa*. Trata-se de um livro sobre livros – e da biblioteca, elemento fundamental para alunos dessa matéria –, onde ao mesmo tempo se escreve sobre inquisição, intolerância e heresia. Para além da leitura do livro, obriguei-me a ver uma versão cinematográfica feita a partir daquele (confesso que gostei mais do livro que do filme, obrigado a representar a biblioteca – onde quase tudo se passa – como espaço sem o encanto proposto por Eco, com labirintos, passagens secretas e numeração de livros apenas acessíveis a iniciados).

Em *O Nome da Rosa*, um estudioso descobre a tradução francesa de um manuscrito do século XIV. O autor é um monge beneditino alemão, Adso de Melk, que relata acontecimentos passados numa abadia italiana, onde se reuniriam teólogos do papa João XXII e do imperador Luís de Baviera (1327). Adso, então noviço ao serviço do franciscano Guilherme de Baskerville, antigo inquisidor e amigo de Guilherme de Occam e Marsílio de Pádua (religiosos intelectuais importantes na época), escreve sobre as mortes ocorridas antes, durante e depois do encontro de teólogos. Guilherme de Baskerville, que iria ser representante do lado dos franciscanos, é encarregado pelo responsável da abadia de investigar as mortes. Dotado como perscrutador de *sinais*, descobre o culpado nos labirintos da Biblioteca.

Como disse atrás, o livro é uma história de livros. Só o bibliotecário (por tradição, o que se tornará abade, na narrativa de Eco) tem "o direito de se mover no labirinto dos livros. [...] Só o bibliotecário sabe, por colocação do volume, pelo grau da sua inacessibilidade" (1998: 41). O bibliotecário é, pois, um guardião; não o que torna aberta a biblioteca, mas o que zela pelos seus segredos. No caso da ficção de Umberto Eco seria um livro perdido de Aristóteles sobre o riso e a comédia, destruído e perdido definitivamente no incêndio que se dá no sétimo dia de investigação de Guilherme. Este, na sua investigação, apreende a organização e o registo dos livros, junto de Malaquias, o bibliotecário.

Detecta-se aqui uma oposição: a organização e o registo dos livros significa cosmos e ordem, o incêndio dos livros a destruição e o caos. Dito de outra maneira: "estamos a procurar compreender o que terá acontecido entre homens que vivem entre os livros, com os livros, dos livros, e portanto também as suas palavras sobre os livros são importantes" (1998: 110-111), em desabafo após o desaparecimento de Adelmo e Venâncio, os primeiros monges encontrados mortos em circunstâncias estranhas, e após conversa com Severino, o ervanário.

Há uma constante descrição da biblioteca e do seu labirinto, de uma grande imaginação no livro mas que perde quase todo o relevo no filme. O labirinto desempenha um papel central: "os construtores da biblioteca tinham sido mais hábeis do que julgávamos" (1998: 166). Isso depreende-se da entrada de Guilherme e Adso naquele labirinto: "Ao longo das paredes fechadas encostavam-se enormes armários, carregados de livros dispostos com regularidade. Os armários tinham uma etiqueta numerada, assim como cada uma das prateleiras: claramente, os mesmos números que tínhamos visto no catálogo" (1998: 165).

A narrativa de Eco elabora uma permanente ligação dos livros entre si, como se nota no diálogo entre Guilherme de Baskerville e Adso de Melk (1998: 282): "–... para saber o que diz um livro tendes de ler outros?" "–... Muitas vezes os livros falam de outros livros. Muitas vezes um livro inócuo é como uma semente, que florescerá num livro perigoso, ou inversamente, é o fruto doce de uma raiz amarga." "–... Os livros falam dos livros... é como se falassem entre si. À luz desta reflexão, a biblioteca pareceu-me ainda mais inquietante. Era portanto o lugar de um longo e secular sussurro, de um diálogo imperceptível entre pergaminhos e pergaminhos, uma coisa viva, um receptáculo de poderes...".

Ou, apresentado de outro modo, "Diante de um livro não devemos perguntar-nos que coisa diz, mas que coisa quer dizer, ideia que foi muito clara para os velhos comentadores dos livros sagrados" (1998: 312). E ainda: "um livro é feito de signos que falam de outros signos, os quais por sua vez falam das coisas" (1998: 390). O velho semiólogo aparece na melhor das formas: "... eram puros sinais, como eram sinais da ideia de cavalo as pegadas sobre a neve: e usam-se sinais e sinais de sinais apenas quando nos faltam as coisas" (1998: 32). Apenas mais duas citações: "o homem não pode chamar ao cão uma vez cão e outra gato nem pronunciar sons aos quais o consenso de pessoas não tenha atribuído um sentido definido" (1998: 49). E: a Jorge de Burgos (mais tarde descoberto como o assassino) "bastava dizer peixe para nomear o peixe, sem lhe ocultar o conceito sob sons mentirosos" (1998: 111).

O livro ligado a outro livro, mesmo numa relação silenciosa pelo facto de estarem juntos numa estante, remete para a ligação entre pessoas, que, mesmo desconhecendo-se entre si, podem cruzar-se e estabelecer laços. Em que a memória dessas pessoas funciona, com frequência, através de leituras e de relatos de outros – um dos temas de *A Misteriosa Chama da Rainha Loana* (2005). A história conta-nos o AVC (acidente vascular-cerebral) de Arthur Gordon Pym (2005: 14), perdão Giambattista Bodoni (nome de um célebre tipógrafo italiano), ou melhor Yambo, e o seu lento acordar desse grave acidente. Nasce uma memória de papel, pois Bodoni/Yambo perdeu a memória do passado e sua reconstrução dá-se a partir de relatos e registos dos que estão perto dele ("tens uma memória de papel. Não de neurónios, mas de páginas") (2005: 87). Ou seja, a partir do *nevoeiro*, que é voltar à vida ("O nevoeiro fascinava-te. Dizias que tinhas nascido dentro dele") (2005: 36).

É um tempo onde (re)descobre Paola, a mulher, a linda Sibilla, braço-direito da sua loja de livros antigos, e a recordação de Lila, memória afundada na juventude, amor platónico (para quem representara no teatro, como se não houvesse mais ninguém que ela). Mas se Lila desaparece no limbo da distância e o papel de Paola é assumido de imediato, Yambo não se recorda se alguma vez foi para além da relação de trabalho com Sibilla. Pelo que gastaria o seu cérebro sem memória num exercício incessante; procurava a "misteriosa chama" (no singular mas também no plural) (ainda não sabe o que significa, isto é, é uma memória que surge descontextualizada (2005: 69, 88, 221).

A ideia difusa que perpassa pelo livro e acaba no título vinha de um livrinho de capa policromática chamado *A Misteriosa Chama da Rainha Loana*. Era uma história tonta do princípio ao fim (apesar de nunca o ter desiludido): "Os protagonistas [...] vão parar a um reino misterioso onde uma rainha igualmente misteriosa guarda uma misteriosíssima chama que proporciona vida longa, ou até mesmo a imortalidade, visto que Loana, sempre belíssima, reina sobre uma tribo selvagem há dois mil anos". Uma expressão como *misteriosa chama* e o suavíssimo nome de Loana ficaram na memória gasta de Yambo, que no pós-AVC procurava exercitar. A chama contra o nevoeiro do esquecimento. Mas a Loana da BD nunca lhe revelaria o rosto de Lila, apesar dele pedir: "Ó boa rainha Loana, em nome do teu amor desesperado, [peço-te] apenas que me devolvas um rosto" (2005: 386).

O livro de Eco é também, como escrevi acima, sobre a banda desenhada. Mas também do cinema, como as evocações do *Sargento York*, *Canção Triunfal*, *Casablanca* ou *Road to Zanzibar*, com Bing Crosby, Bobe Hope e Dorothy Lamour, e das novidades tecnológicas, como a motoreta Vespa.

Nascido em 1932, Umberto Eco coloca o seu herói como tendo nascido no ano anterior (apesar de não dito, parece-me que a fotografia de uma criança a ser beijada na face por outra, na página 256, lhe pertence, com uma cara larga como a conhecemos em todos estes anos em que Eco edita livros). É, pois, se quisermos, uma revisitação à sua infância e adolescência – na perspectiva política (o tempo do *Duce*) e cultural (os livros que lia, as descobertas que fazia e tudo o que mantinha em segredo). Logo à cabeça surgem os livros de Júlio Verne e Emilio Salgari, este com o seu *Sandokan, o Tigre da Malásia*, a par dos postais de propaganda, cartazes e canções dos balilas (juventude fascista), a Paris misteriosa de Fantomas, os nevoeiros de Sherlock Holmes, Búfalo Bill e o Super--Homem.

Era um tempo de descoberta de heróis que os livros da escola primária nunca tinham descrito, tão bem compreendido nas onomatopeias que ilustram o livro (a par das imagens dessas BD): "Arf arf bang crack blam buzz caim spot tchaf tchaf clamp splash crackle [...]" (2005: 222). Ao comparar os livros escolares e a banda desenhada, Yambo anotava que "provavelmente construía muito a custo a minha consciência cívica" (2005: 226). E pergunta na página seguinte: "Crescido em idade e sabedoria, ter-me-ei mais tarde aproximado de Picasso estimulado por Dick Tracy"? Nessa busca incessante de reconstituir a memória, surgiria *A Misteriosa Chama da Rainha Loana*.

Yambo/Eco havia apanhado o ensino primário num tempo em que Mussolini estava no poder e participava na Segunda Guerra Mundial ao lado da Alemanha, enquanto prosseguia o seu expansionismo na África em direcção à Etiópia. Escreve: "Folheei os livros das classes seguintes, mas não havia referências à guerra nem sequer no da quinta classe, apesar de ser de 1941 – quando a guerra já se tinha iniciado havia um ano. Tratava-se de uma edição dos anos anteriores, e nele só se falava de heróis da guerra de Espanha e da conquista da Etiópia. Não era bonito falar nos livros escolares sobre os incómodos da guerra, e fugia-se do presente celebrando as glórias do passado" (2005: 176). Mas no livro da quinta classe havia "uma meditação sobre as diferenças raciais, com um pequeno capítulo sobre os judeus e sobre a atenção que se devia dedicar a esta estirpe pérfida" (2005: 177). E também "fotos de aborígenes comparadas com as de um macaco, outras mostravam o resultado monstruoso do cruzamento entre uma chinesa e um europeu".

Com a entrada dos Estados Unidos na Segunda Guerra Mundial, a favor dos aliados e contra o eixo Berlim-Roma, as bandas desenhadas em Itália sofreram uma curiosa alteração. Na colecção *Corriere dei Piccoli*, os heróis americanos italianizaram-se, com os balões a serem retirados e trocados por longas legendas. Assim, o gato Felix transformou-se em Mio Mao, Hans e Fritz ficaram Bibì e Bibò, Jiggs e Maggie ficaram Arcibaldo e Petronilla e o rato Mickey adquiriu um nome sonoro: Topolino. Diz o narrador Yambo: "De uma semana para outra, sem qualquer aviso, a mesma aventura do Rato Mickey (que morrera no livro anterior) continuava como se nada se tivesse passado, mas o protagonista era agora um tal Topolino, [...] e os seus amigos chamavam-se Mimma, em vez de Minnie, e Pippo (Pateta)" (2005: 219). Os americanos passavam a ser os maus. Pergunta o mesmo narrador: "teria [eu] consciência, na altura, de que o Rato Mickey era americano"?

Explica o narrador do livro *A Misteriosa Chama da Rainha Loana* que a *Radio-Corriere* era uma publicação dedicada à programação de rádio por volta dos anos 40. Yambo, o narrador, nas suas deambulações para recuperar o tempo esquecido, descobre o velho rádio que existia em sua casa por essa altura: "Era um lindo *Telefunken* cor de mogno [...], com o altifalante coberto por um tecido de trama grossa (que talvez servisse para repercutir melhor a voz)" (2005: 157). Mais à frente, reconhece: "O aparelho remontava, assim a olho, aos anos 30. Na época um rádio devia ser caro, e certamente só tinha entrado lá em casa a determinada altura, como símbolo de *status*" (2005: 158). Então, uma vez por semana "transmitia o concerto de ópera *Martini e Rossi*, e noutro dia o teatro. [...] Como é que dizia aquele anúncio? A rádio, a voz que encanta". A revista trazia programas de ópera, comédias, um ou outro concerto sinfónico e notícias (2005: 160). Yambo sublinharia alguns desses programas: um estudo, um nocturno, uma sonata. Tudo o resto era música ligeira, "ou melódica, como se dizia na altura". Mas o aparelho de rádio estava irremediavelmente perdido, mesmo mais do que a própria memória de Yambo; esta talvez pudesse regressar. Daí, Giambattista Bodoni usar o gramofone e os velhos discos ligados ao altifalante do rádio.

Nas suas semanas de reconstituição da infância e da juventude, no sótão físico das memórias, em Solara, aldeia onde a família se refugiara, na altura da guerra, para fugir aos bombardeamentos, Bodoni/Yambo encontra, no fundo de uma caixa, uma encadernação gasta, acomodando um volume seiscentista. Foi logo ver o frontispício: *Mr. William Shakespeare Comedies, Histories, & Tragedies*. Retrato de Shakespeare, *printed by Isaac Iaggard*. Algumas páginas atrás, Sibila pusera num catálogo para venda um exemplar dessa obra de 1623. Era o verdadeiro terror: "Para vender o livro, teríamos de mobilizar as grandes casas de leilões, que nos comeriam sabe-se lá que fatia do espólio, e a outra metade iria para o fisco; gostaríamos de ficar com ele, mas não o poderíamos mostrar a ninguém porque, se o boato se espalhasse, teríamos os ladrões de meio mundo à porta de casa [...] Se pensarmos em pô-lo no seguro, ficaremos na miséria. Que fazer? Dá-lo em gestão ao Município, para o colocar, sei lá, numa sala do Castelo dos Sforza, numa vitrina blindada, com quatro gorilas armados a guardá-lo dia e noite" (2005: 242).

O in-folio descoberto no sótão era o começo de um novo nevoeiro (certamente a tensão arterial subiu excessivamente, pois a emoção fez-lhe confundir as ideias, enquanto subiam baforadas de calor ao rosto) (2005: 277). Mas, desta vez, Yambo parece não perder a memória embora não sinta o corpo e não consiga falar com minguém. Está ali, mas ninguém o ouve. Até que as cores se desvanecem e vem o preto ("Porque é que o Sol se está a tornar negro"?).

A obra, no seu conjunto, é um reflexo sobre labirintos, escadas e passagens secretas (em ambos os livros que analisei: *A Misteriosa Chama da Rainha Loana*, *O Nome da Rosa*), enquadrado em suspense. Em *O Nome da Rosa*, a narrativa decorre num espaço privilegiado da memória física: a biblioteca; no livro agora editado, a narrativa decorre no espaço da memória: o cérebro. Em que as conexões do conhecimento – a procura do pensamento, o livro ligado a outro livro – são o centro das histórias: naquele um livro raro de Shakespeare, neste um livro de Aristóteles, quase desconhecido, sobre o riso. Se, naquele, há uma relativa raridade de livros e um sentido sagrado dos livros (até porque a acção decorre dentro de um mosteiro), neste, a acção remete para a história recente de um país, a Itália, e para a produção das indústrias culturais, edição profana dos meios de comunicação de massa – banda desenhada, literatura, cinema.

Ensaios Sobre Tipografia:
Giambattista Bodoni e Eric Gill

Os livros revelam o autor, com nome estampado na capa. Já o tradutor, o revisor crítico ou o paginador raramente são destacados, embora o livro seja um produto de indústria cultural, inserido numa cadeia de valor com actividades, profissões, investimentos financeiros e conhecimentos técnicos e científicos distintos. Mas, como o desenho da capa e a escolha de tipo de letra são tarefas de grande importância na confecção de um livro, fica aqui a observação de trabalhos de dois criadores de letras para livros: Giambattista Bodoni e Eric Gill. Para além das suas preocupações estilísticas, ambos mostraram interesses culturais e estéticos.

O primeiro vem referido no romance de Umberto Eco, *A Misteriosa Chama da Rainha Loana*, analisado atrás, quando chamei a atenção para a personagem-narrador da história, familiarmente conhecido como Yambo, mas com nome de baptismo de Giambattista Bodoni, afinal nome do tipógrafo italiano (1740-1813). Em nota prévia ao livro de Bodoni, lê-se que a sua publicação "corresponde, mais do que uma intenção técnica ou didáctica, à satisfação de um desejo pessoal, determinado por uma admiração antiga pelo trabalho do grande tipógrafo".

Bodoni consagraria muito do seu tempo ao que chamou a arte resultado da mais bela, engenhosa e proveitosa invenção do homem, a escrita, "cuja melhor forma é a imprensa" (2001: 53-54). Belo, harmonia e proporção, elementos que Bodoni retirou às artes plásticas como a pintura, associam-se à elaboração dos livros. Ou seja, o livro é, em simultâneo, um objecto de conhecimento e uma obra de arte. E liga-se à escrita e a uma forma superior da sua expressão: a imprensa. Pudera Bodoni ser lido hoje por editores mais apressados e que olham apenas o mercado como objectivo.

No começo da obra, a tradutora (Rita Marnoto) introduziu Bodoni na sua época. Publicado em 1818, o livro remete para as capacidades artísticas do autor e o ambiente editorial agitado, numa Itália ainda não reunificada e em que os direitos de autor variavam conforme as regiões. Na época, Bodoni, impressor em Parma, foi elogiado pelos maiores autores seus contemporâneos. Teve preocupações pedagógicas, concebeu folhetos informativos e volumes consagrados à arte do livro, sistematizou "preceitos e normas gráficas, regularmente enviadas a companheiros de profissão e a amigos" (2001: 19). A edição original, que Bodoni deixou incompleta, continha dois volumes de mais de 600 páginas, com caracteres romanos e exóticos, vinhetas, ornamentos, algarismos e notas musicais.

Já relativamente ao pequeno livro de Eric Gill (1882--1940), *Ensaio sobre Tipografia* (2003), a mesma paixão emocional foi o elemento fulcral da sua publicação em português. A que se acresce a necessidade de adaptar a edição original ao formato da portuguesa, usando o Joanna, um dos mais bonitos e menos usados tipos de Gill, com destaque para as características do tipo (corpo, entrelinhamento, margens, inserção e legendagem das imagens, cabeças e numeração das páginas), justificou o uso do "&" e do "¶".

Nascido em Brighton (Inglaterra), Gill, desde cedo demonstrou uma inclinação para o desenho, vindo a frequentar a Central School of Arts & Crafts de Londres e, mais tarde, o Westminster Technical Institute, onde estudou gravura e *lettering*. Escreveu muito sobre arte, religião, política, vestuário e foi designer tipográfico. Criou onze tipos, embora apenas um tenha o seu nome: Gill Sans. O tipo Joanna, nome de uma das filhas, seria empregue no livro *Ensaio sobre Tipografia*. Escreve Eric Gill: "temos uma tradição de escrita à mão que parece dar pouca, ou nenhuma, atenção à letra impressa ou pintada". Ele encara a caligrafia de juízes, advogados ou eclesiásticos sem "qualquer sinal aparente de serem influenciados" pela moda do seu tempo (2003: 84).

O autor releva a importância das letras romanas, mas destaca o conflito entre métodos antigos de escrita e o industrialismo. A caligrafia seria alterada, embora, e, "apesar de todas as melhorias & baixas nos preços das máquinas de escrever, as pessoas terão sempre necessidade de comunicar pela escrita à mão" (Gill, 2003). O uso do computador relegaria cada vez mais a escrita manual para o dedilhar das teclas. Perde-se individualidade e identidade própria e ganha-se em uniformidade. As letras escritas à mão degradam-se.

Capítulo 7

Jogos, Videojogos e Manga

Desde a década de 70 do século XX que se tem desenvolvido uma forte indústria de videojogos ligada ao lazer. Os primeiros jogos foram desenhados para máquinas como Atari, Nintendo e Commodore. Crawford e Rutter (2007: 272) referem que o negócio atinge actualmente mais de vinte mil milhões de euros, sendo a maior indústria de software de entretenimento nos Estados Unidos. O público-alvo maioritário é adolescente masculino, solteiro e vivendo em casa dos pais. Contudo, as raparigas começam a ameaçar esta predominância e a idade de grande utilização ultrapassa os 35 anos quer em jogos de consola quer através de computador.

A bibliografia respeitante aos videojogos tem salientado a solidão dos jogadores dos videojogos, logo relevando o lado antisocial dos mesmos e a sua íntima ligação a tecnologias e máquinas. Mas investigações mais recentes representam esses videojogadores como fãs que procuram estabelecer relações sociais. É nessa linha que se colocam Crawford e Ruttler (2007). Jogar videojogos implica performatividade, com cada jogador, na consola ou no on-line, a desempenhar papéis específicos. A performance estende-se a um contexto social, cultural e mediático mais alargado que o espaço físico ou virtual do jogo. Por exemplo, os jogadores do PES (Pro Evolution Soccer) ou do FIFA, jogos ligados ao futebol, enviam mensagens e envolvem-se em comunicação síncrona enquanto jogam. Alguns mais especialistas tentam entrar no software do jogo e criar novas funcionalidades, como observei em entrevistas a adeptos de videojogos de futebol e acção.

Crawford e Rutter salientam ainda a relação existente entre videojogos e personagens de séries de televisão e de cinema, o que cria uma espécie de supersistema de entretenimento e cruza interesses dos fãs pelas diversas narrativas textuais, jogos e indústrias culturais.

O capítulo inclui ainda textos sobre jogos (Sudoku, Magic the Gathering), livros de banda desenhada japonesa (manga) e pinturas e esculturas na pele (tatuagem, *piercing*).

Recursos Criativos da Indústria Japonesa de Videojogos

Para Aoyama e Izusho (2004), a indústria de videojogos, apesar de não oferecer formas de "alta cultura" ou arte requintada, tem-se tornado de grande importância no domínio da cultura popular, em especial a cultura juvenil. Sobre essa indústria, conhecem-se dados económicos do mercado e estudos sobre questões morais e do impacto psicológico dos jogos, mas sabe-se pouco ou nada sobre a indústria e o papel dos recursos criativos na formação da actividade e a força competitiva. A verdade é que, se existe o domínio dos produtos culturais exportados em língua inglesa, caso de filmes de Hollywood e da música *rap*, a indústria dos videojogos representa a excepção. Como chegou a indústria japonesa a este patamar de desenvolvimento num mercado global?

Ayoama e Izusho (2004) elencam vários elementos, incluindo a experiência nos *cartoons* (manga) e filmes de animação e a ligação industrial à electrónica de bens de consumo doméstico e hardware. Um exemplo vem da Nintendo, cuja actividade inicial nos videojogos se tornou possível graças à colaboração e troca de conhecimentos com empresas de electrónica de consumo, em particular a produção de circuitos integrados.

Os videojogos são muito caros, estimando-se que apenas três em dez sejam rentáveis. O que significa que as empresas criadoras elegem a consola com maior quota de mercado na sua geração para a colocação dos seus produtos de indústrias culturais. A Sony tem tido uma confortável quota de mercado mundial (o êxito da Sony e da Playstation deveu-se à publicidade e aos jogos), com a Microsoft como desafiante. Ao mesmo tempo, nos últimos anos, tem havido múltiplas campanhas de marketing nas várias indústrias culturais, indo além dos jogos e do hardware mas envolvendo o computador e o telemóvel, não se sabendo qual dos meios de comunicação será o de maior sucesso no futuro. Fala-se, por exemplo, de consolas multiproduto, grandes computadores cheios de possibilidades, que permitem falar pela internet, reproduzir filmes, música, fotografias e jogos.

Há aqui duas linhas de raciocínio a lembrar. A primeira é que as consolas disputam jogadores habituais e estes, se muito especializados, exigem do mercado a última tecnologia mesmo que mais cara. A segunda, mais importante, é que a indústria das consolas e videojogos tem um objectivo a médio prazo, a instalação destas máquinas no centro da sala de estar, convertendo-se na primeira opção dos lares e preenchendo o actual lugar da televisão. Por questões de geração, a consola está para os mais jovens como a televisão para os mais velhos. Logo, a penetração da consola no lar parte da crescente influência dos mais jovens no centro do lar: quando crescem, quando começam a trabalhar, quando saem do lar dos pais.

Mas a consola no lar não pode concorrer com o telemóvel, devido à mobilidade deste. E o computador, apesar dos crescentes pontos de acesso sem fios, atrasou-se face ao telemóvel, até porque o peso dos equipamentos é mais elevado. Por outro lado, e finalmente, os acessos habituais à internet podem fazer-se do telemóvel: consulta de informação, jogos, mensagens. A hibridez, ou multiforme, que se encontra na consola Xbox 360, está para o lar assim como os telemóveis estão para a mobilidade.

Jogos de Simulação: no Jardim Infantil a Vida Inteira

Para Patrícia Gouveia (2003: 57), "Quando estamos a fazer de conta que somos o presidente da Câmara numa cidade imaginária do *Sim City*, brincamos, tal como Alice no país das maravilhas, simulamos uma realidade, construímos uma personagem que interage com um espaço, mas estaremos a jogar"? Todos temos a percepção da importância dos videojogos hoje, pois há uma componente comercial e um mercado que já ultrapassa os números do cinema. Produzidos por uma parafernália de plataformas, indo de computadores pessoais a consolas, telemóveis e televisão interactiva, observa-se uma enorme popularidade e expansão em número de utilizadores e em investimentos tecnológicos (Vale, 2003: 75). Os jogos combinam sistemas abstractos e matemáticos com sistemas estéticos e materiais e sistemas sociais, linguísticos e semióticos. Outro tema associado com o jogo é o da dimensão áudio, com os seus efei-tos (sonoplastia) e a música (criação de sons, com melodia, harmonia e ritmo).

Jogo e "jogar" são objecto de estudo que ocupa diversas disciplinas, como nota Espen Aarseth (2003), o qual elenca, entre outras, a inteligência artificial, a ciência computacional, a sociologia, as ciências da crítica, análise e história do jogo, a narração, escrita e guionismo interactivos, os sistemas de jogo e sua concepção, o comércio de jogos e a gestão de pessoal. Segundo Aarseth (2003: 9), o jogo tornou-se objecto de estudo humanístico com a popularização dos jogos de computador e de vídeo. Até aí, o jogo era visto com alguma condescendência pelas elites estéticas e teóricas, ocupadas com a análise dos campos artísticos da comunicação, caso da literatura, artes visuais, teatro e música. Os jogos, no caso em estudo os digitais e de computador, são simulações e estas contêm outros fenómenos como máquinas ou *media* mais antigos. O acto de jogar é mais importante do que o *hardware*, pelo que Aarseth enuncia três dimensões gerais: jogabilidade (acções, estratégias, motivos dos jogadores), estrutura do jogo (regras) e cenário do jogo (conteúdo ficcional, concepção topológica da estrutura do jogo, texturas). Aarseth compara a leitura de um livro ou o visionamento de um filme com o jogar um jogo. Se a interpretação de uma obra literária ou cinematográfica exige capacidades analíticas, o jogo é uma actividade performativa, com uma hermenêutica dinâmica.

Onde se Pode Comprar Manga em Inglês?

Com a passagem dos anos e a concorrência de outros centros comerciais, o Brasília (Porto) perdeu o encanto e a centralidade que tinha. Agora está degradado, com muitas lojas encerradas, o mesmo acontecendo com o cinema. Contudo, descobri uma lojinha chamada *Mundo Fantasma*, no fundo de um corredor, onde quase ninguém passa mas local em que se podem comprar livros de banda desenhada, incluindo a japonesa (manga), em traduções inglesas.

Fiz as minhas aquisições, preparando-me para as fruir de uma assentada. *Kare Kano* é a história de jovens liceais – as circunstâncias deles e delas, como aparece no subtítulo do livro –, com as suas paixões e actividades escolares e recreativas, como a representação de uma peça. Se *Gundam 0079* é uma história baseada em séries de ficção científica e que recordam brinquedos infantis, de uma certa violência estética, já *Kill me Kiss me* descreve um mundo juvenil e de jovens adultos de maior dureza social e de relacionamento que *Kare Kano*. Todos estes livros foram traduzidos e impressos nos Estados Unidos.

O pormenor mais interessante reside na montra e interior da loja *Mundo Fantasma*, micro-cosmos específico e peculiar. A área da frente tem estantes de livros de banda desenhada, entre as quais as mangas. Mas tem uma área mais reservada, onde se podem jogar as cartas de *Magic the Gathering*, com personagens enfeitiçadas e terrenas ou criaturas bestiais e onde se expõem e vendem miniaturas (bonecos) *Dungeons and Dragons* e *Tolkien*, universo que remete para a internet, os jogos de computador e as bandas desenhadas, com mostruários onde se montam tais miniaturas. Há, assim, uma interacção cultural de várias indústrias culturais, mais desenvolvidas no universo nipónico.

Trata-se de uma loja em que o vendedor (o empregado de balcão) conhece os seus clientes e os seus gostos. Podíamos dizer que é um empregado à maneira antiga, fomentador da tertúlia com os visitantes, ele próprio um fã da literatura fantástica tipo *Tolkien*.

Um dos livros que comprei foi o de Julius Wiedemann, chamado *Digital Beauties. 2D and 3D Computer Generated Models. Virtual Idols and Characters*. Uma das belezas referidas no livro é Nana, apresentada como celebridade em revistas e programas de televisão e pertença de uma agência de modelos digitais, a Japan Audio Visual Workshop, sediada em Tóquio. De 17 anos e 1,60 metros, Nana é estudante liceal e o seu sonho é ser top model, cantora e actriz, exactamente o padrão dos ídolos virtuais japoneses. Nana é também o nome da manga (banda desenhada, revista ou livro japonês publicado com periodicidade semanal ou mensal) de Ai Yazawa. Em Nana fala-se de amor, amizade, juventude japonesa, moda e música. No volume 9, por exemplo, retoma-se a história de duas jovens, Nana Komatsu e Nana Ôsaki, que se reencontram por acaso no comboio que as leva a Tóquio, e alugam um apartamento. Ambas falam do corte com os seus namorados e de novos conhecimentos masculinos. Mas tudo separa as duas raparigas, das ideias à origem social. Se Ôsaki quer o triunfo da sua banda musical *Blast*, após a assinatura de um contrato provisório com uma grande discográfica, Komatsu descobre que está grávida do namorado com quem rompera. A decisão de ter a criança foi difícil e o casal reencontra-se. O volume agora editado dá conta do novo equilíbrio relacional nos elementos do grupo.

Há aqui patente um fundo moral que não se encontra noutras mangas, onde o tema central é a violência. Não é um fundo moral ocidental ou vitoriano, mas adaptado a novos valores de concorrência e frágil relação intergrupal. *Nana* orienta-se para um público adolescente, não apenas nipónico mas universal. Aliás, os desenhos de Ai Yazawa mostram jovens com traços fisionómicos mais aparentados com caucasianos que com os originais do seu país. Os encontros e desencontros e as soluções desenhadas pelos próprios intervenientes, sem a tutela dos mais velhos, dá esse ar de autonomia que os adolescentes querem. Na história de Nana, fala-se esporadicamente dos pais dos jovens, mas nem uma só vez eles aparecem realmente. São os outros de que se falam mas não intervêm. As personagens da série são *freeter* (contracção da palavra inglesa *free* (livre) com a palavra alemã *arbeiter* (trabalhador) [em japonês, pronuncia-se *fulitâ*], ou *trabalho parcial* em português. O *freeter* é uma situação que envolve muita gente entre os 15 e os 35 anos, e cujo emprego precário dá para comer e pouco mais. Quase todos os amigos e colegas de Nana são *freeters*.

Aoyama e Izusho (2004) estimam que dois terços dos rapazes e mais de um sexto das raparigas com idades compreendidas entre os cinco e os 18 anos lêem *manga* em revistas semanais, bissemanais ou mensais (média de 400 páginas, total de 15 histórias e circulação de 1,1 mil milhões de cópias). Também há *mangas* para adultos. Os temas das publicações vão do romântico ao educacional, humor, desporto, aventura, sexo e violência. Há ainda revistas de *manga* "como fazer" (cozinha, finanças), assuntos de quotidiano e sátira sociopolítica.

O estilo distinto da *manga* deve muito ao cartoonista (e também médico) Osamu Tezuka (1926-1989). Influenciado pelos filmes de Hollywood quando jovem, Tezuka revolucionou a manga ao incorporar técnicas desenvolvidas nos filmes como os planos próximos, os *zooms* e os ângulos das câmaras. Além das formas, ele também alterou os conteúdos, levando as mangas de histórias curtas para longas e complexas tramas, incluindo temas como religião, raça, guerra e justiça social, mas sem esquecer as fronteiras do entretenimento. Durante a sua longa carreira de 40 anos, ele desenhou mais de 150 mil páginas. Tezuka foi também pioneiro na produção de séries televisivas de animação, em 1963, com a sua *manga* de sucesso *Astro Boy*.

O reconhecimento da manga na cultura japonesa significa elevado prestígio e estatuto social na profissão de cartoonista, visto como celebridade. Além disso, o controlo dos direitos de autor nos artistas japoneses é maior do que os seus colegas americanos. Em 1997, havia cerca de 3500 a quatro mil cartoonistas editores e 20 mil assistentes. Quase todas as instituições educativas, do ensino básico à universidade, têm clubes de cartoonistas como actividade extra-curricular, o que leva a que a profissão de cartoonista seja encarada como uma actividade de futuro dos jovens estudantes.

Os *comics* levaram ao nascimento de filmes animados e séries de televisão, reforçando a força da *manga* como parte integrante da cultura popular japonesa. Muitos dos programas de animação nos anos 60 e 70 basearam-se em personagens saídas das *mangas*. Já no final dos anos 70 e durante a década de 80, os filmes animados tornaram-se *blockbusters* do cinema japonês. Filmes animados e programas de televisão representam hoje uma parcela significativa do mercado japonês de filmes e televisão. Além disso, tornaram-se um fundamento essencial para a emergência da indústria dos videojogos daquele país.

O núcleo central da produção de *software* dos jogos envolve escrita e desenho de cenários. Para isso, são necessários designers gráficos e artistas capazes de fazerem atraentes as personagens para os consumidores. Salários mais elevados conduziram a uma migração de cartoonistas do mundo da *manga* e da animação para os jogos de computador e de consolas (com uma outra faceta importante: a da literatura). A hierarquia profissional é reduzida, mas isso também se traduz numa desvantagem: os contratos são à tarefa ou à hora.

Não há dados precisos sobre o número de transferência de emprego da actividade de animação para os jogos, mas conhecem-se as interacções existentes entre estes sectores (Aoyama e Izusho, 2004). Tal é ainda visível nos programas das escolas profissionais, que se dividem em dois segmentos: moda/arte/ /design, electrónica/programação computacional. E a indústria dos videojogos mantém uma relação estreita com as escolas profissionais. Os especialistas daquela são monitores nestas; os estudantes são admitidos como tarefeiros ou entram mesmo como empregados a tempo inteiro. Há, assim, uma partilha de recursos criativos, possível devido ao desenvolvimento simultâneo das indústrias dos cartoons, do cinema de animação e dos videojogos.

É fácil reconhecer uma ilustração *manga* pela sua estética. As personagens têm olhos grandes e redondos, de expressão inocente, encaixados numa cara oval, de boca e nariz diminutos, sobre um corpo estilizado. Como resultado: uma figura quase andrógina sem qualquer semelhança com os rostos orientais ([39]). Há dois tipos de personagens, o *seme*, com características mais masculinas, e o *uke*, com características mais femininas.

Dicionário básico: 1) *maca*, banda desenhada, 2) *mangaka*, desenhador de manga, 3) *otaku*, pessoa fanática do género, 4) *chan*, sufixo para se referir a alguém com carinho (exemplo: Maria = Maria-Chan), 5) *shonen*, rapaz, 6) *bishonen*, rapaz bonito, 7) *shojo*, rapariga, 8) *bishojo*, rapariga bonita, 9) *sensei*, mestre, 10) *sengai*, colega que está num curso superior, 11) *kusei*, estudante, 12) *ganbatte*, boa sorte, 13) *terebi*, televisão, 14) *XXD*, letras empregues para expressar gargalhadas por escrito, 15) *costume play*, quando se disfarça de um personagem de manga.

---

[39] *El Mundo*, 18 de Março de 2006.

A Febre do Sudoku

Quando as especialistas do Sudoku chegam a casa a primeira pergunta que fazem é: "onde está o *Diário de Notícias*? Onde está o *Público*"? Depois, interroguei-me por causa do silêncio e absorção com que elas olhavam os jornais (a que acrescentam o gratuito *Metro* e, ao sábado, a revista "Única" do *Expresso*), munidas de esferográficas. Foi quando descobri a febre que as atacara: o Sudoku.

Procurei alguma informação e fui parar à entrada Sudoku da Wikipedia (que me guia neste texto), onde se lê que o Sudoku (japonês: 数独, sūdoku), também escrito Su Doku, é um jogo constituido por duas grelhas (uma vertical e outra horizontal), em que se escrevem os algarismos de 1 a 9, números que não se repetem em cada coluna. A estrutura do Sudoku faz lembrar outros jogos, como as palavras cruzadas, que, em alguns jornais, aparecem ao lado ou em cima, ou o xadrez. Completar o jogo exige paciência e habilidade lógica; aliás, há, em cada problema, indicação do grau de dificuldade.

O jogo é recente. Inicialmente chamado *Number Place* (nome pelo qual é conhecido nos Estados Unidos), foi inventado em 1979 por Howard Garnes, ainda segundo a Wikipedia, sendo publicado inicialmente em Nova Iorque pelo editor Dell Magazines. O Sudoku foi introduzido no Japão em Abril de 1984 como "Sūji wa dokushin ni kagiru (数字は独身に限る)", que se pode traduzir por "números que devem ser únicos" ou "números que só podem aparecer uma vez" (独身 significa literalmente "único; celibatário; solteiro"). O puzzle foi assim designado por Kaji Maki (鍛治 真起), presidente da Nikoli, a empresa que o introduziu no Japão. Posteriormente, o nome foi abreviado para Sudoku (数独, pronuncia-se sue-do-koo; sū = número, doku = único). O Sudoku tornar-se-ia popular no Japão em 1986 e, internacionalmente, em 2005. Curiosamente, em 1989, surgia uma primeira versão em jogos de computador, no Commodore 64. Em 1995, a Apple Macintosh usava-o e, no ano seguinte, foi utilizado para os PDA.

O jornal inglês *The Times* passava a editar diariamente o seu Sudoku em Novembro de 2004, seguindo-se o *The Daily*

Jogos, Videojogos e Manga

Mail. Em Janeiro de 2005 cabia a vez do *The Daily Telegraph*, alargando-se a todos os jornais. E também a televisão não fica imunizada à popularidade do Sukodu, que faz lembrar a do cubo mágico de Rubik há uns anos atrás. A Sky One lançava o seu programa de televisão com o Sudoku em Julho de 2005, apresentado por um matemático.

Já em Setembro de 2005, quando entrava na livraria Almedina, ao Saldanha (Lisboa), havia dois escaparates com livros de Sudoku. Também nessa altura, li no sítio da CNN (perdi o rasto do ficheiro) que o Sudoku poderia ser a salvação dos jornais. Isto parece-me exagerado; contudo, o sucesso do jogo é insofismável. Por isso trago mais dois jornais como exemplo (*Daily Mail*, *Destak*). No *Daily Mail*, a secção chama-se "Coffee break 1" (há uma segunda página com jogos). Nesta, para além de seis tiras de bandas desenhadas (*Garfield*, *Peanuts*, *The Odd Streak*, *I Don't Believe it*, *Up and Running*, *Fred Basset*), uma rubrica de perguntas (uma delas é sobre quem foi o proprietário da casa Graceland, que pertenceu a Elvis Presley), um jogo de letras e palavras (*Code Word*) e dois Sudokus, um mais simples e outro mais difícil. No gratuito *Destak*, na secção "Diversão", para além do horóscopo, havia uma receita (como fazer um pudim de pão *light*), palavras cruzadas, um jogo de *descubra as diferenças*, mais a publicidade, e um Sudoku Vodafone (é a marca de telemóveis que patrocina o jogo). Acredito que o Sudoku e a secção de jogos e passatempos em geral constituam uma das rubricas mais populares dos jornais, uma daquelas que os leitores não querem perder.

O escritório de Maki Kaji, o pai do Sudoku, é em Tóquio e a sua empresa chama-se Nikoli, nome de um cavalo de puro-sangue. A empresa de Maki Kaji, japonês cinquentão e que gosta de beber e gastar a sua fortuna em corridas de cavalos, casinos e viagens pelo mundo, teve um começo modesto mas ocupa agora cinco andares de um edifício alto ([40]). À medida que as empresas crescem em facturação, ocupam mais andares, podendo mesmo *engolir* edifícios inteiros. O andar da criação do Sudoku é o quinto – uma sala ampla sem divisórias e que lembra o ambiente do filme *Matrix*.

Kaji já passou por Las Vegas, a capital do jogo, onde atirou dez mil dólares pela janela fora, e pelo Uruguai, nos anos 1980, por causa das corridas de cavalos. Aqui, apostou num cavalo chamado Nikoli. O cavalo perdeu a corrida mas o japonês gostou do nome. Naquele tempo, apesar desta vida venturosa, era um assalariado que trabalhava numa editora. Em 1978, um amigo trouxe-lhe uma revista de palavras cruzadas (ou um jogo parecido), o que o encantou. Foi então que começou a editar uma revista de puzzles, a *Nikoli*. A tiragem inicial era de 500 exemplares.

Em 1984, numa viagem aos Estados Unidos, descobriu na revista de passatempos *Dell* um jogo, "Number place", o antecessor do Sudoku. Kaji não sabia ler inglês, e não precisava de o fazer para completar o puzzle. Fez umas pequenas alterações, caso da ordem simétrica, e, em 1986, começou a editar o jogo na sua revista de sempre, a *Nikoli*.

Dos conselhos que se dão a um jogador de Sudoku incluem-se a atenção e a dedução. A melhor estratégia é não ter estratégia mas desenvolver técnicas pessoais. O prazer em resolver o enigma é outra das características do jogo. Maki Kaji diz que é um erro pensar o Sudoku como um meio para desenvolver capacidades mentais ou praticar o jogo para fins educativos. Passatempo e ócio envolvem-se, ainda segundo o criador do jogo, com o ideal oriental taoista e o bem-estar e tranquilidade pessoal. A febre mundial foi no ano de 2005. Assim, se em 2004, o *blogue* foi a palavra do ano, em 2005 seria, no meu entendimento, o *Sudoku*.

---

[40] *El Mundo*, 6 de Novembro de 2005.

Magic the Gathering

Richard Garfield, professor de matemática, lançou o *Magic The Gathering* em 1993, jogo de estratégia e fantasia sob a forma de cartas ilustradas coleccionáveis. Há quem chame a Garfield o criador das novas noites árabes, fomentador de jogos, livros, acontecimentos e comunidades.

Além de fácil de aprender, o jogo é portátil e versátil, criando um espaço próprio de jogadores e coleccionadores de todas as idades. Os milhões de praticantes e fãs do jogo em todo o mundo têm uma simbologia própria identificativa com as figuras do Senhor dos Anéis, Pokémon, Tabuleiro e outros. No nosso país, o jogo entrou no grupo-alvo do chamado *entretenimento inteligente*: jogos de estratégia, de desempenho de papéis, de cartas coleccionáveis e de miniaturas, livros e banda desenhada. Embora sem estudos empíricos aprofundados, posso afirmar, através de observação pessoal e estudos de alunos, que os jogadores mais jovens têm como motivações a curiosidade, passatempo e convívio transmitida pelos amigos, ao passo que os mais velhos ou veteranos (acima dos 30 anos) também olham o aspecto comercial. A venda de cartas revela-se um aspecto financeiramente rentável.

A esse propósito, recordo o livro de Jorge Martins Rosa (2000: 15), que considera que é através dos programas lúdicos – e não das aplicações úteis – que a realidade virtual chega aos nossos lares (o que também se aplica a jogos como o *Magic the Gathering*). O jogo associa-se à cultura: actividade voluntária, com sincero empenho na participação e dentro de um mundo de fantasia. Nos jogos de computador, apesar da simplicidade das personagens e das situações que desencadeiam a narrativa, o tema encontra-se numa relação frouxa com o género. Há um grau reduzido de complexidade narrativa, pois se tem investido com mais peso no hardware. O que importa é a qualidade de acção no decorrer do jogo. No MUD – dimensões multi--utilizador – há um grande número de utilizadores ligados a uma mesma rede que pode interagir em simultâneo, quase exclusivamente de texto. Não é um jogo na acepção da palavra porque lhe falta uma finalidade definida, mas porque os objectos se multiplicam e disseminam. A experiência fundamental quando se participa num desses ambientes multi-utilizador é a de entrar na pele de uma personagem diferente (Rosa, 2000: 139). Sobre a cooperação: a ilustração mais comum é a dos MUD, em que a cooperação resulta da multiplicidade de objectivos e da presença simultânea de jogadores em diferentes estádios de aprendizagem e de estatuto no jogo.

Através do pensamento de Jorge Martins Rosa – a do jogo como desempenho, participação e conhecimento –, vamos ao encontro das ideias de McLuhan (importância da electricidade como tecnologia geradora da mudança social e das extensões tecnológicas do homem), Virilio (aumento da velocidade e desaparecimento), Baudrillard (simulacro), Gustavo Cardoso (importância que a tecnologia tem na sociedade actual, através de uma divisão entre tecnologias nado-digitais e migração para o digital).

O jogo de cartas *Magic the Gathering* implica aspectos destacados por Rosa (2000) e Crawford e Rutter (2007) para a realidade virtual – desempenho e participação. Se um jogo virtual se esgota nestas características, o jogo face-a-face desenvolve competências de sociabilidade, em que às componentes lúdica e de cumplicidade se juntam as dos ganhos económico (prémio, viagem), simbólico (ganhar um torneio determina o melhor de entre os pares) e imaginário (contido no cinema e na literatura do fantástico).

O Corpo Decorado

A história ocidental da tatuagem remonta às viagens de Cook, em 1769, aos mares do sul, no navio *Endeavour*, para quem os homens e mulheres do Taiti pintavam o corpo; na sua língua, dizendo-se *tatou* (Breton, 2004) [41]. Se a tatuagem das sociedades tradicionais repete formas ancestrais gravadas numa filiação, as marcas contemporâneas têm um objectivo de individualização e de estética.

Em finais dos anos 60, Nova Iorque fora apanhada por uma vaga de *graffitis* nos muros dos bairros mais pobres, nas paredes e nas carruagens do metro, com assinaturas estilizadas, nomes, algarismos e grafismos, feitos pelos *taggers*. Depois, da pele da cidade passar-se-ia à pele do corpo. O movimento *hippie* contribuiria para a renovação da tatuagem: Lyle Tuttle, de San Francisco, tatuou Janis Joplin, Peter Fonda e Joan Baez, artistas muito populares então.

No Reino Unido, nesse período, a tatuagem continuava a ser privilégio de culturas marginais como a dos roqueiros, dos *teddy boys* (blusões negros) e dos *mods* (*modern people*), com estes últimos como fãs dos Beatles, usando cabelos compridos e vestindo segundo a moda. Os roqueiros estavam na corrente iniciada por Elvis Presley, vestiam blusões negros, recorriam às tatuagens e circulavam em motas.

No final dos anos 1960, *teddy boys* e *mods* desaparecem, uns na corrente dos *hippies*, outros nos *skinheads*, estes últimos com uma encenação própria: cabelos cortados rentes, jeans, botas Doc Martens. Neles, tatuagens e *piercings* são usuais. A reapropriação espectacular da tatuagem nos anos 70 dá-se ainda na *cultura punk*. A dissidência destes anuncia-se em músicos, como Lou Reed e os Velvet Underground, Patti Smith, Ramones. Iggy Pop escarifica o braço com vidro partido nos seus concertos, cospe sobre o público e insulta-o. No Reino Unido, a cultura *punk* enquadra a cólera e as frustrações da juventude inglesa confrontada com o desemprego, as dificuldades económicas e a reestruturação social de Thatcher.

---

[41] O texto segue de perto o livro de David Le Breton.

O termo *punk* significa porco, lixo; ao *paz e amor* dos *hippies* respondem com *ódio e guerra*. Os *Sex Pistols* dar-lhe-ão legitimidade, rejeitando qualquer tipo de autoridade. Eles são praticamente impedidos de actuar no Reino Unido, proibidos de passar na televisão e na rádio. Por seu lado, as operárias das fábricas de discos recusavam-se a prensar os seus discos e fazer as capas e as lojas evitavam distribuir a sua música. Contudo, os *Sex Pistols* atingem o top do *hit-parade* em 1977.

O movimento *punk* é visto como uma dissidência corporal: cabelos penteados em crista de Moicanos com arestas triangulares mantidos com sprays, lacas, e pintados em cores vivas em verde, amarelo e cor-de-laranja. A roupa é em segunda mão e a roupa interior veste-se por cima das calças ou vestidas do avesso. Casacos de cabedal cravejados e coleiras de cão ao pescoço fazem parte da indumentária e em que os sapatos têm conotação militar. As raparigas apresentam-se muito maquilhadas, com saias muito curtas e meias rasgadas ou calças de plástico. O *piercing* é o acessório que mais perturba nesta ruptura radical, com alfinetes de bebé e cavilhas colocados nos lábios.

Elementos de decoração corporal: 1) tatuagem (sinal gravado na pele através de injecção com matéria colorida na derme), 2) *piercing* (furo na pele para colocar um objecto, anel, pequena barra), 3) escarificação (cicatriz trabalhada para desenhar um sinal em profundidade ou relevo na pele), 4) implantes, 5) *peeling* (retirar a superfície da pele), 6) *cutting* (inscrição de figuras geométricas ou em relevo).

Ao escrever sobre o corpo decorado, faz-se uma leitura semiótica levada nomeadamente para os domínios da banda desenhada, cinema de animação e videojogos. As personagens que nestas indústrias culturais ganham corpo reflectem-se nos signos observados nas tatuagens, as quais vão de imagens mais realistas às mais abstractas. A cor, o estilo e a expressividade são parte da comunicação quotidiana, possuem uma espécie de contaminação social e cultural que a geração mais nova emprega. Se a tatuagem e o *piercing* se associaram à dissidência nos anos 70 e 80, hoje são referências essenciais da juventude contemporânea (Breton, 2004). A cultura dominante absorve as margens, apropria-se das inovações e incorpora-as como se se tratasse de uma ligação permanente entre as várias manifestações de afirmação artística e cultural e a moda. O movimento *punk* dissolvera-se na vida quotidiana e entrara no circuito do consumo, com roupas e insígnias vendidas nas grandes lojas, surgindo estilos mais leves: *new wave*, gótico, *grunge*, *techno*. A tatuagem saía da clandestinidade e afastava-se da má imagem, adquirindo um estatuto de modernidade.

Na realidade, por um lado, a cultura visual dominante, a da arte erudita e superior proveniente das grandes metrópoles (Paris, Londres, Nova Iorque, Tóquio), deixou-se contaminar por outras culturas visuais igualmente poderosas, no que Nestor Canclini chamou de hibridismo cultural ou Shohat e Stam (2002: 39) evidenciaram como heterogeneidade assente no caótico, no plural e no contraditório. A tatuagem, nesse sentido, pode entender-se como pertencendo à estética do lixo ou do feio, do imperfeito, inacabado ou desagradável, ou até do *kitsch*. Por outro lado, a pele da cidade (*graffitis*) e a pele do corpo associam-se, com disse acima, a outras indústrias culturais e criativas, casos da pintura e da escultura: abstracta, pop, op, cinética.

Investigação Sobre Jogadores De Videojogos

Como resultado de um trabalho sobre jogadores de videojogos que são, simultaneamente, fãs e adeptos de futebol (Santos, 2007b), fiz um inquérito on-line e entrevistei um fã de culto de videojogos ([42]).

Dos 50 inquiridos, 49 (98%) responderam gostar de videojogos e 100% ter um clube de simpatia. Destaco os principais elementos: sócio de clube (88%), gasto até 12 euros enquanto sócio de um clube (25 respostas), 57,1% dos sócios são-no há mais de 6 anos, deslocam-se de automóvel (52%), 45,4% levam cachecol do seu clube, vão com amigos (86%), pertencem a uma claque (76%), festejam em grupo quando o seu clube ganha (87,8%), ficam a falar com amigos quando o seu clube perde (46%), apenas 2% não troca a família e os amigos pelo futebol, todos os respondentes preferem ver os encontros de futebol no estádio. É de ter em conta a grande juvenilidade dos respondentes (85,4% têm entre 16 e 25 anos, 79% são estudantes, 89,6% têm habilitações desde o secundário incompleto até à frequência universitária) e masculinidade (95,7% dos respondentes), com elevadas práticas de sociabilidade e redes de colegas com gostos semelhantes.

A segunda parte do inquérito incluía dados respeitantes ao consumo de videojogos, frequência, aquisição e tipos de

---

[42] Na terceira parte do livro, desenvolvo o conceito de fã de culto. Construí um inquérito destinado a adeptos de futebol que gostassem de videojogos relacionados com o futebol. Pedi a Luís Marques, do blogue http://claques-portugal.blogspot.com/, voltado para claques de futebol, para alojar o inquérito naquele seu espaço. Luís Marques e o jornalista Pedro Fonseca, especialista em videojogos (e animador do blogue http://contrafactos.blogspot.com/), analisaram a proposta inicial de inquérito e deram sugestões para novas perguntas. A partir de 16 de Maio de 2007, e com ajuda de Teresa Pinho, aluna da UCP, o inquérito ficou alojado em http://FreeOnlineSurveys.com/rendersurvey.asp?sid=hffx30rz178ldr8 302558. No blogue http://claques-portugal.blogspot.com/ colocou-se uma mensagem com link desde o dia seguinte. Usei as 50 primeiras respostas (acesso gratuito). O inquérito foi composto por três partes distintas, constituído por 39 perguntas sobre simpatia clubística, videojogos e dados psicográficos.

máquinas (consolas ou computador). Conclui-se que 50% dos respondentes despendem menos de cinco horas semanais na prática de videojogos (a uma distância muito elevada do meu entrevistado, como veremos a seguir, e que denota a existência de fãs moderados e de culto, pelo menos em termos de consumo de horas). Não considero muito válidas as respostas à questão do acesso ao videojogo, com 30% a declarar comprar e 10% a indicar recebê-lo como prenda. O descarregamento gratuito (e o ilegal) certamente terá uma posição mais forte. Pro Evolution Soccer (PES), Football Manager (FM) e FIFA são os videojogos mais jogados (o último dos quais também em versão de 2007).

Na pesquisa que fiz para caracterizar os fãs de videojogos (Santos, 2007b), entrevistei S., 37 anos, de profissão pouco qualificada, casado, vivendo na área suburbana da Grande Lisboa. Adepto ferrenho do Benfica, passa as suas horas livres a descarregar, da internet, músicas, videojogos (futebol, guerra e corridas) e filmes, por esta ordem de grandeza. Habitualmente, ele instala videojogos nos computadores de familiares e partilha ficheiros retirados da internet com outros fãs de músicas e videojogos, reforçando a ideia de comunidade virtual (Bird, 2003; Turkle, 1997), mas em que o conhecimento da sua identidade se torna menos acessível: 1) a comunidade descrita por Bird é à volta de uma série de culto (*Dr. Quinn, Medicine Woman*), 2) neste caso, o fã envolve-se numa actividade com contornos ilegais.

Cerca de um ano antes da entrevista, participou em jogos on-line, em especial jogos de guerra (gosta do papel de atirador furtivo), através de pseudónimo. O grupo chegou a ter 15 participantes, alguns dos quais muito especialistas e que ganhavam frequentemente os jogos de guerra. Não conhece pessoalmente nenhum dos jogadores, excepto um vizinho com quem conversa sobre estes temas. O respondente apaga regularmente as mensagens que pedem dados como morada, profissão ou idade, evitando ser identificado.

A baixa condição social e profissional de S. não caracteriza o universo dos fãs de futebol e de videojogos, mas aproxima-se do adepto médio de futebol em Portugal e com um gosto grande pelas tecnologias associadas ao computador. No inquérito, a média de idade era inferior (85,6% tinha entre 16 e 25 anos) e com formação a nível de secundário incompleto (embora em formação, pois 79% dos inquiridos eram estudantes). É claro que assumo que o inquérito não é representativo da realidade nacional nem tão pouco o perfil do entrevistado, mas ficam aqui pistas para posterior investigação.

Em suma, as características do fã de recolha de ficheiros da internet são: necessidade de responder a desafios maiores, como a dificuldade crescente dos jogos; actividade viciante, em que se ocupa do hóbi todos os dias; conhecimento especializado, o que lhe traz glória, prestígio e reconhecimento pelos outros; gosto pela novidade; gosto pelo risco e aventura, ruptura face às regras, com a ideia de herói, de resistente, de vencedor, numa homologia aos videojogos; ideia de missão de descobrir, distribuir e jogar (possível no *hacker* e no adepto de claque); logo, actividade enquanto protesto social.

O seu lado de fã tem: conhecimento preciso dos processos de cópia de ficheiros, preços, novidades e espírito de partilha, numa comunidade virtual; superação de dificuldades pessoais a nível de habilitações e tipo de emprego através deste conhecimento específico e com contornos ilegais. O que me leva a uma tentativa de categorizar o fã fanático, em que sentimentos de missão e aventura o tornam líder num território familiar, físico e virtual, com um grupo de pessoas a nutrirem admiração pela sua especialização e capacidade. Aliás, o seu gosto por jogar no computador e não em consola é também um indicativo preciso: se o jogo já vem preparado para a consola, na internet é preciso procurar, saber as regras, descarregar e nomear os ficheiros. O fã sente um gozo nesta produtividade textual, no sentido definido por Fiske (2003).

Capítulo 8

Publicidade e Moda

A moda e a publicidade constituem áreas que maior interesse me têm despertado quanto a leituras e observações. Não vou desenvolver pesquisas de índole histórica, sociológica ou semiótica, mas apenas as impressões do quotidiano. Um dia, quis escrever sobre sapatos; fotografei todas as sapatarias da avenida de Roma, em Lisboa, à noite. Mas, depois, abandonei o projecto de analisar as estéticas das montras dessas lojas e fiquei-me com a publicação das imagens no blogue. O filme *O Diabo Veste Prada* (2006) reavivou esse interesse por moda e vestuário e adereços.

Escrevi, assim, sobre revistas femininas e publicidade no Estado Novo, ancorado em bibliografia recente, mas também de há cem anos. E descobri um texto que mais reflecte a história social e das mentalidades do papel da mulher – a dona de casa – durante o Estado Novo que propriamente a moda e a publicidade.

Donas de Casa

Maria Lúcia (Namorado, o nome de família não aparece) publicou *A Mulher Dona de Casa* em 1943. Estava-se em plena Segunda Guerra Mundial, época de grande escassez de bens, o que explica muitas das sugestões apresentadas pela autora. Maria Lúcia (1909-2000) colaborara longos anos na revista *Modas & Bordados*, e anteriormente *A Mulher Dona de Casa*, e editara um volume de novelas: *Negro e cor-de-rosa* (1937). Entretanto, dirigia a revista *Os Nossos Filhos* (1942). Alguns outros títulos dela: *Joaninha Quer Casar: Conselhos às Raparigas* (1944), *O Sonho do Infante* (peça infantil) (1960), *Breves Considerações Sobre o Valor Pedagógico e Social dos Jardins-Escolas João de Deus* (1961), *A História do Pintainho Amarelo*, com ilustrações de Maria Keil (1966).

É interessante percorrer o índice do livro, dividido em duas partes: a mulher no lar, para mim a metade mais interessante, e como se trabalha (no lar). Há imensos conselhos, a ler no contexto da época, como a higiene, os horários e os métodos, a ordem no lar, a economia, as criadas, as visitas, a elegância e a atmosfera familiar. Volume que trata da economia doméstica, a que não falta um toque de cultura, como o capítulo "organização de uma pequena biblioteca" (quatro páginas), adverte logo no começo: "Ainda hoje se julga vulgarmente que só a mulher pobre e inculta deve dedicar-se a trabalhos domésticos, e que, mesmo o governo da casa, é fardo pesado que convém alijar à medida que se sobe na escala social" (1943: 8). Curiosamente, não há nenhum capítulo que a autora dedique a crianças, talvez porque isso fizesse parte do seu quotidiano intelectual, como responsável por uma revista a elas dedicada.

Numa época de implantação de estruturas paramilitares que se tornavam, entre outras dimensões, um suporte visual da ideologia, o livro de Maria Lúcia não reflecte essa atmosfera pesada. Apenas um sinal, no capítulo *A Atmosfera Familiar*: "Ao entrarmos nela [a casa] devemos sentir que ficou, *lá fora*, a Vida com as suas ciladas, a humanidade com as suas maldades e os seus enigmas; e que encontramos, *cá dentro*, a ternura,

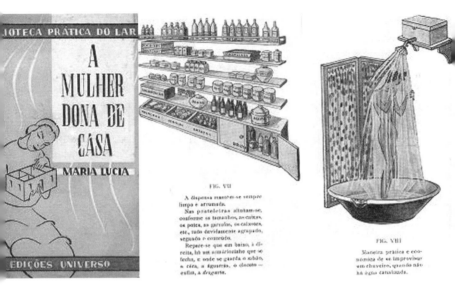

a compreensão, o sossego, as compensações, a *nossa vida*, com as suas alegrias e as suas dores também" (1943: 91). Mais à frente, ela escreve: "Lá fora há invejas, intrigas, injustiças, guerra".

Dos conselhos, retenho um, o da lavagem da roupa, feita à mão ou através de uma barrela. Para Maria Lúcia, "Quem vive no campo, tem ao seu alcance a maneira melhor e mais económica de lavar a roupa branca: ensaboá-la e estendê-la na relva, palha ou areia, a córar, ao Sol". Nesse tempo, só as "senhoras ricas [tinham] ao seu dispor lavadouros, frigoríficos, máquinas diversas, mil utensílios mais ou menos práticos [...]. Mas esses aparelhos ficam muito caros". Também o fogão eléctrico estava na categoria dos inacessíveis.

Poupança económica, regras e protocolos com a vizinhança e com os amigos ou conselhos para comprar ou reutilizar bens domésticos constituem elementos fulcrais desse manual, em que há momentos que nos parecem mais ingénuos ou simplificados (como os desenhos de Maria da Luz, na capa – uma mulher a embalar a casa como se fosse um filho –, e no interior). A que não falta uma alusão a uma das indústrias culturais em crescimento nesse período, a TSF, isto é, a rádio. Para a autora, a música, a par das flores e dos livros, contribuem para a alegria do lar: "Em volta de um piano, dum violino, duma grafonola, ou dum aparelho de TSF, toda a família passa agradavelmente horas e horas, sem dar por isso". Mas Maria Lúcia Namorado critica quem abusa da música, "quem abra, o mais possível todos os registos do receptor [aumente o volume de som até ao máximo], e o mantenha a funcionar desde manhã até alta noite", que ela desaconselha (1943: 95).

Literatura Sobre Jornais e Revistas Femininas

No mercado e em anos recentes, apareceram vários livros sobre a imprensa feminina, um vasto campo a estudar (Marques, 2004; Alvim, 2005; Lopes, 2005). Deixo aqui alguns apontamentos sobre um assunto que considero importante: âmbito dos temas abordados e metodologias empregues.

Alice Marques (2004) analisou 24 números das revistas *Cosmopolitan* e *Máxima* referentes a 2000, em que a autora procura ver a "situação empresarial das revistas, a permanência, na escola, na família e nos meios de comunicação social, de concepções do senso comum da feminilidade" (2004: 11). Tese de mestrado defendida na Universidade Aberta em 2002, Alice Marques procura entender a "compreensão global das representações das mulheres como o corpo e da beleza idealizada como obsessão que corrói as suas mentes e lhes suga uma boa parte dos salários".

Já Maria Helena Vilas-Boas e Alvim (2005), mestre pela Universidade do Porto, pesquisou *Modas & Bordados*, o suplemento de *O Século*, entre 1912 e 1926. Ela optou, "em certos entrechos, por um carácter descritivo, que após sérias cogitações [lhe] surgiu como o mais adequado aos [seus] interesses: tentar perceber como a pequena burguesia ia absorvendo os ensinamentos veiculados pelo periódico" (2005: 9). Vestuário e beleza foram os grandes conjuntos que procurou na publicação, desde elementos como calçado, *tailleur* e sombrinhas até à confecção caseira e ao pronto-a-vestir, sem esquecer os cuidados com a beleza e a emergência de um novo ideário – a esbelteza.

Quanto a Ana Maria Costa Lopes (2005), a sua tese de doutoramento defendida na Universidade Católica tem "como fontes [...] os materiais existentes nas publicações femininas de 1820 a 1890" (2005: 27). O objectivo é "entender quais as ideias e as formas de a mulher se compreender a si própria e nas suas relações com o outro sexo". Nas conclusões, a autora considera que "deu conta das mudanças e continuidades no estatuto e imagens da mulher na sociedade oitocentista portuguesa, e tentou captar os inícios da sua emancipação e das ideologias que justificavam a manutenção das estruturas de dominação existentes" (2005: 597).

Em todos os trabalhos há a predominância quanto a análise do discurso e menos de análise de conteúdo, aflorando num ou noutro caso elementos de biografias pessoais e de publicações. São trabalhos com diferenciações de qualidade final mas de igual importância para a compreensão de um fenómeno ainda pouco estudado: os periódicos e as revistas orientadas para a mulher. Se o texto de Ana Lopes (2005) aborda a questão fulcral da emancipação da mulher e do seu reconhecimento cívico e intelectual, sem sair da esfera privada, nos outros dois trabalhos estão em análise publicações com objectivos diferentes: o de Helena Alvim (2005) debruça-se sobre um tempo de conselhos e entrada da mulher nos assuntos da esfera pública, embora sob a capa de um título de revista mais conservador; o de Alice Marques (2004), cujo âmbito temporal se aproxima de nós, dá conta da mulher que consome e se preocupa com o corpo, ao mesmo tempo que procura conciliar uma vida profissional e familiar. Três tempos, três tipos de literatura, três modos da mulher se relacionar com a vida fora do lar.

Moda e Publicidade

Eduardo Camilo (2005) estrutura a mensagem publicitária como produto de "exercício linguístico de índole referencial e de natureza comercial" (2005: 88). Mas equaciona também a hipótese da existência de uma moda na publicidade em que, para além da ostentação objectual, há a presença de actores que "envergam um determinado vestuário, que protagonizam um determinado estilo".

Professor da Universidade da Beira Interior (Covilhã), Camilo destaca a publicidade do BPI [43]. Ele chama ainda a atenção para o design dos fatos de banho envergados pelas protagonistas que evocam o ideal de corpo dos iogurtes Danone. Ou seja: há sujeitos na mensagem publicitária que implicam práticas linguísticas para além do valor estrutural.

Daí, destacar o facto de a moda na publicidade ser uma funcionalidade estritamente comercial e inspirar-se no conceito de figurino para teatro ou cinema. De novo, Fernanda Serrano e a publicidade no BPI – o seu *look* publicitário radica no corte de cabelo, adequado a uma baixa na taxa de juros: "quanto menos melhor". A moda na publicidade é determinada pela dicotomia entre *funcionalidade* (existência do produto e vantagem comercial) e *artificialismo* (estilo em que se afirmam valores). Por isso, a mensagem publicitária perde a ênfase na vantagem competitiva e alinha no *stlyling*, em abordagens criativas e dispersas mas também errantes.

O autor elenca três tipos de publicidade: marca, informativa e apelativa. Na *publicidade de marca*, o destaque não vai para a comunicação de uma existência e vantagem comercial, mas para a *com-textualização* face a outros relatos, histórias e imaginários nos quais o produto apresenta um estatuto central. Isto é: há um relacionamento (mediado por uma oferta

---

[43] Por essa data, a actriz Fernanda Serrano rapara o cabelo, não como resultado directo da publicidade mas porque representava o papel de cancerosa numa telenovela. Posteriormente, grávida, o BPI usou esse estado natural da actriz para avançar com uma nova campanha de anúncios.

comercial) com outras produções textuais. Já na *publicidade informativa*, o *look* da moda é o mais apagado possível, operando apenas para chamar a atenção do destinatário de uma existência comercial. Ao invés, a *publicidade apelativa* mostra os valores inerentes ao consumo e ao usufruto dos produtos.

Publicidade e Moda | 257

PUBLICIDADE COM CEM ANOS

Em finais do século XIX e inícios do século XX, a publicidade regia-se por padrões muito diferentes dos actuais. Nessa época, o texto tinha um peso inusitado quando comparado com a imagem e inseria-se bem no corpo do jornal, dada a quase total predominância da mensagem escrita. Como a fotografia ainda não triunfara nos jornais, as imagens (gravuras) eram de fraquíssima qualidade. A cor estava ainda longe de entrar nos jornais, o que, aos olhos de agora, parece incompreensível; a leitura resulta num esforço a partir de cinzentos mais claros ou mais escuros, sem grande precisão cromática. Além disso, os filetes eram quase a única distinção entre notícia e publicidade.

258 | Indústrias Culturais

ORIZA-POWDER
PÓ DE ARROZ
Primor e Perfume Incomparaveis
PERFUMARIA ORIZA
de L. LEGRAND
11, Place de la Madeleine, PARIS.

VINHO ANDRADE
IODO-TANICO PHOSPHATADO
Appetitivo, tonico e reconstituinte

Substitue o oleo de figado de bacalhau, com a vantagem de não ser repugnante, de não produzir enfado, nem fatigar o estomago, como o oleo de figado de bacalhau.

Usa-se com reconhecido proveito para combater as doenças do peito, tuberculoses, rachitismo, anemias, nas convalescenças, etc.

Vende-se em todas as pharmacias e drogarias.—DEPOSITO GERAL—Pharmacia ANDRADE & IRMÃO, rua do Alecrim—LISBOA.

Não ha ninguem
que venda bilhetes postaes de mais bonito como mais baratos do que o vendedor na Rocha da rua do Arsenal, 98.—E' incrivel que se possa encontrar tão grande collecção de novidades em bilhetes francezes, inglezes, allemães e hespanhoes.

Todos os dias se recebem novas collecções de verdadeiras preciosidades d'este genero, que as outras lingerias d'esta...

1671
NESTLÉ
Farinha lactea

QUEEN
COMPANHIA DE SEGUROS
Agora unida com a companhia de seguros Royal
Responsabilidade illimitada
SEDE GERAL EM INGLATERRA
Os fundos excedem a 36.000.000$000 réis

GRANDE NOVIDADE
Chocolat au Lait
JOAQUIN CIFUENTES—MADRID
Fornecedor da Casa Real Hespanhola. O melhor chocolate que se vende em Lisboa. A' venda nas principaes confeitarias.
Agentes para Portugal e deposito geral:
LAZZOLO & C.ª
Lisboa - Rua Nova do Almada, 116
(Palacio Ouguella)

Livraria Catholica
Rua Augusta, 220, 1.º

Livraria Ferin
70, Rua Nova do Almada 74—LISBOA
Ultimas publicações coloniaes

[listagem de livros]

LIVRARIA FERIN

SALÃO MOZART
MONIZ & FONSECA
PIANOS
ORGÃOS
Instrumentos Musicos
RUA IVENS, 52,54
LISBOA

AUTOMOVEIS MORS
ANTONIO DE SARMENTO
152, RUA DOS FANQUEIROS, 160

"ORIGINAL VICTORIA"
As melhores machinas de costura do mundo
Vendas a 500 réis semanaes
Concessionarios em Portugal
MOURA & CAMPOS, Limitada
Rua do Alecrim, 38, 1.º — LISBOA

CONTRA A TOSSE

Filtro "SANITAS"
O MAIS PRATICO — O MAIS EFFICAZ — O MAIS BARATO
Preserva da febre typhoide e de todas as doenças infecciosas
Preço dos FILTROS "SANITAS" (AP)
[tabela de preços]
Unico depositario em Portugal
LIMA & COMMANDITA
Rua de S. Julião, 140, 2.

AMIEIRO
ALFAYATE
Rua Ivens, 45, 1.º (casa onde esteve estabelecido o alfayate Keil)

Participa aos seus freguezes que acaba um magnifico e variado sortimento de fazendas para o inverno. Especialidade de casacas—fazendas de seda novidade e especiaes para casacas de baile, theatro e banquetes (o ultimo chic em Londres e Paris), e esplendidas pelles de astrakan para casacos de agasalho, que constituem presentemente a maior novidade da casa Pool.

Sementes genuinas de trigos italianos cuja producção é universalmente conhecida

V. L. Ricciardi
RUA DE EL-REI, 114, 2.
LISBOA

MACHINAS — SINGER — PARA COSER
DOMESTICA BOBINE CENTRAL
TRABALHOS DOMESTICOS
Machinas para todas as industrias em que se emprega a costura
Companhia Fabril SINGER
Concessionarios em Portugal ADOOK & C.ª

Publicidade e Moda | 259

Mostram-se aqui alguns dos anúncios editados no jornal *Novidades*, na passagem de século, cuja página 4 (a última) estava totalmente dedicada a esse tipo de informação, a qual, com alguma frequência, se estendia à página 3. Navegação (partida e chegada de barcos), leilões, elixires, vinhos, pastilhas Vichy, lanifícios de Arroios, livros escolares, companhias de seguros, horários de comboios, abertura dos Armazéns do Chiado (inaugurados a 12 de Novembro de 1894), cirurgião-dentista J.P.G. Paiva, pó de arroz Oriza, alfaiate Amieiro, modas e confecções, revista *A Moda Ilustrada* (distribuida pela livraria Bertrand-José Bastos), anúncios do Estado (obras públicas), termas de Torres Vedras, banca, pastelaria Guerra (bolo-rei), APT (companhia dos telefones), máquinas e alfaias agrícolas (Nascimento & Cª), companhias de gás e electricidade, oficinas de fotogravura (Mala da Europa) – eis alguns dos anunciantes e marcas, denotando uma Lisboa comercial e com alguma indústria dentro da cidade, a alargar os seus domínios a norte da praça Marquês de Pombal, afastando-se do rio.

Fixo-me no anúncio do alfaiate Amieiro, cuja especialidade eram as "Fazendas de alta novidade e especiais para casacas de baile, teatro e banquetes (o último *chic* em Londres e Paris); e esplêndidas peles de astracã para casacos de agasalho, que constituem presentemente a maior novidade da casa Pool". Destaco a distinção de roupa para teatro e banquetes – fundamental na época e que hoje se desvaneceu por completo. Mas também a ideia de fazer a roupa por encomenda, seguindo padrões de gosto internacionais (o *chic*); o *prêt-à-porter* dos anos 60 poria em causa os fundamentos da artesanalidade da confecção.

Em finais de 1904, saltam à vista os anúncios de automóveis (Mercedes, Panhard, Richard-Brasier, Peugeot), garagens (Auto-Palace). Mas também são publicados em jornais como as *Novidades* anúncios do restaurante café Internacional (rua do Arco da Bandeira, 56 a 60), farinha láctea Nestlé, ateliê de moda Madame Brito, livro de Sousa Martins, pianos de Rönisch, escola Académica, Le Chic Parisien (praça D. Pedro, 121-122), livrarias Clássica Editora e Ferin, médicos & cirurgiões (mais de meia coluna), instituto Pasteur, raios X, médico de doenças de estômago, oficinas fotográficas, ascensores *Monte Charges* (de C. Mahony & Amaral), oficinas a vapor e fundição, fundição de ferro e bronze (antiga fábrica Bachelay), máquinas e ferramentas L. de Oliveira Belo & Cª, fábrica de moagens do Beato, camas de ferro (fábrica Portugal) e cofres à prova de fogo, perfumaria Dias (rua da Praça da Figueira, 39-40), charutos havanos (depósito na rua Nova do Almada, 18,1°), vinhos de Colares, joalheiro E.A. Canongia, salão Mozart (rua Ivens, 52-54), Berlitz School (inglês, francês, alemão, italiano), companhia de seguros Previdência, companhia açucareira de Angola, salão Neuparth (que Valentim de Carvalho compraria anos depois) e armazém da Patriarcal.

Publicidade no Estado Novo

Rui Estrela (2005) estuda a publicidade no Estado Novo a partir da imprensa, cartaz, cinema, rádio e televisão. Se, no começo do período em observação, a imprensa era o principal receptor da publicidade, a televisão assumiria a liderança no final do período (2005: 15). 1970 foi o ano em que a televisão passou a captar mais investimento publicitário que a imprensa, ainda que mínimo (39,9% contra 39,8%). Ao mesmo tempo, as revistas especializadas adequavam-se a públicos específicos.

Em 1960, Rui Estrela refere a existência de cerca de 200 diários e semanários, número que sobe para 250 em 1973. O preço de publicidade por página era de € 25 no *Jornal de Notícias* (Porto) e de € 50 no *Diário de Notícias* (Lisboa), em 1973. Quanto ao *Século*, também aqui na capital, oferecia vantagens em termos de pagamento. Mas desenvolvia-se uma área de revistas, algumas associadas com a televisão e outras orientadas para o público feminino: a *Crónica Feminina*, carregada de anúncios com produtos de beleza, higiene e saúde, tinha um preço de publicidade por página mais elevada: € 63, em 1971 [44].

O autor aplica uma bem elaborada grelha para análise dos anúncios, tendo feito muito trabalho de classificação. Ele considera o *estilo informativo* o mais usado no período (1960-1973), presente nos transportes, turismo e banca, a que se seguia o *estilo comparativo*, que se usava em 20% dos anúncios de imprensa (electrodomésticos, automóveis, produtos alimentares, higiene e beleza). O *estilo promocional* chegava aos 10% – a época da óptica de vendas – e incluía o sector de higiene e beleza, caso dos detergentes, e electrodomésticos. Anunciantes importantes seriam a Companhia dos Telefones, Gazcidla, banca e RTP (promoção de programas). No sector de automóveis, verificar-se-ia uma diminuição dos anunciantes norte-americanos, um aumento dos europeus e o surgimento, mais

---

[44] Optei por passar para euros os valores indicados no livro em escudos, porque me parece mais fácil raciocinarmos em termos da presente moeda.

para o final do período, dos construtores japoneses. O sector relojoeiro, outrora uma fatia importante no mercado publicitário, perdia influência, o mesmo ocorrendo com o sector têxtil, ao passo que as empresas de higiene e beleza desviavam os seus investimentos publicitários para a rádio e para a televisão.

Cartaz, cinema, rádio e televisão passam a ter fatias mais elevadas em investimentos publicitários, que Rui Estrela analisa com muito pormenor. Anunciantes e empresas produtoras merecem adequada atenção. Para não alongar o texto, e substituir o livro, que se lê com muito agrado, detenho-me na produção de filmes publicitários. A Telecine-Moro era a maior produtora: realizou, entre 1960 e 1968, cerca de 31% dos filmes para o cinema. Chegava-se a uma altura de transferência de consumo deste meio audiovisual para a televisão, mas em que esta ainda operava a preto e branco. Em 1965, o preço do filme publicitário produzido pela Belarte, outra empresa de topo, com 30 metros (ou 15 segundos), exibido uma vez por sessão durante uma semana, custava cerca de € 27. No início da década seguinte, a Belarte cobraria já € 35 (2005: 37).

A rádio captava cerca de 25% do total do investimento publicitário, em 1970, chegando assim aos € 560 mil. As grandes vozes da rádio, como Artur Agostinho, Henrique Mendes, Igrejas Caeiro, Mary Tarant, Matos Maia e os irmãos Andrade, eram algumas delas. Gravados já em suporte magnético, o preço da publicidade ao fim do dia (19 às 20 horas) por 20 segundos era de € 0,9 no Rádio Clube Português e € 0,32 nos Emissores Norte Reunidos (Porto). O estilo de anúncio era o musical.

Finalmente, quanto à televisão, os anúncios iniciais eram dados em directo, com uma demonstradora a falar do produto. Por vezes, havia enganos. O primeiro equipamento de gravação video seria comprado pela RTP em 1964. Do mesmo modo que tinha peso no cinema, a Telecine-Moro tornou-se a principal produtora de filmes publicitários para a televisão. De meados dos anos 60 a 1974, 80% dos filmes publicitários na televisão pertenceram a essa produtora. Em 1967-1968, um filme de 15 segundos custava € 12500 (preto e branco) ou € 37500 (cores). O locutor recebia entre € 1 e € 1,25.

No período de 1960 a 1973, Rui Estrela observa os seguintes traços: aumento considerável do negócio publicitário, desenvolvimento de antigas agências e aparecimento de novas agências, maior organização interna, importância crescente dos meios rádio, cinema e televisão, maior variedade de estilos, necessidade de formação contínua e contactos diversificados com o estrangeiro, através de congressos nacionais e internacionais, aparecimento de associações profissionais (2005: 126-127).

Um Livro de Eduardo Cintra Torres Sobre Anúncios [45]

Escrever sobre publicidade significa possuir muitos conhecimentos (história, pintura, cinema, música, artes gráficas, linguística, literatura) e ter elegância na abordagem dos temas. Mas escrever sobre publicidade num jornal implica também rigor e concisão, pois o espaço é um bem escasso, além da dificuldade do exercício regular, haja ou não boa matéria-prima para tal.

São estas as primeiras palavras a propósito do livro de Eduardo Cintra Torres, *Anúncios à lupa. Ler publicidade* (2006a). De que nos fala o livro? De marcas, de produtos, de campanhas institucionais, em textos elaborados durante 51 semanas (2003/2004), acerca de automóveis, bebidas, relógios, moda, telemóveis, medicamentos.

Apesar da variedade, existe uma escolha criteriosa de temas, com encadeamento ou retomar de ideias, em contraste e complementaridade. Com frequência, elogiou campanhas ou anúncios; algumas vezes disse: "não gostei". Expressando os seus pontos de vista, e apesar de fazer poucas citações de autores que escreveram sobre publicidade, Roland Barthes está lá. Mais as suas massas Panzani, com a distinção entre denotação e conotação, elementos caros à semiologia (Barthes, 1984: 28), uma das bases científicas mais expressivas do trabalho deste autor.

Eduardo Cintra Torres intenta construir uma teoria da publicidade: figuras de estilo literárias, como metáforas e metonímias, visualidade, uso dos sinais gráficos como asteriscos e reticências, elementos distintos na publicidade de televisão e de imprensa, codificação, publicidade como construção onírica, persuasão e emoções positivas ou prazer. Chama a atenção para a escrita das frases, nomeadamente quando as vírgulas distorcem o sentido da ideia. E revela a importância de campanhas que envolvam a responsabilidade social, caso de empresas que elaboram campanhas de apoio a grupos específicos de risco ou insuficiência física.

---

[45] Texto adaptado do artigo que publiquei no *Jornal de Negócios*, de 9 de Novembro de 2006.

Publicidade e Moda

O livro inclui também textos onde se fazem alusões directas aos limites da publicidade: bebidas alcoólicas, brinquedos e separatas de jornais, os dois primeiros devido à pressão sobre públicos jovens e sensíveis, o último porque se confunde jornalismo com publicidade e promoção. Aliás, e na minha perspectiva, o texto sobre separatas dos jornais é dos mais significativos, pois analisa mais que um produto ou marca, observa o medium em si. O mesmo ocorre com o slogan da TVI, marca construída pelo espectador, espécie de autor-consumidor.

Cada texto é como um *videoclip* ou pequeno conto, em que o anúncio serve para apresentar um argumento, narrativa ou história à volta do título, slogan, imagem, cores e transposição da campanha de televisão para a imprensa e *outdoors* (o autor deixou de fora a rádio e a internet). Sexualidade, sedução, moda, teatralidade – eis alguns ingredientes da publicidade analisados no livro. Mas também a persistência, eficácia e sentimento de confiança, mesmo em anúncios menos conseguidos, por oposição ao choque e surpresa provocados por outros.

Há um olhar jornalístico no tratamento dos textos, porque se trata de uma colaboração num jornal e porque traz a actualidade à discussão, assim como o pragmatismo das campanhas e anúncios: publicitar e vender. Nesse sentido, a escrita de Eduardo Cintra Torres contextualiza, valoriza. O autor vê a publicidade como sendo passível de leitura profunda (ou preferencial, como também escreve) mas fala igualmente da superfície da imagem, a qual estimula e convence públicos (consumidores). O esforço do autor é trabalhar essa leitura profunda ou segunda leitura.

Notas Sobre Publicidade

Indústria cultural de grande relevo, pode olhar-se a publicidade segundo dois pontos de vista opostos: por um lado, é omnipresente; por outro, a sucessão permanente de anúncios faz esquecer os da campanha anterior. Anúncio televisivo, cartaz na rua ou no jornal, redigida como se fosse notícia, tomamos conhecimento de um produto ou serviço através da publicidade. Também mudanças de atitude são trabalhadas em campanhas de comunicação pública.

A cadeia de valor na publicidade é vasta, envolvendo criativos, agências de publicidade, meios de comunicação e distribuição. Conceitos como orçamento, campanha, públicos--alvo ou cobertura são elementos diários quando se fala em publicidade (Hanon, 1984).

A publicidade, estrutura simbólica que permite compreender a nossa cultura (Rosales, 2001), pode promover atitudes e estilos de vida e alterar valores enraizados nos indivíduos e grupos sociais, por apelar a mais e mais consumo (Schudson, 1993).

Os anúncios distinguem-se por época, sexo, representações do mundo e valores. No caso da época, destacam-se o Natal e o Verão, quando é grande a quantidade de mensagens publicitárias e a especificidade de produtos relacionados com tais momentos do ano, com muitas empresas a apostarem os maiores investimentos publicitários. Livros, perfumes, brinquedos, relógios são bens muito publicitados, atendendo às prendas a dar. A prática de prendas é uma relação social. Mas também existem categorias de anúncios ao longo do ano, como a alimentar e a higiene pessoal. Embora com um pico de vendas no Natal, os produtores de bens e serviços pretendem um consumo regular ao longo dos meses, pelo que é necessário avivar constantemente a vontade de comprar.

No tocante a anúncios orientados para cada um dos sexos, os que promovem produtos de higiene e do lar tem a mulher como a mais representada, ao passo que os homens aparecem mais frequentemente nas bebidas. Quanto ao tipo de produto, Rosales (2001: 101) encontra uma relação forte nos produtos de higiene e cosmética entre uso do produto e seus efeitos para a personagem, nos anúncios que promovem bebidas e alimentos utilizam-se argumentações em que os produtos interferem nas interacções estabelecidas pelas personagens. Se as representações gerais mais difundidas são juventude, lazer, práticas de convivialidade, estudo e desporto, os valores recriados pela publicidade são paz, segurança, felicidade e realização pessoal.

A publicidade ajuda a ordenar a importância dos bens e serviços promovidos pela publicidade. Por vezes, até, parece oferecer soluções para contradições sociais. Mas ela não passa de uma construção social e cultural da realidade a que faltam algumas dimensões da vida real. Por exemplo, nunca se fala de trabalho, estatuto social, minorias étnicas, pobres e indigentes, doentes ou velhos e os casais representados são sempre felizes (Rosales, 2001; Schudson, 1993). Se quisermos, a publicidade tem um alvo específico: a classe média e o seu conforto material.

Schudson (1993: 210-211) compara a publicidade dos produtos e serviços com os classificados dos jornais. Um classificado – a venda de uma casa ou automóvel, a oferta de emprego – esgota-se quando o negócio é feito ou a admissão é realizada. Mas uma marca como uma bebida ou tipo de automóvel nunca esgota o seu produto nem sabe quando aparece um comprador. A marca confia na capacidade dos possíveis compradores e na distribuição e promoção dos produtos, mas ignora quando são adquiridos nem tem um telefone específico para fazer o negócio com o possível comprador. Logo, não consegue medir a velocidade de resposta dos clientes de modo tão fácil como a venda de um bem específico.

A publicidade articula-se ainda com a moda, como no vestuário. Isto significa a necessidade de se fazer um esforço permanente de publicitação. Por exemplo, na moda há diversas actividades de promoção: exposição, com passagens de modelos; lançamento de colecções com estrelas, modelos ou celebridades no centro dos anúncios para fornecerem mais notoriedade; publicidade da baixa de preços e saldos nos jornais e nas montras das lojas. Para além do esforço de promoção, a publicidade recorre às técnicas e tecnologias mais sofisticadas e recentes, nomeadamente nas artes visuais.

É interessante estabelecer-se uma comparação entre os anúncios atrás analisados (há cem anos e no Estado Novo), dada a mudança de paradigma da publicidade. Cem anos atrás, a maioria dos anúncios dava conta de um bem ou serviço de produção reduzida, com imagem e texto realista e extenso. Já em meados do século XX, a imagem e a cor ocupavam o centro do anúncio e o texto reduzia-se a uma ideia. Hoje, alguns dos anúncios que vemos nos cartazes de rua nem sequer têm identificadas as marcas, pois a publicidade de rua acompanha as campanhas televisivas e serve apenas de elemento de recordação, fixando uma frase ou imagem da televisão.

Tema Musical que Acompanha a Actriz de Nova Novela ([46])

Um dia, chegou a seguinte mensagem à minha caixa de correio electrónico (vou omitir nomes): "Caros amigos. Vimos por este meio enviar, em primeiríssima mão, o tema dos [nome da banda musical] que faz parte da banda sonora da nova novela da [nome do canal televisivo e do título da novela]. O tema de nome [indicação do nome] acompanha a personagem desempenhada por [nome da actriz/actor]. Agradecemos divulgação do tema ao vosso auditório".

A publicidade (ou promoção) da banda sonora de uma novela por um meio de comunicação é um episódio de uma longa história (de milhares de anos) do modo a divulgar produtos ou bens. Assim, na Pompeia petrificada pela erupção do vulcão Vesúvio (ano 79 da nossa era), é possível lermos inscrições publicitárias. Depois, muito mais tarde, em especial desde a segunda metade do século XIX, cada vez mais produtos vêm sendo publicitados, primeiro nos jornais, depois nos *media* electrónicos. Nos jornais de finais do século XIX e começos do século XX, há imagens que acompanham o texto publicitário, mas este tem maior importância do que aquele. Anúncios a vestuário, sabão, tabaco e máquinas agrícolas são algumas das áreas. Sobre o sabão, aliás, contam-se histórias deliciosas. Como era necessário educar as pessoas a terem hábitos higiénicos – não havia o costume de tomar banho todos os dias ou com muita frequência – a publicidade a sabões e sabonetes frisava os cuidados de saúde. O sabão foi um dos primeiros produtos a possuir nomes de marcas. Para obter um impacto maior, as marcas de sabões, sabonetes e produtos de limpeza patrocinaram as radionovelas – daí a designação, em inglês, de *soap opera* (*soap*, de sabão) dada às novelas na rádio e, mais tarde, na televisão. Em Portugal, o detergente que patrocinava as novelas era o Tide, rapidamente transformado no mais popular junto das donas de casa, o público preferencial desse

---

([46]) Adaptado de texto de crónica lida na Antena Miróbriga Rádio, a 26 de Junho de 2006.

tipo de programas. Um dos outros produtos a ter designações próprias foi o tabaco, hoje banido da publicidade por questões de saúde.

Com o crescimento da publicidade surgiu um novo léxico: orçamento (muitas vezes dito com o termo inglês: *budget*), público-alvo, *outdoor*, pesquisa publicitária, agência de meios, notoriedade, campanha publicitária, concepção gráfica, frequência de inserções, *teaser* (campanha desdobrada em momentos diferentes), *below the line* (publicidade em oposição a acções de relações públicas, por exemplo), audiências.

Num livro fascinante e de leitura rápida editado em 2005, de Wally Olins, chamado *A marca*, o autor, um dos mais prestigiados criadores de identidade de marcas, traça três tipos de marcas referentes a produtos ou serviços. Assim, a primeira designação – marca *monolítica* (*corporate*) – é quando os variadíssimos produtos de uma empresa ou grupo de empresas possuem a mesma designação. Casos da Nokia ou da marca de brinquedos Lego. A segunda designação, *validada* (*endorsed*), é quando uma organização possui uma série de marcas com nome próprio e identidade. Estou a pensar na Sonae, que tem os supermercados Continente, o jornal *Público*, empresas de conglomerados de madeira, hotéis a nascer na zona de Tróia. Aqui, com a particularidade de toda a gente conhecer o patrão, pessoa muito interveniente no espaço público. A terceira designação – *individualizada* (*branded*) – é quando o nome de um produto não se identifica com a organização, caso dos produtos de limpeza ou de alimentação (Procter & Gamble, por exemplo).

A publicidade, que começara nos jornais, acompanhou a evolução dos media. Na rádio, usa-se o termo inglês *jingle*, a que eu costumo chamar musiquinha. Todos nós fixamos *jingles* de anúncios ao longo da vida (género: "O que é Nacional é bom"). E também anúncios de televisão, aqui com uma particularidade. Como o tempo custa bastante dinheiro, a publicidade televisiva conta, em doze a dezasseis segundos, uma história sobre a marca ou produto, com planos de imagens muito rápidos, na linguagem dos *videoclips*. Neste momento, pensa-se em anúncios de um segundo; a questão é saber se um período tão curto de tempo chama a atenção do consumidor. Talvez subliminarmente. Imaginação, choque e som mais alto quando o anúncio passa na televisão são algumas das características da publicidade.

Com a invenção do telecomando, os telespectadores e consumidores passaram a mudar de canal sempre que aparecem blocos publicitários. Tal levou os publicitários a criarem um outro mecanismo de percepção das marcas dos produtos e serviços, a que chamaram *product placement*. O boné do treinador ou do jogador de futebol, mais a marca de águas em cima da mesa e voltada para as câmaras de televisão, ou o patrocínio inscrito no painel atrás da mesa são estratégias semelhantes à enunciação da marca pelo actor ou actriz na série ou novela ou a focagem, em primeiro plano, de um dado produto com marca.

A publicidade de marcas é uma área de grande criatividade. Basta pensar no trabalho do anúncio de televisão ou do cartaz. Combinam-se múltiplos saberes: o escritor (caso do "Há mar e mar, há ir e voltar", do poeta Alexandre O'Neill), o pintor, o fotógrafo, o gráfico, o especialista em desenho computadorizado. Ou o publicitário em si, como o brasileiro Edson Athayde. Ou ainda no uso que a pintura pop art deu à publicidade, como as sopas de tomate Campbell's pintadas por Andy Wharol, o artista que dizia que, no mundo dos *media* electrónicos, cada pessoa podia aspirar a um máximo de quinze minutos de fama. Além dos néons das grandes cidades, como Nova Iorque, Londres ou Lisboa. E dos festivais de publicidade, o mais famoso dos quais é Cannes.

Queria, quase a terminar, referir os picos de anúncios nos *media* em geral. O maior ocorre de Setembro a Novembro (o regresso às aulas, primeiro, e a aproximação do Natal, depois), a que se sucede o começo do Verão (férias). Obviamente, os meses mais baixos em termos de publicidade são Janeiro (o dinheiro para as compras termina no dia de Ano Novo) e Agosto (quando as pessoas vão de férias para fora, as que conseguem ir). Mas há também picos durante eventos especiais, como um mundial de futebol, onde algumas das caras dos anúncios pertencem ao treinador e aos jogadores da selecção. Além deste sector, também as vedetas de televisão (actrizes, modelos, apresentadores) ganham bom dinheiro suplementar com anúncios às mais variadas actividades. Muitos de nós, porque simpatizamos com essas figuras públicas, fixamos as marcas e tornamo-nos potenciais compradores. A isso se chama construir a notoriedade da marca.

Voltando ao anúncio da banda sonora da novela. Não se pode olhar para a proposta promocional de modo negativo. Isto porque a música sugere a acção de uma dada estrela de televisão na narrativa da novela. O produto fica muito mais bem identificado, afinal o objectivo máximo da publicidade.

Terceira parte

GRUPOS, ESPAÇOS E CONSUMO

Capítulo 9

Públicos e Consumos. Definições de Públicos

Questão paradigmática de cidadãos e consumidores perante a recepção de produtos culturais é a distinção entre públicos e audiências (Abrantes e Dayan, 2006). No capítulo, traço diversas perspectivas de públicos da cultura, a partir de um conjunto de trabalhos já efectuados, alguns teóricos e outros com aplicações empíricas (Bourdieu e Darbel, 1969; Conde, 1992; Santos e Costa, 1999; Gomes, Lourenço e Neves, 2000; Santos *et al.*, 2001, 2002; López e García, 2002; Esquenazi, 2005, 2006, 2006a; Donnat, 2003; Donnat e Tolila, 2003; Santos, 2004; Gomes, 2004). Um segundo ponto do capítulo aborda o tema do fã, entendido este como membro do público partindo de um grupo especialista, e que pode chegar ao extremo, através do fanatismo (Hills, 2002; Bird, 2003; Grossberg, 2003; Jensen, 2003, Jenkins, 2006, 2006a). Um terceiro elemento do capítulo contém a análise do conceito de audiência, mais apontado para a recepção de televisão (Moores, 1993; MacKay, 1997; Souchon, 1997; Geraghty, 1997; Zelizer, 2000; Santos, 2000; Lacey, 2002; Hall, 2003; Anderson, 2005, Abrantes e Dayan, 2006).

Um dos objectivos do capítulo é encontrar regularidades e distinções em termos de grupos de gosto e de consumo de bens culturais. Os sociólogos da cultura têm dedicado grande atenção aos consumos, como resposta à demanda de produtores interessados em conhecer o que querem os receptores. Mas também estaticistas e especialistas de marketing, psicólogos e historiadores trabalham o tema do consumo cultural. Há estudos que fornecem indicações precisas do gosto e interesse pessoal quanto a produtos como filmes, discos, livros ou tecnologias, cruzando variáveis como idade, género, rendimento económico e habilitações literárias, com um retrato muito fiel dos comportamentos dos indivíduos e dos grupos a que se agregam (Gomes, 2004; Damásio, 2006).

As definições de público e de audiência não se esgotam no modelo de receptor passivo, pois uma corrente grande de investigadores fala de reconstrução dos significados das mensagens mediáticas e culturais e sua reapropriação, caso dos estudos culturais. A recepção, assim, não é igual para todos os consumidores mas revela diferenças atendendo às variáveis enunciadas. Por isso, há produtos que atingem uma dada classe económica ou cultural de uma forma diferente de a recepção ocorrida numa outra classe. Sobre esta diferença, o grupo-alvo, trabalham diferentes especialistas. Conhecer bem o seu público-alvo é o propósito. Claro que nem sempre os especialistas acertam, dada a grande margem de erro quanto ao objecto de análise, o que conduz a que um produto com todas as condições de sucesso possa fracassar.

Não podemos esquecer que a construção dos conceitos público ou audiência é sempre abstracta, pois não há uma aplicação do modelo à realidade na sua total assunção. Dayan (2005, 2006) estudou profundamente os conceitos de público e audiência, estabelecendo comparações entre este último e outras entidades: multidão, testemunha, activista, espectador (ver Santos, 2007b).

Se *público* corporiza razão e normas, a *multidão* exemplifica o comportamento irracional e gera ansiedades sociológicas. A diferença entre público e multidão, continua Dayan, é uma questão de localidade: os públicos podem pertencer à esfera pública e ao espaço público, as multidões apenas se encontram nos espaços públicos. Na esfera pública, a violência, a existir, é simbólica; no espaço público, a vio-lência também pode ser física. Já a distinção entre *comunidade* e público envolve uma dimensão de identidade partilhada (e imaginada). O público refere-se a valores universais, a comunidade alberga interesses nem sempre universalizáveis. Dayan (2005: 50) opera também a relação entre *grupo militante* ou *activista* e público. O activista é filiado num grupo específico; o público apreende-se a si mesmo como potencialmente infinito. Um activista pertence a uma entidade com hierarquias e níveis de decisão; o público caracteriza-se por ausência de hierarquias. Quanto a *testemunha*, ela é alguém que se refere a uma situação particular e fala de algo ocorrido no passado e que observou. Ao invés, o público é um grupo feito pelos que reagem a uma situação a que deram atenção, mas a podem reinterpretar.

Dayan (2005: 54) define três públicos ideais: 1) *gosto*, geralmente focado em trabalhos, textos, programas, 2) *temas*, especializados na produção de problemas públicos, 3) *identidade*, ligados aos jogos ou acções para obtenção pessoal de uma identidade visível, caso dos públicos da música, do desporto, dos fãs. E, quando olha a televisão, Dayan (2006: 46) traça o perfil de quatro tipos de públicos: 1) *fãs*, público estável e dotado de sociabilidade, pertencente a uma comunidade imaginada e a que chama *público para rir*, 2) *da televisão cerimonial*, não estável mas passageiro, público de um dia ou de alguns dias, emblemático das emissões em directo, 3) *das elites dos media europeus*, o dos políticos e dirigentes económicos europeus, que lêem os *media* de qualidade, e 4) *dos media de imigração*, das diásporas, que lêem os *media* dos seus locais de origem. São os *quase-públicos*. Por seu lado, audiência é um fantasma em representações gráficas que expressam partes de mercado, ficção inventada por instituições de sondagens, o duplo obscuro do público (Dayan: 2006).

Na relação entre público e audiência, Sonia Livingstone (2005) tem uma posição menos radical que Dayan. Ela é contra a polarização redutora de público e audiência, argumentando que as pessoas vivem em contexto mediático. Os *media* fornecem uma janela sobre o mundo (Livingstone, 2005: 21), medeiam ou mediatizam, seleccionam, atribuem prioridades, moldam, conforme as instituições, as tecnologias e as convenções discursivas da indústria dos media. Compreende-se que a mediação do público seja vista com pessimismo, continua Livingstone – a refeudalização da esfera pública em que a discussão pública se torna publicidade, como indicou Habermas. O que nos leva a Horkheimer e Adorno, que indicaram que interesses concorrenciais influenciam as instituições mediáticas e guiam a produção de conteúdos.

Fiel à linha inglesa dos estudos culturais, Livingstone defende que as audiências não são totalmente passivas. É que as audiências atingem um patamar, ainda que ambíguo, de interpretação crítica. Por isso, apresenta um domínio intermédio entre público e audiência, um terceiro termo – *cidadania* ou *actividade cívica* (Livingstone, 2005: 34). Esta é mais plural e abrangente que *quase-público*, conceito que tende a menosprezar os telespectadores. A actividade cívica constitui uma espécie de público retirado na privacidade do lar, fora das actividades da comunidade, mas capaz de gerar o capital social necessário de envolvência política, com valores e formas culturais de identidade.

Perfis e Práticas dos Públicos da Cultura

Para Maria Lourdes Lima dos Santos (2004: 8), o recente domínio dos estudos sobre públicos da cultura em Portugal traduz-se em número ainda pequeno de trabalhos e investigadores. As metodologias frequentemente usadas nesses projectos compõem-se de inquéritos, entrevistas e estudos comparativos e implicam dados quantitativos (estatísticas, variáveis, regularidades) e qualitativos (perfis e tipologias). Segundo a mesma autora, ela própria a mais entusiasta investigadora portuguesa do tema, a definição de públicos implica a sua caracterização social, através do conhecimento da estrutura social e institucional dos contextos, da relação entre multiplicidade de actividades e variabilidade de bens e obras presentes nessas actividades, da análise das lógicas dos públicos. Tal conduz à segmentação de públicos – daí a legitimidade no uso de *públicos* –, o que obedece a uma lógica de heterogeneidade e pluralidade. Mesmo em públicos restritos, estes apresentam-se como conjunto complexo, não estabilizado e de clivagens internas (Santos, 2004). Variados públicos conduzem a práticas culturais específicas.

Na sequência, Rui Telmo Gomes (2004: 32), apoiado em estudos realizados anteriormente, baseados em inquérito (festival internacional de teatro de Almada e Porto 2001), inclui variáveis de factores explicativos das práticas culturais como categoria socioprofissional, grupo ocupacional, nível de escolaridade, idade e género, associados a classe, na sequência de Bourdieu e Darbel (1969). Assim, recursos escolares elevados e alta qualificação profissional e estatuto económico corresponderiam a uma maior probabilidade de consumo cultural regular, frequência de eventos e equipamentos culturais (Gomes, 2004: 32).

Contudo, têm vindo a ser identificadas transformações ao nível da relação entre essas variáveis e as práticas culturais. A França será o país europeu com maior conhecimento dos seus públicos, com inquéritos ao longo de trinta anos. Verifica-se a manutenção de variáveis relevantes (idade, escolaridade, origem social, género) e, independentemente dos investimentos em políticas culturais, as desigualdades tendem a persistir (Donnat, 2003; Donnat e Tolila, 2003). Em Portugal, um dado crucial é constituido pelos baixos níveis de escolaridade, embora, em termos de comparabilidade com França, o desnível se reduza quando se trata de públicos jovens. Assim, se a escolaridade é um factor de distinção na desigualdade, a longo prazo o aumento de capitais escolares permitirá a democratização da cultura. Sabe-se que a população universitária é um núcleo importante de públicos (estudantes e professores), mas, uma vez concluído o ciclo de vida estudantil, os estudantes enquanto públicos têm uma quebra sensível em termos de práticas culturais (podendo passar de públicos cultivados a displicentes).

Apoiado em especial nesses inquéritos feitos à população francesa, que originaram estudos de elevado valor analítico (Donnat, 2003; Donnat e Tolila, 2003), Gomes constata que essa transformação quer dizer diversificação, esbatendo o primado das práticas culturais legítimas (cultura cultivada ou de elite, no elaborar de Bourdieu e Darbel, 1969) e favorecendo combinatórias entre práticas múltiplas (cultivadas e/ou lúdicas). Isto significa que, em termos dos perfis sociais dos públicos e práticas culturais, se passa de uma perspectiva *exclusivista* a uma perspectiva de *ecletismo* das práticas culturais (Gomes, 2004; Conde, 1992).

Idalina Conde (1992: 156) definira um *continuum* dos consumos habituais e regulares nos consumos de peças teatrais, exposições ou concertos únicos, em que os públicos podem alargar-se devido ao fenómeno dos amplos espaços culturais e grandes concentrações (caso de festivais e bienais). Assim, há: 1) *clientelas habituais*, 2) *públicos ganhos por estratégias de captação* em iniciativas específicas, e 3) *conjunto difuso de utentes/visitantes* comandados pelo carisma ou capital simbólico da instituição. Se, para Conde (1992: 152), cada público específico de uma modalidade cultural específica é sempre, em paralelo, público de outras modalidades (participantes em públicos diferentes, dependendo da actividade), em Gomes (2004: 34) fala-se de *segmentação dos perfis sociais dos públicos*.

Em termos de públicos do festival internacional de teatro de Almada, o texto de Gomes, Lourenço e Neves (2000) distingue *incondicionais* e *estreantes*. A partir da consolidação de um núcleo, os aumentos de públicos devem-se à transmissão do hábito de ir ao festival, através de relações familiares e de amizade, e à extensão do festival para Lisboa, num recrutamento de novos públicos. Já na análise aos públicos da capital europeia da cultura Porto 2001, Gomes (2004) define três perfis autónomos, o primeiro dos quais é o dos *públicos cultivados*, onde a articulação entre recursos elevados de qualificação e regularidade de práticas culturais é mais clara, assim como o seu ecletismo (2004: 37). O segundo perfil é o dos *públicos retraídos*, a que correspondem recursos qualificacionais e hábitos culturais mais reduzidos e frágeis. No caso dos públicos do Porto 2001, deu-se um alargamento deste tipo de público. O terceiro perfil é o dos *públicos displicentes*, com uma representação menos linear, dado haver, ao mesmo tempo, elevadas qualificações escolares, hábitos de saída convivial regulares e forte juvenilidade, mas rara frequência de eventos e equipamentos culturais. Este tipo, considera Rui Telmo Gomes, pode ser visto como *quase-público* ou público potencial (Dayan, 2006), pois, no Porto 2001, o público displicente terá sido cativado.

No seu texto, Maria Lourdes Lima dos Santos (2004: 10), a partir da explanação de Gomes (2004), distingue um conjunto alargado de categorias. Assim, os públicos de Almada separam-se por incondicionais, adeptos, flutuantes e estreantes, ao passo que os públicos do Porto 2001 se dividem em cultivados, liminares, especializados, retraídos, displicentes e recatados. Maria Lourdes Lima dos Santos reforça, assim, a ideia de que os públicos são polissémicos e mutáveis, integrados ou não em redes culturais. E, se o nosso objectivo é a análise dos públicos de cultura, podemos fazer uma rápida comparação com os públicos da ciência, para voltar a prescrutar os públicos de cultura e arte, e que incluem formação dos públicos e publicitação de acontecimentos. Maria Lourdes Lima dos Santos e Firmino da Costa (1999) elencariam os públicos da ciência em envolvidos, consolidados, iniciados, autodidactas, indiferentes, benevolentes e retraídos, o que implica uma graduação mais fina no perfil dos públicos. Costa, Ávila e Mateus (2002) debruçaram-se sobre igual problemática, procurando saber o acesso e o interesse em ler revistas de ciência. A principal variável foi o nível de escolaridade. Tendencialmente, quanto mais elevado o nível de escolaridade, maiores os conhecimentos científicos e mais positiva a atitude face à ciência (2002: 57). Mas nem sempre um maior nível académico significa mais atenção à ciência.

A ideia de *polissemia* – ou *obra aberta* em Umberto Eco – já fora trabalhada por Idalina Conde (1992: 145), partindo de um triângulo, criador da obra, pares onde circula primeiro a obra e públicos. A investigadora destaca o terceiro – os públicos da cultura, com o conhecimento dos perfis e o tipo de recepção, acima já referenciados por outros autores. A mesma autora dividira ainda os perfis sociológicos dos públicos da cultura em *endo-domiciliar* (servido pelo conjunto das indústrias culturais com a propriedade da reprodutibilidade) e *exo--domiciliar* (servido pelas artes do espectáculo ao vivo com a propriedade de raridade relativa). A análise em Idalina Conde é muito teórica, com ausência de estudos quantitativos, tornada possível pela investigação continuada do Observatório das Actividades Culturais. Curiosamente, os diversos estudos desta entidade apresentam alterações nas definições de públicos conforme se lêem diacronicamente os resultados, produto de afinação do aparelhamento teórico ao longo dos trabalhos, tendo em conta a experiência da equipa de investigadores e as especificidades dos estudos.

Em termos de síntese, podemos considerar que há, até aqui, três abordagens precisas de públicos de cultura, recorrendo a estatísticas de frequência de equipamentos culturais, inquéritos às práticas culturais de uma população e inquérito aos frequentadores de determinados eventos e acontecimentos.

Por seu turno, a análise de Jordi López e Ercília García (2002), aplicada ao consumo estratificado das artes cénicas e musicais, evidencia uma homologia entre a assistência aos eventos culturais estudados e a classe social dos consumidores (linha devedora de Pierre Bourdieu), numa aproximação aos perfis de públicos presentes em Gomes (2004). Tendo em conta a posição social dos consumidores, interesse dos consumidores por vários géneros dramáticos e musicais, nível de equipamento audiovisual e grau de inovação, conduzindo a uma divisão de públicos em quatro designações quanto ao consumo das artes do espectáculo e da música: *esporádicos*, *populares*, *snobs*, e *omnívoros* (López e García, 2002: 23).

A um primeiro grupo de consumidores com um padrão de consumo *esporádico* e uma probabilidade reduzida de participar mesmo nos eventos culturais mais populares (leitura de diários locais e revistas, feiras populares, festivais, concertos de música pop, folk ou flamenca) segue-se o grupo de consumidores com estilo de vida *popular* tanto pelo que fazem em hábitos de leitura (jornais locais, revistas familiares, ou livros populares), consumo das artes (festivais de teatro e música, monumentos artísticos e feiras de artesãos), como da assistência às artes cénicas e musicais (teatro, concertos de música pop, flamenco, folk e jazz). O terceiro grupo é o dos consumidores com um padrão de consumo "culto" ou *snob*: lêem livros com valor literário e revistas de opinião, vão às galerias de arte, frequentam com regularidade os museus, monumentos artísticos e feiras de livros e assistem às artes cénicas e musicais "cultas", ópera, zarzuela, música clássica e ballet/dança. Já os consumidores insaciáveis (*omnívoros*) que lêem de tudo (livros, revistas, jornais), consomem todo o tipo de artes com profusão e assistem às artes cénicas e musicais.

Esta construção teórica parece-me bastante avançada, até pelos instrumentos estatísticos de análise empregues pelos autores. O modelo de López e García deixa-me espaço para o de Jean-Pierre Esquenazi (2006a), mais analítico e reflexivo sobre os diversos contributos teóricos utilizados nos anos mais recentes. Esquenazi divide o *público* em seis grandes concepções, as quais obedecem a lógicas distintas. Assim, as definições assentam em: 1) o público como objecto em si activado pela obra (perspectiva textual ou semiótica), 2) inquéritos estatísticos (que dão um retrato cultural, tipo "tantos portugueses vêem três horas e meia de televisão por dia"), 3) lógicas comerciais dos produtores de objectos (de que emerge a crítica desses produtores como indústrias culturais manipuladoras dos públicos), 4) relação da obra de arte com o público como marcador da hierarquia de classes sociais (Bourdieu, nomeadamente), 5) consumo de cultura a partir de divisores de género sexual ou de nacionalidade, independentemente dos produtos, e 6) tradição etnográfica da sociologia (que privilegia uma concepção mais qualitativa do inquérito).

Esquenazi (2005: 99-100), que partia de uma posição polémica, a do conceito de público ter sido o parente pobre da teoria do cinema, destaca o modelo de construção do sistema de estrelas como resultado inicial da associação do público à produção. E enuncia o peso dos serviços de publicidade dos estúdios na promoção (e aceitação) dos filmes – a sua popularidade. A uma abordagem comunicacional ele junta outras: quantitativa, ontológica, artística e baseada na massificação. Depois, Esquenazi propõe olhar o problema do público com novos olhos. E apresenta três novos princípios: 1) *continuidade* (não se pode isolar a recepção das condições de produção de filmes e telefilmes), 2) *multiplicidade* (reconfiguração da recepção com actos distintos – os públicos mudam, os olhares mudam; logo, há públicos e não um só público), 3) *actividade* (o público não é passivo face ao produtor, mas dispõe de informação de contexto, com críticas ou declarações de um autor, e actualiza o tecido fílmico – o que vê – com a sua própria experiência). O que significa que o espectador, na sua interpretação, atribui uma intenção à produção.

Fãs

A bibliografia sobre o fã tem-no associado a imagens de desviante ou potencial fanático. A palavra *fã* significa alguém que nutre uma admiração especial por um artista de cinema, televisão, música ou outra indústria cultural (Hills, 2002: ix). Ele, o fã, aparece como excessivo, perto do comportamento de louco, que responde ao sistema das estrelas. Isto é, numa sociedade plenamente mediatizada, as celebridades ou vedetas funcionam como modelos para os fãs, envolvidos em "relações sociais artificiais" com aquelas. Não partilhando desta visão redutora de fã, pois existem comportamentos moderados face ao objecto de que se é fã, não levando à radicalidade do obcecado, vou fazer algumas propostas de ordem psicológica e semiótica apoiantes do conceito (Santos, 2007b).

Joli Jensen (2003) comenta a definição simplória do fã desviante, produzindo uma primeira explicação social e psicológica. O fã procura contacto com vedetas e famosos, sabe tudo sobre os seus gostos e preferências, de modo a compensar vidas desadaptadas. Quais as razões principais? No começo do século XX, termos como sociedade de massa, alienação e atomização, haviam adquirido uma ressonância profunda nos Estados Unidos urbanizados e industrializados. O refinamento da publicidade e das campanhas de relações públicas, o sucesso da propaganda no período da I Grande Guerra e a maior popularidade do cinema e da rádio trouxeram os receios de um poder imenso das técnicas de propaganda e da comunicação. As teorias da comunicação de então reflectiram essas perspectivas.

Já nos anos 50, associam-se adolescentes e fãs do *rock'n'roll*. Estimulados pelos media, os jovens constróem modelos com base nas estrelas, estabelecendo relações de troca e negociação entre jovens e estrelas, com novos tipos de comportamento. Assim, ao ler notícias sobre música urbana, acabam por surgir imagens de violência, bebidas, droga, sexo e questões raciais. O *heavy metal* seria um desses géneros de música juvenil violenta, também ligado a cultos satânicos. Mas a violência incontrolável dos fãs aparece igualmente no desporto, com as claques e o *hooliganismo*. Se os colocarmos num extremo de actuação, o fã caracteriza-se como rápido aderente a comportamentos violentos e destrutivos. Individualismo, escapismo e futuro sem saída são noções ensaiadas por pensadores pessimistas.

Um outro autor, Grossberg (2003: 52), olha a relação do fã com os textos de que é fã (perspectivas semiótica e antropológica). Os fãs lutam mais pelo modo como um texto se liga às suas experiências de vida do que pelo seu significado. Segundo ele, estuda-se o modo como um dado texto é usado e interpretado, como funciona para as suas audiências. Estas recriam constantemente o seu ambiente cultural, são audiências activas, mas também estão conscientes do modo como são manipuladas pelas estruturas de poder e domínio. Além disso, a audiência da cultura popular não se concebe como entidade homogénea singular. As audiências e os textos estão continuamente a ser refeitos.

O fã, que se relaciona com o texto cultural, opera no domínio do afecto, do sentimento, da integração (versus discriminação). Diz Grossberg (2003: 58): os fãs dividem o mundo cultural entre "nós" e "eles". O fã discrimina entre o seu raio de acção e o que está para além dele (Fiske, 2003: 34). Há uma distinção social entre comunidade de fãs e resto do mundo, fortemente marcado e identificado. O mundo cultural dos fãs constrói momentos de identidade estáveis (Grossberg, 2003: 59). Mas a categoria de fã não existe do mesmo modo em todas as situações históricas. O fã é compreendido historicamente numa relação face à cultura.

Para simplificar o escrito acima, encontramos dois tipos fundamentais de fãs: *passivo* e *activo*. Ambos têm uma relação de fantasia com a vedeta que idolatram (Jensen, 2003). O *fã passivo* colecciona discos, concertos e entrevistas em revistas, mas não estabelece uma relação profunda com outros elementos. Já o *fã activo*, para além do estatuto de admirador do objecto de que é fã, articula-se com outros fãs e: 1) interpreta os textos mediáticos numa variedade de perspectivas interessantes e mesmo inesperadas, e 2) participa em actividades comunitárias (Hills, 2002: ix).

A este modelo simplista, juntamos um mais complexo (figura 2). O modelo de fãs indica um *continuum* de posições indo do fã moderado (*couch potatoe*) ao mais radical, que cai no excesso. Os valores intermédios de *fãs activos* e de *fãs de culto* são os que interessa estudar melhor. Destes, há a assinalar o coleccionismo e a participação em comunidades ou tribos. Podemos colocar o fã, o "cultista" e o "entusiasta" num espectro de identidades e experiências, distinguindo-as entre si e ligando-as por uma especialização de interesses, organização social de interesses e produtividade material que faz mover do fã para o cultista e para o entusiasta. O "cultista" parece-se com o fã; o fã é caracterizado por uma falta de organização social. Também a tentativa de separar o cultista e o entusiasta causa problemas, dado que uma distinção é se o interesse do fã é derivado dos *media* (=cultista) ou não (=entusiasta). Uma distinção parcial entre fã de culto e fã "normal" relaciona-se não com a intensidade, organização social ou produtividade semiótica/material no que diz respeito ao fã, mas com a duração, especialmente na ausência de material "novo" ou oficial no meio de origem.

FIGURA 2

Grupo vasto da sociedade	Comunidade/tribo		Grupos restritos	⟶ Fechamento
AUSÊNCIA PASSIVA	FÃS ACTIVOS	FÃS DE CULTO	FANÁTICO	EXCESSO
"couch potatos" (consumidores de televisão	Compram discos/intervêm	Blogues, internet, revistas	Obsessão ⟶	
	⟵ Coleccionismo/ participação ⟶			Violência questionamento da ordem

Fico-me com as palavras-chave *fãs* e *tumultos*, a que se associa a ideia de contaminação, por exemplo sobre o fenómeno dos Beatles (Ehrenreich e outros, 2003). Aquela música *pop* e *rock* fazia furor, nomeadamente junto das adolescentes, como hoje também se constata nos concertos das actuais bandas. Então, há quarenta anos, as rapariguinhas gritavam pelos seus ídolos musicais e provocavam desacatos como se fossem greves, manifestações antigovernamentais ou movimentos sociais organizados e com objectivos claros. Mas faziam-no tão somente para se aproximarem dos músicos. Tudo começara numa reportagem sobre um concerto que os Beatles deram no Palladium londrino em 13 de Outubro de 1963 (Ehrenreich, 2003: 181). O movimento não teria envolvido mais de oito raparigas, mas a notícia actuou como chamada para o tumulto. Mais tarde, quando os Beatles chegaram aos Estados Unidos para uma *tournée*, rebentaram as críticas: aproximar-se dos Beatles era como obter licença para um grande tumulto. Os Estados Unidos estavam ainda sob o efeito do assassinato do presidente Kennedy. No aeroporto de Nova Iorque, havia uma multidão estimada de 10 mil raparigas, que, na realidade, era de quatro mil.

Estávamos no domínio da histeria centrada nas estrelas da música. Ver os ídolos na televisão é uma coisa, mas vê-los de perto – e, de preferência, tocá-los – é outra coisa. Para os adultos, isso tratou-se de uma epidemia. Os Beatles transportavam germes de contaminação, e todas as rapariguinhas estavam dentro do grupo de risco ao contágio. Nessa experimentação de contacto, uma adolescente, mesmo a mais pacífica, transfigurava-se, assaltando e destruindo propriedades, escrevia-se. Mas, contra-argumentava-se, dizendo que as rapariguinhas haveriam de crescer e tornar-se mulheres responsáveis. É que, concluía-se, os Beatles eram rapazes muito sensuais e as adolescentes não podiam ficar indiferentes ao momento (Ehrenreich, 2003: 184).

Henry Jenkins (2006, 2006a) tem uma perspectiva mais funcionalista de fã. Quando o autor começou a trabalhar no domínio dos fãs e adeptos, o conceito era ainda visto como elemento marginal da cultura e até ridicularizado pelos media. O que o levou a construir uma imagem alternativa dos fãs como consumidores activos, críticos e criativos. Se o livro sobre fãs, blogueiros e videojogadores (Jenkins, 2006a) é um conjunto de textos sobre objectos concretos que ligam os fãs (séries de televisão *Star Trek* e *Twin Peaks*, sequela cinematográfica *Star Wars*), o livro *Convergence culture* (2006) possui uma unidade maior. Identifica o fã como recolector de informação do objecto de que é fã e fala do trabalho de interpretação e divulgação que o mesmo fã faz. Melhor: o fã dos *media* também produz, o leitor também escreve, o espectador também participa (Jenkins, 2003: 208).

Jenkins operacionaliza conceitos e a relação entre eles: *convergência dos media, cultura participativa* e *inteligência colectiva*. Por *convergência*, ele entende o fluxo de conteúdo que atravessa várias plataformas dos media, em que as indústrias mediáticas cooperam e as audiências procuram novos modos de experimentar o entretenimento fornecido por esses media. A *cultura da convergência* articula os *media* clássicos (televisão, rádio, imprensa) com os novos *media* (blogues, grupos de discussão, troca de ficheiros), em que as empresas intersectam os gostos e as actividades das comunidades de fãs. A designação *cultura participativa* contrasta com a antiga noção de espectador passivo dos media. Já não se fala de produtores e consumidores como tendo papéis distintos, mas de participantes que interagem entre si. Na *cultura participativa*, ninguém conhece tudo de tudo mas cada indivíduo acrescenta um conhecimento novo, a partilhar na comunidade. As redes electrónicas são o veículo ideal, mas servindo-se igualmente de tecnologias anteriores.

O fã de *Star Trek* ou de *Twin Peaks*, após visualizar um episódio da série, escrevia num grupo de discussão, onde fazia a sua interpretação do programa televisivo e procurava interpretar os sinais e adivinhar os argumentos de episódios futuros. *Twin Peaks* seria, aliás, um bom exemplo de comunidade interpretativa, uma vez que o realizador David Lynch deixou capítulos com finais enigmáticos. A pergunta inicial era: quem matou Laura Palmer? Os fãs especulavam e construíam textos, no sentido de produtividade textual dado por John Fiske (2003). Jenkins vê a intervenção dos fãs como atingindo produtores e empresas dos *media* clássicos. O que significa que os fãs recebem, interpretam, recriam e exigem (a reposição da série *Star Trek*, com petições; a criação de novas personagens, com fanzines ou edição electrónica). Jenkins leva a produtividade semiótica a um nível mais elevado, o do exercício crítico sobre os criadores originais. E, ao realçar o poder dos fãs, evidencia a relação desigual entre fãs e estúdios de televisão ou cinema. Estes procuram o interesse dos fãs, seus públicos e audiências, porque lhes interessa vender, mas acabam por limitar as exigências e o uso de materiais na internet, evocando direitos de autor, o que afasta os mesmos fãs.

Um outro conceito trabalhado por Jenkins é o de *inteligência colectiva*, que vai buscar a Pierre Lévy (2004). Para este, *inteligência colectiva* é cultura, conjunto de ideias, idiomas e tecnologias cognitivas recebidas de uma comunidade (Lévy, 2004: 21). Aplicada à rede electrónica, é a capacidade de combinar e equilibrar as especialidades de cada membro da chamada *comunidade de conhecimento*, o que lhe permite exercer um poder maior nas negociações com os produtores dos *media* (Jenkins, 2006: 27). Mesmo que cada elemento contribua com uma pequena parcela para o conhecimento da comunidade e se desligue dela para integrar outra, há uma produção mútua e contínua, além de uma troca recíproca de conhecimento. Como o autor explica, importa não a posse do conhecimento individual em si – que é relativamente estático –, mas o processo social de aquisição do conhecimento – que é dinâmico e participativo, testado continuamente e reafirmando os laços sociais do grupo.

Como faz Joli Jensen no seu texto, que todos nós – mesmo os mais racionais ou "cinzentos" – somos fãs de alguma coisa: 1) do futebol (e leva-se um cachecol, uma camisola, uma bandeira ou outro adereço qualquer), 2) da ciência e literatura (compramos tudo que diga respeito a um autor: os seus livros, as biografias sobre ele, as suas entrevistas, ou a sua assinatura no lançamento de um livro), 3) do coleccionismo (selos, borboletas ou outro hóbi qualquer).

Para finalizar este subcapítulo, deixo umas linhas sobre comunidades virtuais e fãs. O fenómeno dos fãs alarga-se para além das comunidades físicas e reais, entrando também nas comunidades virtuais favorecidas pela internet. Sabe-se que parte do interesse dos fóruns anónimos reside no desempenho de papéis e múltiplas identidades que eles permitem (Turkle, 1997). Os utilizadores dos computadores vêem estes como espaço de liberdade, criatividade, fantasia e prazer. Mas também participam na tecnologia e na "vida real" de múltiplos modos, intervindo em chats anónimos, como membros de outros grupos de email a que se juntam por questões profissionais ou de informação, ou salientam o facto da comunicação electrónica diária ser apenas um elemento nas suas vidas. Assim, comunidades reais e comunidades de internet desenvolvem respostas complementares a circunstâncias particulares e às necessidades de um conjunto particular de indivíduos.

Os fãs que se juntam a uma lista de discussão da internet constituem um conjunto particular de indivíduos que vêem um programa específico e usam a comunicação electrónica. Os fãs devotados desenvolvem um sentido de relação com os seus actores/actrizes. Elizabeth Bird (2003) destaca que a relação entre actor e fã é, na idade da electrónica, complexa e volátil. A comunidade on-line opera para uma audiência de fãs, sabendo que os outros fãs actuam como leitores nas especulações, observações e comentários (Hills, 2002: 177).

As comunidades virtuais não funcionam do mesmo modo que as comunidades locais. Elas são comunidades de "baixo risco" (Bird, 2003). Numa comunidade virtual, não somos forçados a lidar e interagir com pessoas que não gostamos (estilo de vida, comportamentos pessoais, gostos estéticos). Apesar dos grupos virtuais trabalharem para manter a comunidade, qualquer indivíduo que perca interesse na comunidade sai dela e procura outra, sem grande investimento pessoal. Há, contudo, vantagens nestas comunidades, para além do aspecto de se ser fã de algo. A comunicação de e-mail depende da palavra escrita, faltando-lhe os sinais orais e visuais da comunicação face a face. Isto cria a possibilidade de construir uma ou mais personalidades completamente diferentes, como acontece nos MUD (Multi-User Dimensions). Bird (2003) escreveu sobre uma utilizadora adolescente que estabeleceu relações com mulheres mais velhas que ela, situação improvável de acontecer na "vida real", pois as pessoas criam distâncias baseadas na idade, aparência e modo de vestir. Algumas barreiras que funcionam na vida real, e que impedem a comunicação, podem desaparecer na comunidade virtual, insensível às distâncias inconscientes sobre raça e outros "marcadores" externos.

Audiências

Em Portugal, as primeiras empresas foram a IPOP (1970) e a Norma (1974). Em 1980, a Marktest surgia com o estudo BAREME (Base Regular de Meios), baseado em inquéritos pessoais e por telefone e na escrita de diários. Em 1990, para acompanhar o aparecimento da televisão comercial, a Marktest implantou o sistema de audimetria, actualmente existente em mil lares. O *BAREME rádio* arrancou em 1994, com 6006 entrevistas anuais sobre três grupos de perguntas: principal estação ouvida nos últimos sete dias, audiência de véspera e hábito de audição. A metodologia do *BAREME Imprensa* é semelhante à da rádio, quantificando audiências de jornais nacionais e regionais, com 15120 entrevistas anuais. Na internet, a Marktest tem um painel de cibernautas desde 2000.

Enquanto valor quantitativo, o conceito de audiência tem sido muito criticado por defensores de perspectivas qualitativas (Hall, 2003; Moores, 1993; Souchon, 1997; Abrantes e Dayan, 2006; Geraghty, 1997). Como vimos atrás, Dayan considera a audiência uma ficção inventada pelo mercado. Para Lacey (2002: 182), as audiências distinguem-se através das classes socioprofissionais, como profissionais (advogados, médicos) (classe A), proprietários de lojas ou professores (classe B), trabalhadores manuais especializados (classe C1), trabalhadores manuais de nível mais baixo (classe C2), trabalhadores semi-especializados, como condutores de autocarros (classe D) e trabalhadores sem especialização (classe E). Michel Souchon (1997) fala em vários indicadores: 1) *audiência instantânea* (conjunto de pessoas presentes diante da tele-visão ou ouvindo uma estação num momento preciso), 2) *audiência acumulada* de uma emissão ou fatia de horário (conjunto de pessoas que viram, pelo menos, um fragmento do período analisado), 3) *audiência inteira* ou completa (conjunto de pessoas que viram toda a emissão ou uma fatia horária), e 4) *audiência média* (número de pessoas presentes, em média durante a duração de uma emissão ou fatia horária). O indicador mais usado nas televisões (e mais publicado nos jornais) é a audiência média.

Para Moores (1993), que trabalha a recepção do discurso televisivo em termos de audiência, qualquer estudo tem de catalogar e contrastar as interpretações dos diferentes grupos de consumidores dos media. Isto é, encontrar "quadros de compreensão" capazes de fornecer o resultado dos olhares dos espectadores, o que leva a escrutinar o tipo de estudos que têm sido feitos. Christine Geraghty (1997) aponta quatro tipos distintos de estudos: 1) *texto particular*, quando se estuda um tipo particular de programa, 2) *tipo particular de espectador*, caso do fã, 3) *contexto de recepção*, caso da percepção televisiva no lar, 4) *contextualização tecnológica*, em que a televisão se articula com outros meios de comunicação no lar.

Se a audiência é algo volátil e abstracto, Anderson (2005), ao explorar os processos que criam as *comunidades imaginadas* das nacionalidades e nacionalismos, e, sem o indicar precisamente, abriu caminho para a compreensão de audiências, públicos e consumidores. Anderson define *nação* como comunidade política imaginada, limitada e soberana (2005: 25-27). É *imaginada* porque mesmo os membros da mais pequena nação não se conhecem todos uns aos outros. É imaginada como *limitada* porque até a maior nação possui fronteiras, para além das quais existem outras nações. É também imaginada como *soberana* porque nasceu numa época em que o Iluminismo e a Revolução (Francesa) destruíram a legitimidade do domínio dinástico e ordenado por Deus. Finalmente, é imaginada como *comunidade* porque as nações assentam sempre numa fraternidade profunda e horizontal. Quando vou ao cinema, compro um bilhete para ver uma exposição de artes plásticas ou adquiro uma revista especializada, que relação se estabelece com outros consumidores ou públicos das indústrias culturais? Do mesmo modo que Barbie Zelizer (2000: 33) fala em *comunidades interpretativas* quando se aplica ao estudo dos jornalistas – em que estes se unem "pelo seu discurso partilhado e pelas interpretações colectivas de acontecimentos públicos relevantes" –, também temos de pensar em públicos ou comunidades de consumidores (ou de fãs) que partilham gostos e perspectivas.

A audiência, ou o *quase-público* de Dayan (2006), é, contudo, uma noção importante, em especial nos *media* electrónicos. Isolado de uma comunidade, o indivíduo recebe mensagens e interpreta-as. É a procura de uma simultânea regularidade e distinção que levou os sociólogos e os psicólogos a encontrarem uma noção que desse conta do público desagregado de indivíduos em casa. A publicidade, motor da actividade da televisão, precisa de saber gostos e tendências, pelo que incentivou o uso das ferramentas quantitativas de medição. Mal necessário, a audiência mostra-nos um público consumidor, tema que abordo igualmente no capítulo seguinte.

Capítulo 10

Espaços Públicos: Centros Comerciais, Lojas e Marcas

Como se define a relação entre centros comerciais, cultura de massas e indústrias culturais? No meu entender, isso contribui para a emergência de dois fenómenos recentes: a sociedade de consumo e a cultura da diversão (Câmara Municipal de Lisboa, 1990c; Bowlby, 2000; Falk e Campbell, 1997; Lehtonen e Mäenpää, 1997; Monteiro, 2003; Underhill, 2004; Herpin, 2004; Ritzer, 2004a, 2004b). Ao escrever sobre centros comerciais e lojas, dá-se atenção à importância do consumo e à formação de públicos consumidores, associadas a inovação, fidelização e descoberta de novas tendências.

A cadeia de valor existente nos centros comerciais – produção, distribuição e venda de bens e serviços – não tem impacto directo nas indústrias culturais, mas fica dentro do feixe de actividades a si associadas, como descrevi no capítulo 1. Para além de lojas, escritórios e restaurantes, encontram-se espaços de cultura e lazer, teatros, salas de cinema, ou até bibliotecas ou ludotecas, espaços de culto religioso e gabinetes governamentais. A decoração de montras é uma característica essencial na comunicação dentro dos centros comerciais. Frequentemente, fala-se de centros comerciais enquanto centros de estilo de vida. Mas centro comercial pode ainda entender-se como espaço público de comunicação urbana, dotado de infra-estruturas e acessibilidades e suportado por entidades promotoras que as gerem segundo estratégias de marketing e publicidade (Monteiro, 2003: 9).

Um conceito trazido para o texto de Pedro Monteiro é o de *não-lugar*, que vai buscar a Marc Augé (2005). Para Augé, um lugar define-se como identitário, relacional e histórico e um não-lugar o seu oposto (2005: 67). *Não-lugar* é tudo o que diz respeito a vias aéreas e ferroviárias, auto-estradas, aeroportos, cadeias de hotéis e grandes superfícies de distribuição como os centros comerciais. São espaços iguais em toda a parte, passagens para outros espaços, sem fixação e criação de valores sociais e culturais. Ao contrário, Monteiro (2003: 16) entende os centros comerciais como *lugares* que detêm uma marca social de solo, uma memória para apresentar, um território de reconhecimento, identificação e demarcação. Dotado de linguagem poética e não sociológica, própria de um publicitário, Pedro Monteiro afirma que um centro comercial tem matéria simbólica, alberga sentidos vividos.

Sobre os centros comerciais, há uma abordagem histórica: desde a segunda metade do século passado, o comércio de retalho registou uma tendência para a concentração – o que resultou em dois factores: 1) lojas de maior dimensão física, 2) replicação das mesmas marcas nos vários centros comerciais. Por isso, temos de distinguir o tecido social e urbano antigo, feito de malhas e de relações que se estabelecem ao longo do tempo, ampliando e recuando, inovando ou mantendo um figurino tradicional – que são as áreas comerciais das cidades antigas –, destas cidades artificiais, muito iluminadas e com tipos de segurança de pessoas e bens, e onde, após o encerramento das lojas, paira o silêncio e não se vêem pessoas. A transferência de compradores do espaço público urbano – as ruas da baixa da cidade – para as grandes superfícies localizadas num único espaço fechado e com temperatura ambiente sempre estável ao longo do ano, frequentemente em quarteirões renovados ou fora dos prévios centros urbanos, acompanha as alterações nos domínios de novos crescimentos habitacionais suburbanos, junto a vias de circulação rápida, à massificação do automóvel como meio de deslocação individual ou familiar e ao elogio do consumidor. Festeja-se não o descanso ou o sossego, mas o prazer e o consumo, como especificam Appadurai (2004: 117) e Lehtonen e Mäenpää (1997).

Gera-se um ambiente agradável, pois o centro é, ele próprio, um espectáculo de entretenimento. Lehtonen e Mäenpää (1997) falam da ideia de *comprar com agrado*. Num centro comercial, há o movimento orientado para o consumo num espaço onde cada um tem a possibilidade de fazer compras, embora não seja obrigado a fazê-lo. Para além de um sítio onde se compram bens essenciais, é um lugar para ir (Lehtonen e Mäenpää, 1997) e reproduz distinções sociais de tempo e espaço, com a separação das esferas de "casa" e do "emprego" ou da semana de trabalho e do fim-de-semana e lazer. Lehtonen e Mäenpää (1997) distinguem entre *tour* (movimento circular) e *trip* (movimento pendular) para representar o "andar" nesses espaços de consumo, que conciliam a razão de comprar bens essenciais e o hedonismo de ir às compras, no que os mesmos autores chamam de *sociabilidade de rua*, em que as pessoas desconhecidas partilham olhares e admitem a comunicação recíproca (podem falar de um objecto a comprar).

Por seu lado, Bowlby (2002) destaca o elemento infantil da ida às compras, onde podemos ficar todo o tempo que quisermos a ver as lojas e as prateleiras, criando necessidades ou sonhando com o que vemos e tocamos nesses espaços. Com a mesma autora, percorri os diferentes vocábulos, do supermercado ao hipermercado, do self-service à *superette*.

Neste capítulo, existe ainda o objectivo de se escrever sobre o impacto de outros espaços comerciais, como hipermercados e *outlets* que, conjuntamente com os centros comerciais, fazem parte dos percursos de compra dos últimos vinte anos (Câmara Municipal de Lisboa, 1990a, 1990b, 1990c, 1990d, 1997). Anoto ainda o sucesso de algumas marcas e lojas e elaboro uma definição de públicos, assim como elementos de levantamento de teorias críticas do consumo.

Tipologias e públicos de centros comerciais

Consideram-se três tipos de concentração de centros comerciais (Câmara Municipal de Lisboa, 1990c): 1) *vizinhança*, com um relativamente pequeno conjunto de lojas situadas na proximidade de bairros periféricos (como o centro comercial da Portela, junto a Lisboa, surgido em finais dos anos 1970), 2) *comunidade*, com uma dimensão maior que o anterior, implantado nos centros das cidades ou perto de nós rodoviários suburbanos (caso do Pão de Açúcar de Almada, antes de se transferir para o Almada Fórum), e 3) *regionais*, com arquitectura mais elaborada, gestão integrada do espaço e influência sobre uma área geográfica mais vasta (Fórum Almada; Norte Shopping).

Esta tipologia reflecte a constituição de públicos clientes, cujo perfil é trabalhado através de estudos quantitativos de mercado: 1) *mall tracking*, realizado semestralmente, com entrevistas directas a clientes, através de questionário estruturado (mil entrevistas, com cota de porta, hora e dia), 2) *geotracking*, realizado anualmente, através de contactos telefónicos (cinco mil, com divisão de género e idade). Por meio destes estudos, obtêm-se perfis de proveniência, frequência de visita, classes sociais, faixas etárias, meio de transporte usado para chegar ao centro comercial e tipologia de famílias. Se o *mall tracking* é fonte primária para decisões de topo, pelo *geotracking* analisam-se perfis demográficos, taxas de penetração, informação do centro comercial mais visitado, taxas de frequência média mensal e notoriedade, objectivos fundamentais para medir o impacto de vendas e o tráfego no centro comercial e na concorrência [47].

Ao apreciar a arquitectura e as funcionalidades dos centros comerciais em todo o mundo, Paco Underhill (2004), releva também a constituição dos seus públicos. O seu trabalho lembra o texto de Turo-Kimmo Lehtonen e Pasi Mäenpää

---

[47] Elementos fornecidos por Carla Gouveia Pereira, então gestora no Centro Colombo (Lisboa), a quem convidei a falar numa aula na Universidade Católica sobre centros comerciais.

(1997), no qual se reflecte o acto de visitar e comprar (ou não) num centro comercial. Embora o estudo destes dois autores tenha por base um centro comercial de Helsínquia, o East Centre Mall, ele pode aplicar-se aos centros comerciais de Portugal. Estou a pensar no Colombo, no Vasco da Gama e no Amoreiras (todos em Lisboa), no Almada Fórum (Almada), e no Arrábida Shopping e no Norte Shopping (Porto). Mas também em centros de uma só marca, como a IKEA.

Que designação de tipos de públicos? Num centro comercial, distinguem-se públicos *desinteressados* (o gestor que vai apenas à FNAC ou a lojas de topo, sem problemas de despender um valor elevado pela compra), *racionais e equilibrados* (os que levam uma lista e compram o indispensável), e *ambiciosos* (os que não têm poder de compra mas querem comprar, ou porque estão em ascensão social ou no começo de carreira profissional). Muitos visitantes dos centros comerciais apropriam-se destes lugares privados com iguais funções de espaço público, em que pessoas mais velhas marcam encontros com outras pessoas e fazem caminhadas pelos corredores. Os centros comerciais garantem uma temperatura ambiente agradável e oferecem segurança e casas de banho gratuitas, o que leva a um quarto tipo de público, o *passeante* ou *social*, cujo objectivo principal não é a compra mas o ver montras, estar com outras pessoas e passar tempo. Podemos ainda dividir os clientes consoante a sua relação com as compras: *compulsivos* (os que não deixam de comprar mesmo que tivessem em mente apenas passear), os que *andam na moda* (procuram as novidades) e *esporádicos* (os menos frequentes). Da loja inquirida por Underhill (2004), percebe-se o género mais frequente (mulheres adolescentes), com muito tempo disponível (passam por ali para escutar novidades musicais) e que manifestam compra compulsiva de roupa e elevado gasto a isso ligado.

Nos anos 80, o comércio de retalho começava a concentrar as suas actividades nos grandes centros comerciais. Para além dos preços mais baixos para lojistas e clientes, o centro comercial imita um centro urbano "vivo", mas sem o ruído do tráfego – lojas, cafés, restaurantes e espaços para descansar – e com uma temperatura onde as pessoas se "sentem bem". No caso finlandês focado por Lehtonen e Mäenpää (1997), o East Centre Mall, espaço urbano orientado para as compras, acabou por trazer um novo nível cultural a Helsínquia, com a sua arquitectura a imitar as ruas de lojas, muito diferentes e num só sítio, mas tornando-se um espaço diferente.

Do mesmo modo que já não imaginamos um mundo sem internet, também não concebemos a vida sem centros comerciais e hipermercados; contudo, eles existem em Portugal há pouco mais de vinte anos. A ideia de concentrar, num mesmo espaço, lojas e serviços variados, como cinemas, restaurantes e bancos surgiria em 1985 num antigo terreno da Carris, em Lisboa, a que chamaram Amoreiras. Portugal estava prestes a entrar na União Europeia, então CEE ([48]), e saira de um processo político complexo iniciado com a mudança de regime em 1974. A economia animava-se e os novos espaços de consumo e lazer eram promessas de felicidade. Hoje, com muitas dezenas de centros comerciais, o Amoreiras já não impressiona, ficando para a história a inauguração do conceito de "cidade dentro da cidade" e o momento marcante da arquitectura portuguesa pós-moderna ([49]). Desenho saído do ateliê do arquitecto Tomás Taveira, o Amoreiras destacou-se pela sua concepção arquitectónica e pelo conceito comercial desenvolvido. Foi o primeiro grande espaço de comércio e serviços na área urbana, no país. As referências à cultura medieval e islâmica e ao neoclassicismo, o uso da cor e da ornamentação e uma monumentalidade então ainda não existente tornou o centro comercial das Amoreiras num centro onde todos os lisboetas e o país quiseram visitar. Distribuido por dois pisos, tem 275 lojas, sendo seis âncoras, mil lugares de estacionamento e cinemas.

Depois, em Lisboa seriam lançados outros espaços (Colombo, 1997; Vasco da Gama, 1999), estendendo-se também a outras cidades do país, com designações como Coimbra Shopping, Arrábida Shopping, Fórum Aveiro, Norte Shopping

---

[48] Portugal aderiu a 1 de Janeiro de 1986. Assim, ao fazer-se a história da adesão comunitária, nas realizações materiais mais visíveis encontram-se centros comerciais, auto-estradas e televisão comercial.

[49] Ricardo Dias Felner, *Público*, 25 de Setembro de 2005.

e Almada Fórum, alguns com uma dimensão maior que o Amoreiras. Tais movimentos em todo o país provocaram alterações nos comportamentos de consumo e no urbanismo comercial. Por exemplo, as estratégias de marketing e comunicação do Colombo não visam apenas Lisboa, mas concelhos como Amadora, Loures, Odivelas, Sintra. Aliás, muitos destes centros comerciais estabeleceram-se em zonas ainda desabitadas mas servidas por excelentes eixos rodoviários e linhas de comboio, mola de desenvolvimento urbano futuro. Mais recentemente, e devido a renovação urbana, nasceriam centros dentro de zonas de serviços e habitacionais tradicionais, como as do Saldanha e Campo Pequeno, ambas em Lisboa, e perto da rotunda da Boavista, no Porto.

Uma vez que o número de lojas é elevado, qualquer acção global do centro comercial depende dessas lojas, divididas em lojas e espaços âncora (FNAC, Continente, Zara, cinemas), de maior dimensão, e lojas satélite ou mais pequenas. Fazer compras, passear ou ver montras, fazer compras no supermercado, tomar refeições e ir ao cinema são as principais finalidades dos frequentadores de um centro comercial que ofereça essas valências.

Dantes, a ida do cliente (ou visitante) podia ser apenas o passeio; agora, devido à maior concorrência entre centros comerciais, cada um deles promove acções ou cria espaços que atraiam mais clientes, com o crescimento da oferta de bens e serviços, em compras e lazer. A loja que faz chaves, o sapateiro "rápido" e a costureira, entram também no conceito de centro comercial, onde grande número de lojas é franchisada e de marcas de âmbito nacional ou internacional. Mas há outras preocupações e actividades: o centro comercial Colombo enfatiza a realização de eventos que decorrem na praça central, definidas como culturais-informativos, ligadas ao ambiente e de solidariedade social. O centro do Campo Pequeno, pela arena que possui, organiza eventos televisivos e espectáculos musicais populares, para além da época de touradas, oferta essa que o distingue de outros espaços.

Já o El Corte Inglés tem uma filosofia diferente. Trata-se – seguindo uma classificação da Associação Portuguesa de

Centros Comerciais – de um grande armazém com a característica de *stand* dentro de uma grande feira, como a FIL, ou do típico armazém da segunda metade do século XIX. Não é como um centro comercial, com lojas, portas e montras, mas também não se equipara a um hipermercado, pois está organizado espacialmente segundo marcas dentro de um tipo de bens. Tem também cafetaria e restaurante, sala de lançamento de obras e uma zona de venda de bilhetes para espectáculos e exposições em Portugal e Espanha. O destaque vai para a qualidade e variedade de produtos, nomeadamente bens que são raros ou inexistentes noutros sítios, atendimento personalizado dos funcionários, qualidade do ambiente interno e das salas de cinema.

Por via da concorrência, o Amoreiras reposicionou-se face ao Colombo e, em especial, ao El Corte Inglés. Para os clientes do Amoreiras, este é um espaço marcado por lojas de nicho de mercado, indo de bens como sapatos a serviços como comida alternativa (vegetariana), inserido num bairro antigo (transição de Campo de Ourique para Campolide) mas com prédios modernos de escritórios.

Os dois modelos de centros comerciais – situado na malha histórica da cidade e suburbanos ou em zonas de crescimento – estabelecem duas tipologias de consumo e de clientela. No caso de centros comerciais implantados no centro das cidades (e também de lojas de ruas), as razões de escolha prendem-se com hábito, proximidade geográfica, diversidade de escolha, dimensão, lojas não franchisadas, clientela de bairro que se desloca a pé e se conhece entre si. Já nos centros comerciais mais amplos, os produtos de qualidade e em grande variedade, a baixo preço e em espaços ligados ao bem-estar e conforto, com deslocação preferencial de veículo próprio, com compras de maior frequência à tarde, seguindo-se o fim-de-semana e após a saída do trabalho (Lethonen e Mäenpää, 1997), durante mais de duas horas, são a principal matriz.

Do ponto de vista funcional, um centro comercial é um passo mais desenvolvido que o conceito de comércio, que começou nos armazéns de Paris, em meados do século XIX. Hoje, o desaparecimento quase completo dos grandes armazéns é que nos faz estabelecer as comparações com os espaços mais modernos: os centros comerciais e os hipermercados: a interacção central já não é a discussão dos preços, mas o contacto directo com os bens presentes – sem que um empregado apareça –, a decisão e o pagamento directo numa caixa. A mudança iniciou-se nos anos 70, com o aparecimento dos supermercados, conceito que se alargaria, anos depois, com o hipermercado.

O centro comercial, assim como o grande armazém, tem uma filosofia empresarial de "tudo sob o mesmo tecto" com preços baixos. A grande distribuição, ao tornar-se o modelo comercial dominante, esmagou quer a oferta do pequeno comércio quer a dos grandes armazéns. Em especial estes últimos, cujos investimentos, apesar de elevados, são menos ousados e com colecções sempre no limite do prazo da moda, frequentemente assentes em capitais familiares que não aceitam o risco, com a preocupação de gestão do património imobiliário constituido por edifícios nos grandes centros urbanos. A geografia urbana, ao crescer para os arredores, diminuiu a clientela, derrocando a última esperança da existência dos grandes armazéns, em especial em Portugal.

Um novo tipo de espaço comercial, o *outlet*, diferencia-se do centro comercial, com aquele a ter espaços abertos como num antigo mercado, onde se praticam preços muito em conta (de saldo, dado os bens serem de colecção antiga ou com pequeníssimos defeitos) e localizado junto de auto-estradas. No presente, Portugal tem quatro *outlets*, localizados em Alcochete (Freeport Designer Outlet), Carregado (Campera Outlet Shopping), ambos na área da Grande Lisboa, mas em direcções opostas, Gaia (Grijó Outlet) e Vila do Conde (Factory Vila do Conde), os dois à volta do Grande Porto também em direcções geográficas opostas à cidade. Para além da venda de bens, os outlets pretendem ser um espaço de passeio e de lazer; daí, as zonas de restauração, recreio e espectáculos. No caso do Freeport, ele possui um quarteirão central, em volta de um pequeno espelho de água, onde se encontram algumas das lojas principais. A organização das lojas fez-se atendendo ao objectivo de maximizar os fluxos pedonais. Por exemplo, as lojas de roupa agrupam-se na avenida principal, as lojas de material desportivo em ruas laterais, a zona das esplanadas e restaurantes fica no segundo piso, espaço de sociabilidade e de lazer servido igualmente por salas de cinema multiplex. Contudo, o modelo de gestão ainda não vingou e diversas estruturas comerciais e lúdicas faliram ou recomeçaram com outras actividades.

Marcas

Esta parte do capítulo visa perceber algumas características das marcas e seus públicos: Zara, IKEA, FNAC e Salsa [50].

O sucesso de marcas como estas explica-se através das características traçadas por Wally Olins, no seu livro *A marca* (2005): domínio tecnológico, conhecimento sólido e capacidade de vender. Mas as marcas também representam clareza, confiança, consistência, estatuto e pertença, garantias de qua-

---

[50] Muitas das ideias empíricas aqui expostas devem-se aos trabalhos dos meus alunos da Universidade Católica, a quem agradeço no conjunto.

lidade, quantidade e preço padronizados. Os medicamentos foram a primeira área a entrar na publicidade, no final do século XIX. Já os *bcg* (bens de grande consumo), além de herdarem o marketing e as ideias da publicidade dos medicamentos, fabricaram produtos inovadores e de qualidade, durante o século XX (Olins, 2005: 59), orientados para grupos alvo, caso das donas de casa C1 e C2.

Nos anos 80, surgiriam novos intervenientes com atitudes diferentes e muito sofisticadas com os seus clientes, de que a Benetton e a Body Shop são duas marcas mediáticas. Nenhuma destas marcas aponta já o público alvo C1 e C2 e ignora a distinção entre produto e venda – elas já são produto e venda; a marca não está na loja, a marca é a loja. Foi na mesma década de 80 que surgiram as grandes lojas especializadas e que revolucionaram o modelo de negócios. Por exemplo, a Zara renova sete vezes por ano o seu stock de colecções ([51]), ao passo que o armazém clássico o faz apenas duas vezes (Primavera-Verão, Outono-Inverno).

Uma fraca rotação leva o vendedor a promover grandes descontos num só período, com o cliente a deslocar-se apenas nessa altura para ver as "pechinchas". Já a estratégia da Zara obriga a uma constante visita de clientes aos saldos (de colecções recentes), com a vantagem acrescida de stocks limitados de novidades. Outra vantagem das marcas como a Zara e a H&M é a cascata de distribuidores e fabricantes, eliminando o conceito de armazém como grande espaço de colocação de materiais a vender. Além disso, a marca especializada impõe margens de lucro (a montante: fabricantes e distribuidores) e constrói uma oferta específica (a juzante: aos clientes). Os preços atraentes das lojas de marcas resultam do esmagamento de margens de lucro em toda a cadeia de valor; os preços não atraentes dos armazéns clássicos resultam dos custos elevados no pagamento de aluguer e manutenção dos edifícios antigos em zonas prestigiadas.

([51]) Para além da Zara, o grupo Inditex engloba outros sete registos comerciais: Pull and Bear, Massimo Dutti, Bershka, Stradivarius, Oysho, Zara Home, Kiddy's Class e Tempe.

Para além do objectivo principal da venda de produtos, as marcas de roupa articulam modos modernos de consumo com espaços (centros comerciais e lojas) e *media* enquanto promotores ou "publicitadores" desses modelos de recepção e consumo. É o caso da Salsa, lançada em 1994 pelos irmãos Vila Nova, iniciada em lojas *multimarca* e passando depois para o mercado das lojas *monomarca* (pontos de venda próprios e franchisados), com público jovem como alvo (13-34 anos, mas predominância 13-24), feminino e das classes B e C1. Trata-se de uma das poucas marcas a conseguir fazer frente aos gigantes do vestuário de Espanha (Zara, Mango), localizada em centros comerciais. A compra de marca relaciona-se com estilo de vida, estatuto, comodidade e qualidade, enquanto o preço é mais elevado se comparado com outras marcas.

Já preço, diversidade, qualidade e design apelativo são também características que atraem os clientes da marca IKEA. Maioritariamente frequentada por jovens em início de vida conjugal ou profissional ou, ainda, com perspectivas de constituir família a breve prazo, atraindo igualmente quadros médios e superiores de serviços comerciais e administrativos, a IKEA segue a estratégia da máxima exposição de produtos. Muitos dos clientes visitam a loja para comprar ou ficar com ideias para comprar, confirmando o analisado pelos investigadores finlandeses Lehtonen e Mäenpää (1997).

Rachel Bowlby (2000: 10-11) chamou a atenção para a estratégia expositiva da Ikea: andamos por salas onde se mostram mobiliários e objectos, parando para olhar e experimentar as cadeiras ou abrir portas ou tocar nas peças expostas, todas ligadas a decoração de quartos e salas. Nestas salas não há nada para comprar, apenas o desejo de comprar (anotamos os objectos do nosso plano de aquisição numa folha que retiramos à entrada, juntamente com um pequeno lápis). Depois de passearmos por todas as áreas diferentes, chegamos à cafetaria. É o espaço de ligação à segunda parte, onde estão os mobiliários de cozinha e da linha de camas, antes de chegarmos ao armazém e à necessidade de arranjar um carrinho onde colocamos as peças (desmontadas) respeitantes ao que queremos comprar. Presentes as duas versões do estilo moderno de viver – trabalhar; comprar e divertir –, as operações de anotação de bens a comprar e a sua ida para casa para serem montados, poupando nos custos de distribuição, o que se reflecte no preço final. Há, aqui, a repercussão do pensamento de George Ritzer (2004a, 2004b) quando ele reflecte sobre a *mcdonaldização* da sociedade: rapidez na escolha (já não no atendimento), preços baixos, múltipla escolha (aqui mais alargada que num restaurante McDonald's), linha de montagem (com os clientes a fazerem de empregado, tomando nota do que comprar e transportando as compras num carrinho).

A maioria dos clientes da FNAC já o é há bastante tempo, muitos possuindo um cartão da marca (que confere alguns benefícios). Os produtos que mais procuram são livros, CD e DVD, seguindo-se informática, áudio e vídeo. Mas outras actividades têm um bom desempenho, como a área dos videojogos e a bilheteira. Das razões de escolha da FNAC, indicam-se horários da loja, situação da loja, com facilidade de identificação e circulação nas suas secções, e espaço da mesma, com zonas de lazer como a cafetaria, espaço para concertos e sofás para leitura como opções de passagem à procura de novidades e compras. A localização destas lojas em centros comerciais revelou-se acertada, atendendo a que os portugueses fazem da frequência dos centros comerciais um dos seus principais rituais de ocupação dos tempos livres.

Teorias críticas do consumo

Segundo Ritzer (2004a), o sucesso da cadeia de restaurantes McDonald's, tema dos seus estudos, deve-se à existência de quatro tópicos principais aplicados a clientes, trabalhadores e gestores: 1) eficiência, 2) calculabilidade, 3) previsibilidade e 4) controlo. Estandardização e homogeneidade são outros elementos vitais para a McDonaldização – isto é, os negócios da McDonald's oferecem produtos e serviços de forma eficiente na medida em que existe, para os consumidores, uma escolha limitada. Rapidez, linha de montagem e códigos escritos de conduta dos vendedores da comida

McDonald's situam-se na linha definida por Ritzer de McDonaldização. Trata-se de uma perspectiva pessimista de olhar a sociedade de consumo.

Para Ritzer, a McDonaldização infiltrou a sociedade na medida em que as pessoas querem ter gratificação instantânea. Os brindes a quem come um hambúrguer, os descontos numa loja ou a atribuição de pontos para um prémio na aquisição de um serviço fazem parte da mesma estratégia. A Mcdonaldização é um processo vasto de globalização. Para Ritzer (2004b: 93), as catedrais do consumo encantam pela sua capacidade de atrair um número elevado de consumidores. Por catedrais de consumo entende-se o conjunto de espaços comerciais, como lojas e centros comerciais, onde o consumo é o objectivo óbvio.

O autor fala em espectáculo, definido como um dispositivo público de interesse. Os espectáculos podem ser criados intencionalmente (as chamadas composições literárias, dramáticas ou musicais de carácter fantástico) ou parcial e totalmente não intencionais. Na realidade, o espectáculo é a base do sucesso de um dos mais importantes e imediatos precursores dos novos meios de consumo. Já há muito que os armazéns americanos usavam cor, vidro, luz, arte, montras, interiores elegantes, mostras temporárias e até encontros natalícios para criar espectáculo. Ritzer segue o livro *A Sociedade do Espectáculo*, de Guy Debord (1992), o qual escreveu: "o espectáculo é o produto principal da sociedade no seu dia-a-dia". E, como Ritzer, Debord associava o espectáculo aos bens (produtos e serviços) e à sua venda. Isto é, os bens e os espectáculos dominam igualmente a economia e a sociedade. Em última instância, Debord via a emergência de uma sociedade do espectáculo, onde os bens se contemplam num mundo feito por eles mesmos.

Do livro *A Sociedade do Espectáculo*, de Debord, extraem-se os seguintes pontos:

> "1 – Toda a vida das sociedades nas quais reinam as condições modernas de produção se anuncia como uma imensa acumulação de espectáculos. Tudo o que era directamente vivido se esvai na fumaça da representação".

"4 – O espectáculo não é um conjunto de imagens, mas uma relação social entre pessoas, mediatizada por imagens".

"11 – Para descrever o espectáculo, a sua formação, as suas funções e as forças que tendem para a sua dissolução, é preciso distinguir os seus elementos artificialmente inseparáveis. Ao analisar o espectáculo, fala-se em certa medida a própria linguagem do espectacular, no sentido de que se pisa no terreno metodológico desta sociedade que se exprime no espectáculo. Mas o espectáculo não significa outra coisa senão o sentido da prática total da formação económico-social, o seu emprego do tempo. É o momento histórico que nos contém".

"14 – A sociedade que repousa sobre a indústria moderna não é fortuitamente ou superficialmente espectacular, ela é fundamentalmente espectaculista. No espectáculo, imagem da economia reinante, o fim não é nada, o desenvolvimento é tudo. O espectáculo não quer chegar a outra coisa senão a si próprio".

"44 – O espectáculo é uma permanente guerra do ópio para confundir bem com mercadoria; satisfação com sobrevivência, regulando tudo segundo as suas próprias leis. Se o consumo da sobrevivência é algo que deve crescer sempre, é porque a privação nunca deve ser contida. E se ele não é contido, nem estancado, é porque ele não está para além da privação, é a própria privação enriquecida".

Temos de atender a que os novos meios de consumo criam espectáculos não como um fim em si mesmo mas de modo a trazer grande número de pessoas para comprarem mais produtos e serviços. Um centro comercial, um casino ou um parque temático vazio ou meio cheio tem menos pessoas a comprarem e não geram a mesma excitação que uma casa cheia. Para Ritzer (2004b: 96), cada espectáculo procura superar o anterior (em espectacularidade). Implícito a isto é o uso de simulações para criar mundos fantásticos espectaculares. A essência dos novos meios de consumo está na capacidade de encantar pelos espectáculos, através de simulações, o que nos leva a Jean Baudrillard, nomeadamente às ideias de consumo (uso e ostentatório; o estatuto, como lhe chama Lipovetsky), sedução, simulação (hiper-real versus signo) e implosão.

Em *A Sociedade de Consumo* (1981: 51), Baudrillard entende que todo o discurso sobre as necessidades/desejos aponta para o domínio da felicidade. Esta é a referência absoluta da sociedade de consumo. Ora, é preciso que a felicidade seja mensurável. Ela trata-se do bem-estar mensurável por objectos e signos do conforto, a intensificação do bem-estar. Baudrillard fala em democracia do estatuto, da televisão, do automóvel, da instalação estereofónica (hoje, diríamos iPod). E, mais à frente, Baudrillard refere David Riesman e a sua noção de *standard package*, que se define como o conjunto de bens e serviços que constitui a espécie de património de base do americano médio. Esse *pacote essencial* designa não tanto a materialidade dos bens (televisão, casa de banho, carro) mas mais o ideal de conformidade.

Já em *De la seduction*, Jean Baudrillard (1979: 84) escreve sobre a simulação encantada: o trompe-l'oeil ([52]), mais falso que o falso, é o segredo da aparência. Não há narrativa, composição ou fábula, cenário, teatro, acção, mas apenas signos brancos, vazios, que são anti-solenidade ou representação social. A sedução não é do domínio da estética, da pintura e da semelhança, mas da metafísica e da abolição do real. Por isso, Baudrillard fala de seduzir e de ser seduzido. Claro que não se trata de um novo *Diário de um sedutor* à Kierkegaard nem de uma teoria da sedução mas de uma produção teórica em si, onde a sedução é um jogo. E des-taca a ética – a simplicidade, a naturalidade e a espontaneidade – face à estética – ao jogo dos signos e do artificial. Mas toda a ética deve resolver-se numa estética. A passagem à estética é o movimento mais elevado da humanidade.

Quanto a *Simulacros e Simulação*, Jean Baudrillard (1991: 13) olha a simulação como parte da negação radical do signo como valor. E descreve o supra-sumo do hiper-real e do imaginário, a Disneylandia, modelo perfeito de todos os tipos de simulacros confundidos. É antes de tudo um jogo de ilusões e de fantasmas: os piratas, a fronteira, o mundo do futuro. A Disneylandia é colocada como imaginário a fim de fazer crer que o resto é real, quando Los Angeles e a América que a

---

([52]) Pintura que dá a ilusão da realidade, aparência enganosa.

rodeia já não são reais mas do domínio do hiper-real e da simulação. Nesse rumo, faz sentido falar em hipermercado e hipermercadoria. E em simulacros de simulação, baseados na informação, no modelo, no jogo cibernético – operacionalidade total, hiper-realidade, objectivo de controlo total.

Gilles Lipovetsky, em *O Império do Efémero* (1989), tece críticas a Jean Baudrillard. Para Lipovetsky (1989: 230), na base das análises de Baudrillard existe um esforço para desmistificar a ideologia do consumo enquanto comportamento utilitarista de um sujeito individual que tem por objectivo o gozo e a satisfação dos seus desejos. A teoria de Veblen, analisa Lipovestsky, olha o consumo ostentatório como instituição social encarregada de significar a categoria social. Ou seja, não se consome o objecto por si próprio mas em virtude do seu valor de troca ou signo, "em virtude do prestígio, do estatuto, da categoria social das diferenças e dos valores estatutários" (citando Baudrillard, em *Para uma Crítica da Economia Política do Signo*). Visa-se, pois, o estatuto, a categoria, a conformidade, a diferença social.

Embora sem pretender criticar que os objectos possam ser significantes sociais e signos de aspiração, Lipovetsky contesta a ideia que o consumo de massa seja dirigido pelo processo de distinção e de diferenciação estatutária, identificável a uma produção de valores honoríficos e de emblemas sociais. O que se pretende através dos objectos, continua Lipovetsky, é menos uma legitimidade e uma diferença social do que uma satisfação privada indiferente aos juízos dos outros. Os novos bens que aparecem impõem-se pelo estatuto e são absorvidos pela procura colectiva, interessada não na diferenciação social mas na autonomia em novidades, estímulos e informações. Consome-se cada vez menos para deslumbrar o outro ou ganhar consideração social e cada vez mais por si próprio. O consumo de prestígio não se pode considerar o modelo do consumo de massa mas assenta mais nos valores privados do conforto, do prazer, da utilidade funcional.

E conclui Lipovestky, na sua crítica a Baudrillard, que houve uma ilusão por parte da economia política, pois o fetichismo do objecto/signo pertence ao passado, já que hoje estamos no domínio da fiabilidade, das garantias de uso, dos testes, das relações qualidade/preço.

Quanto ao comentário a Baudrillard e McLuhan feito por Genosko (1999: 79), leva este a salientar a escrita da troca simbólica como um dos expoentes do trabalho de Baudrillard, adoptado pelos teóricos e práticos do *cyberpunk* com o mesmo espírito que elevou McLuhan ao estatuto de padroeiro da revista *Wired*. Há mesmo quem considere Baudrillard como o filósofo do *cyberpunk* e o prático do *cybercriticismo*, estilística e substantivamente. O conceito de troca simbólica adquire múltiplas formas na escrita de Baudrillard. Em geral, é incomensurável com qualquer sistema de valor. É anti-produtivista e envolve a destruição sumptuária de signos. Numa linguagem repleta de aforismos, fala em *semiurgia* – produção de signos, sociedade de simulações liderada pela hiper-realidade, domínio e fascínio de imagens, espectáculos e simulações (ver Santos, 2000: 39). Pela semiurgia, eliminam-se críticas e esgotam-se os significados. A implosão não irradia mas absorve e anuncia a catástrofe do colapso dos novos meios para com a forma de massa.

Ou na linguagem revista por Genosko (1999: 88): os signos monetários são frios para Baudrillard: sem afectos, comutáveis, ligados a redes do sistema estrutural, e desligados dos referentes reais para-sistémicos.

Acabo em Naomi Klein (2002: 167), que, em criança, gostava de desaparecer no interior de objectos perfeitos, irreais, brilhantes, seduzida pelo simulado. É que o mundo parecia muito pobre se comparado com a televisão e os centros comerciais. Para Klein, os desenhos animados e os restaurantes *fast-food* falam às crianças com uma voz muito sedutora. Todas as crianças querem ter um pedaço do mundo dos desenhos animados nas suas mãos. Daí que os contratos de licenciamento de personagens de televisão e cinema para brinquedos, cereais e lanches se transformaram numa indústria de muito dinheiro. Depois, a acrescentar a isto, há exposições de marcas nas lojas, lojas de alta tecnologia, parques temáticos. Klein junta a ideia dos produtos de substituição, a que corresponde a destruição das coisas reais: nos centros das cidades, nos negócios independentes, na arte por oposição aos produtos culturais que resultam da combinação de esforços entre empresas do mesmo grupo (filme, parque temático, brinquedos, festas, livros, CD, DVD). A autora fala do padrão comercial da superloja. Hoje, espera-se que a livraria desempenhe o papel de biblioteca universitária, de parque temático, de parque infantil, de ponto de encontro, de salão literário e de sala de café. São os casos da Barnes & Noble e da FNAC. Contudo, as livrarias, no seu conceito tradicional, são anomalias no universo das superlojas: são lojas multimarca, com livros de centenas de editores, são negócios primários e não extensões. As superlojas de marca são as da Virgin, Sony e Nike.

Capítulo 11

Outros Territórios

Neste capítulo, arrumei textos que não cabiam tematicamente nos outros. Para mim, é o espaço mais solto, mais de crónica, de descoberta de assuntos. Ao longo dos anos, habituei-me, por exemplo, a anotar apontamentos nos cadernos de viagem, a olhar publicações tidas como menores (*Borda d'Água*, agendas culturais), a escrever sobre blogues.

Blogues Preferidos ([53])

O movimento dos blogues começou em 1997, mas atingiu, entre nós, a notoriedade pública em 2003. Para António Granado (*PontoMedia*), o blogue é uma "página com entradas datadas que aparecem pela ordem inversa em que foram escritas". Já Elisabete Barbosa (Jornalismo Digital), defende que "o que distingue os blogues das restantes páginas é a motivação de quem o produz". Os dois blogueiros escreveriam um livro sobre o tema (*Weblogs. Diário de bordo*, 2004).

Quanto aos académicos, eles fazem múltiplas apreciações (comentários solicitados por mim): se, para José Luis Orihuela (Universidade de Navarra), a "blogosfera é um sistema complexo, auto-regulado, dinâmico e sensível à informação que produzem os meios tradicionais, em particular a referida a assuntos políticos e tecnológicos", para Beth Saad (Universidade de S. Paulo) o blogue é um "espaço virtual de troca de experiências em torno de um determinado tema", com "a manutenção da linha editorial das discussões e de uma acção contínua de fomento" das mensagens, enquanto Manuel Pinto (Universidade do Minho) defende os blogues pela "auto-edição acessível e barata", mas teme que a sofisticação da ferramenta traga "uma nova forma de exclusão".

Passado o pioneirismo, assistiu-se à especialização de blogues (media, arte, cultura, política), com a existência de redes concêntricas (citações mútuas de blogues) ou excêntricas (blogueiros ou leitores que intervêm nos comentários). Os blogues variam ainda segundo rankings (qualidade estética do blogue, informação nova), com os blogues de culto citados em primeiro lugar. Saliento o blogue *Imagem e palavra*, animado por Constança Lucas, nascida em Coimbra mas vivendo e desenvolvendo actividade em São Paulo (Brasil). Autora de inúmeros desenhos publicados em jornais, revistas e livros, ela mostra as suas actividades plásticas (pintura, desenho, gra-

---

([53]) A parte inicial do texto foi adaptada de artigo saído na revista *MediaXXI*, de Junho de 2004.

Outros Territórios

vura, aguarela e infografia), visito regularmente o seu sítio para observar os seus trabalhos, como os aqui presentes.

Em texto editado pelo MIT, Fernanda Viégas (2005) explica as razões do sucesso dos blogues: a maioria ostenta o nome do seu autor, que edita sem constrangimentos de espaço físico e cria uma audiência fiel (sistema de comentários). A autora, que baseou estes resultados na pesquisa *on-line* feita em Janeiro de 2004, serviu de guia para um inquérito que elaborei. Apesar do meu inquérito não ter pretensões científicas, dado o pequeno número de blogues respondentes (19), ele não deixa de apontar tendências (ver Quadro I).

Para os respondentes, os blogues são passatempo, servem para comunicar de modo interactivo ou sob anonimato, fazem amigos e registam uma memória afectiva. Consideram ainda que a maioria dos blogues se dedicam a política e entretenimento. Uma das inquiridas acha que os "blogues masculinos são essencialmente políticos e de actualidade, enquanto os femininos se voltam mais para a literatura, entretenimento e

QUADRO I (EM PERCENTAGENS)
Número de respondentes = 19

Número de mensagens por semana	Até 5	6 a 10	11 a 20	21 a 50	
	21,10%	31,60%	21,10%	26,30%	
Nível escolar	Secundário	Bacharelato	Licenciatura	Pós--Graduação	
	21,10%	5,30%	47,30%	26,30%	
Faixa etária	Até aos 20 anos	21 aos 35 anos	26 aos 35 anos	36 aos 45 anos	acima dos 45 anos
	0%	5,30%	26,30%	57,90%	10,50%
Profissão (adaptado do CAE do INE)	Educação	Administração pública	Comunicações (incluindo jornalistas)	Serviços	
	15,80%	15,80%	47,30%	21,10%	
Horas por semana gasta no blogue	Até 20 horas	3 a 5 horas	6 a 10 horas	Mais de 10 horas	N/R
	10,50%	15,80%	26,30%	36,80%	10,50%

reflexão". Apesar do pequeno número de respostas, permito-me concluir que a maioria dos blogues pertence a uma população urbana já habituada a redes informais de electrónica.

Para Soledade Santos, autora de *Nocturno com Gatos*, uma migração para o sistema de blogues levou-a a eliminar "alguns poemas, por me parecerem demasiado intimistas, baralhei os restantes e acrescentei outros". Professora do ensino secundário na Benedita, ela tem sido desafiada a publicar em papel o que escreve na rede virtual. A ternura do blogue é o modo de reacção dos seus leitores, através de comentários, a que ela responde. Tal círculo de apresentação de poemas ou imagens lembra as cartas do século XVIII e o salão de Mme. d'Épinay. A carta era tida como informação para os jornais, mas também como correspondência culta e de cortesia familiar. No salão de Mme. d'Épinay, que celebrava a arte e a literatura, eram frequentes as primeiras audições musicais e leituras de poemas.

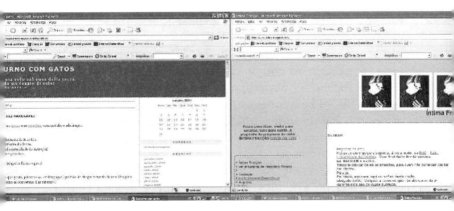

O blogueiro de *A minha rádio* tem uma história diferente: ao perder a visão há mais de 10 anos, António Silva teve de aprender Braille, dactilografia e mobilidade (usar a bengala), e arranjou emprego na Faculdade de Letras da Universidade do Porto. Aqui, forma e dá apoio informático a pessoas com deficiência. Após criar um portal para a deficiência, abriu, em 2002, o sítio *A Minharadio* e, em Novembro de 2003, o blogue. Conta que o ajudaram alguns amigos que viam e tinham alguma paciência: "como sou radioamador, a informática era de grande interesse para efectuar comunicações digitais, como o Packet Rádio, uma espécie de internet em versão e velocidade reduzida e outros modos de comunicação".

Já Francisco Amaral, a partir de Coimbra, criou um programa radiofónico de culto, o *Íntima Fracção*, que animou a antena da TSF durante perto de 20 anos. O blogue *Íntima Fracção* "começou como extensão na net do programa de rádio com o mesmo nome". Como o programa deixou de estar no ar, teve a sua continuação *on-line*", voltando entretanto à rádio hertziana. E, para o blogue colectivo *Janela Indiscreta*, cujos mentores viviam no Porto e em Lisboa, a actividade significava gostar "de demasiadas coisas, literatura e cinema entre elas" (Cristina Fernandes) e fazer "tudo pelo combate diário pela felicidade" (Tó Rebelo). Com estruturas informais, produtores de informação e dinamizadores de um novo público de cultura, os blogues explicam assim o seu sucesso recente, levando a pensar estar-se para além de uma simples moda. *Janela Indiscreta* era um dos blogues por quem nutria mais interesse, mas chegou ao fim. Assim, como *Seta Despedida*, de Alexandra Barreto, que definia o seu blogue como um espaço "sobre palavras, imagens e pessoas" (25 de Setembro de 2003). Para a autora, "Uma seta despedida não volta ao arco. É a isto que começar sabe: a irreversibilidade. Todas as manhãs do mundo são sem regresso". E, nesse dia de arranque do seu diário, ela escreveria ainda: "O cheiro do silêncio onde começo. Talvez este blogue seja uma espécie de luta contra o silêncio mas não contra o silêncio sobre aquilo que não é dizível. Eu às vezes calo e podia dizer".

Cidade de todas as notas de Alexandra Barreto: Porto. Mas também recordações de Praga e outros sítios, pois a autora gosta de viajar. O Porto tem um lado cosmopolita de cidade do norte da Europa: arquitectura granítica e escura, tempo de chuva e de nevoeiros, pessoas com tez pálida, influências célticas. Para além das pessoas e da cidade, a blogueira observa profissões, como a dos alfarrabistas: "Geralmente, nos alfarrabistas aprecio mais as histórias escondidas do que aquelas que contam explicitamente os livros. As dedicatórias, os marcadores esquecidos, os sublinhados esbatidos, uma flor seca ou uma borboleta que ali se decidiu guardar. Às vezes olha-se para uma montra e sente-se uma espécie de fraternidade silenciosa entre os livros expostos. Percebe-se facilmente que pertenciam ao mesmo dono e partilharam a mesma estante ou estantes próximas. Adivinha-se que têm o mesmo cheiro. E é possível começar a traçar um retrato vago da pessoa que os escolheu ou coleccionou. Por mim, gostava muito de conhecer as histórias secretas dos proprietários desses livros vendidos em conjunto. Quem eram? Quantos anos tinham? Morreram? Não tinham filhos? Os herdeiros não gostavam de livros? Estavam arruinados e precisavam de dinheiro? Preparavam-se para deixar o país? Converteram-se a uma variante extrema de minimalismo? Ingressaram num mosteiro, renunciando a todos os bens terrenos que lhes eram queridos" (26 de Junho de 2004)?

Ela escrevia ainda sobre blogues, literatura (talvez a maioria dos posts), televisão, cinema, teatro, natureza, festas religiosas e desportivas, feira do livro. Não reparei se escrevia sobre artes plásticas, apesar de várias imagens nas suas mensagens.

Sobre Agendas Culturais ([54])

Na década passada, as autarquias compreenderam a importância de dar conta, regularmente, das actividades culturais que nelas decorrem. Com o objectivo de atrair ao seu território actividades multidisciplinares nas áreas das indústrias criativas e culturais (espectáculos, exposições, cinema, televisão, fotografia, literatura, jornais), dedicam anualmente uma parcela importante do orçamento à execução ou apoio directo e promoção dessas mesmas actividades. Aglutinando a cultura com outros elementos (desporto, juventude e terceira idade), as câmaras podem atingir metade do seu investimento anual.

O meio mais lógico da promoção das actividades culturais reside na edição de brochuras com saída regular (mensal, bimestral). Seguindo o modelo das publicações pagas, as agendas culturais dividem-se em secções (editorial, artigo de fundo, notícias breves, reportagens e entrevistas a criadores estéticos) e combinam três facetas dos meios de comunicação que prestam serviço público: formar, informar e entreter. A agenda cultural tem uma outra vantagem, a dimensão portátil, pelo seu formato de bolso.

Distingue-se também o apuro gráfico das agendas culturais. Os projectos de design foram entregues a especialistas, que privilegiam a imagem, o grafismo e a colocação de textos curtos mas incisivos como forma de melhor atrair os leitores. Ao mesmo tempo, alargam a esfera da comunicação aos suportes electrónicos, possibilitando a potencial leitura de pessoas distantes do concelho, embora com a mesma linha gráfica, a qual identifica melhor o seu promotor.

A um olhar mais radical, a agenda cultural – em especial quando insere a fotografia do presidente da câmara junto ao editorial – parece um veículo de propaganda. Mas, a um olhar mais profundo, a agenda cultural promove a cidade ou concelho. É a sua marca de identidade própria, que a distingue de outros concelhos.

([54]) A partir de texto publicado na agenda cultural de Oeiras, *30 Dias*, de Março de 2006.

Essa dinâmica autárquica orienta-se em simultâneo para o exterior (com edificação de espaços culturais como centros culturais, museus e bibliotecas, onde decorrem ciclos de actividades tais como cinema, teatro, exposições) e para o interior, com chamada à colaboração dos munícipes, entre os quais aqueles que têm imagem pública – intelectuais, desportistas e pessoas ligadas às artes e indústrias culturais. Ao solicitarem a colaboração desses cidadãos na promoção de tais actividades, trabalham para a satisfação de um objectivo primordial: um concelho com vida cultural própria é um sítio onde apetece viver. Além de que, como é hoje reconhecido, as actividades culturais contribuem para a formação do PIB de um país.

Borda d'Água

Diz o texto assinado por Marina Almeida ([55]), que o *Borda D'Água* vendeu 320 mil exemplares na edição de 2005. O preço são "duas bicas" (€1), o público-alvo as "zonas de Coimbra, Leiria, Grande Porto e Minho [que] representam metade das vendas", a distribuição feita a partir de "um ficheiro antigo com cerca de 700 assinantes. Quando sai o almanaque informamo-los a todos. A partir desse dia começam a chover cartas com pedidos". O editor, continua Marina Almeida, considera o *Borda D'Água* como uma espécie de talismã: "Fazemos um estudo mais psicológico das características que são atribuídas a cada um dos signos, a ligação com as plantas, as pedras, os metais, os dias". Composto em computador e impresso em *offset*, a edição de um ano começa a ficar pronta em Junho.

O *Borda d'Água* é um almanaque popular anual que fornece elementos religiosos (festas, cultos), eclipses, fases da lua, previsões do tempo e juízo do ano, lê-se na *Enciclopédia Luso Brasileira de Cultura* (vol. 3, p. 1619). *Almanaque* quer dizer livro ou tabela com o calendário dos dias, semanas e meses do ano, festas religiosas, fases da lua e outras indicações. Até à invenção da imprensa, os almanaques possuíam o carácter de tábuas astronómicas e foram ganhando uma feição literária, instrutiva, crítica e recreativa, e mesmo como arma ao serviço da política (*Enciclopédia Luso Brasileira de Cultura*, vol. 1, p. 1351). Segundo Marlyse Meyer (2001: 129), o almanaque (no caso, um relacionado com farmácias) traduz-se em lazer e utilidade. Enquanto leitura popular, ensina adultos e crianças, num tom de brincadeira. Mas dá também uma dimensão mística do cristianismo. O lazer no almanaque é o jogo, o passa-tempo, a carta enigmática. Há a piada, a anedota.

O primeiro *Borda d'Água* que se conhece data de 1811, saído da Imprensa Régia, de Lisboa, com o longo título de *Lunário, e Prognóstico Diário, que Contém as Prognosticações dos Tempos por Extenso, e as Horas Particulares de*

---

[55] *Diário de Notícias* de 8 de Maio de 2005.

Semear as Fases da Lua, e mais Planetas, Calculados para o Meridiano do Porto Neste Ano de 1812, Bissexto. Obra Utilíssima, Segundo as Regras Astronómicas, aos Lavradores, Pomareiros, Hortelãos, e Jardineiros, Pescadores e Caçadores, por seu Autor, um Astrónomo Lusitano da Borda de Água. Tratava-se de um folheto com 16 páginas.

Já a *Grande Enciclopédia Portuguesa e Brasileira* (vol. 4, p. 911) revela autorias e outros *Borda d'Água* subsequentes. O almanaque de 1818 trazia o nome do autor: António de Sousa. Nesse mesmo ano, aparecia um *Borda de Água* impresso em Lisboa, figurando como seu autor Roberto da Silva Pinto. Em 1823, editado pela Imprensa da Universidade de Coimbra, saía *Um Maltez da Borda de Água – Beira*, e em 1824, em Lisboa, com a indicação de *Necessário a Todos em Geral e Muito Particularmente a Lavradores – por Pedro Vila Nova, Amigo e Companheiro do Verdadeiro Borda de Água*. Isto significa que havia clientela para comprar todas estas publicações, espalhadas pelo país. Dos *Borda d'Água* do século XX, encontram-se os editados por Joaquim José de Matos Júnior, que vai até 1971, pelo menos, com a designação *Almanaque Borda D'Água*. O custo pouco oscilou entre 1958 (2$50) e 1971 (3$00). O editado pela Livraria Minerva, ainda existente em 2005, era editado por Manoel Rodrigues em 1955 (preço: 2$50), e intitulava-se O *Verdadeiro Almanaque Borda D'Agua*.

A figura que aparecia na primeira imagem era muito semelhante nos dois *Borda d'Água* concorrentes: um homem de fraque e cartola, barrigudo, com lentes grossas nos óculos, apoiado por um chapéu-de-chuva ou bastão, cabelo comprido e nariz pontiagudo, o que certamente introduzia confusão nos leitores. A semelhança era ainda maior quando se olha a frase que acompanha o título: "Reportório útil a toda a gente".

Fixemo-nos em O *Verdadeiro Almanaque Borda D'Água*. Se, na edição de 1955, aparece Manoel Rodrigues como editor, o seu nome desaparece na de 1960. Dois anos depois, surge com a informação de fundado em 1927 por Manoel Rodrigues. Já na de 1976, aparece com a indicação de Associação dos Deficientes das Forças Armadas (preço: 4$00), informação que desaparece no ano seguinte para tomar outra designação de editor em 1978: Minigráfica, cooperativa de artes gráficas (preço: 6$00). As alterações devem ler-se atendendo à mudança de regime político ocorrida em 1974. Muitas das empresas ficaram sem proprietários, pela pressão das mudanças sociais e políticas, formando-se associações de operários sob a forma de cooperativa. Neste número, a página 2, dedicada a um pequeno tema, debruçar-se-ia exactamente sobre o cooperativismo. O nome da cooperativa desaparece em 1991, embora mantendo-se desde sempre a identificação da Livraria Minerva e da sede: rua Luz Soriano, 31-33. Data ainda de 1991 a passagem de 16 para 20 páginas, número que aumentou para 24 em 2000.

Como disse acima, a segunda página – a partir de 1977 – passou a ter uma informação particular. Nesse ano, o tema foi *Tempo universal*, sobre o meridiano de Greenwich. O de 1978, já referido, seria sobre cooperativismo e o de 1979 sobre a visibilidade dos planetas. Em 1980, a página passa a ter o curioso título *À nossa e à vossa consideração*, iniciando a publicação de curtas biografias de cientistas e religiosos populares, como o dr. Sousa Martins e os padres Cruz e Américo (este da obra "Casa do Gaiato", em Penafiel).

Façamos agora a leitura de um livro que trabalhou o tema, embora focado no Brasil, dada a origem desse livro, organizado por Marlyse Meyer (2001) e que conta com vários contributos. Nesse texto colectivo, Jean-François Botrel fala no almanaque como *guia* e *semiologia do tempo*. Por meio do calendário, com as fases da Lua para a agricultura ou pesca, ou as informações necessárias para a vida civil ou religiosa, mas também pelas interpretações dos signos do zodíaco, o almanaque testemunha as constantes interrogações humanas sobre o tempo da vida, antes que chegue o tempo da morte e das obrigações da vida em sociedade (Meyer, 2001: 17).

Já Jerusa Pires Ferreira (Meyer, 2001: 19) diz que o almanaque é uma conjugação de saberes, de jogos de inteligência, espaço em que ocorria um certo literário, sério ou solene, ou textos jocosos em linguagem caricata. A mesma autora fala da sua grande circulação no campo da edição popular, trazendo uma ideia de modernidade, a conjugação do fragmentário mas cumprindo a função de conselheiro e explicação das relações cosmológicas e astrológicas.

Hoje, não lemos os horóscopos em jornais de referência, não seguimos com atenção os programas da Maya a astróloga das cartas e dos tarots, não seguimos avidamente os novos livros de Paulo Coelho? Pode dizer-se que o almanaque é uma espécie de literatura de cordel que atravessa os séculos, em que crendice e cultura urbana se misturam.

Para concluir, algumas questões: a distribuição (venda na rua, face a face), alguma pré-modernidade na cultura urbana (crenças populares, misticismo), imaginário popular associado à nostalgia da terra e do campo e leitura simples como se fosse a revista do *Reader's Digest*.

Palavras Superlativas

Houve um tempo em que a palavra *mercado* – como espaço físico de troca, compra e venda de produtos – já não era suficiente para determinar a dimensão desse espaço. Começou a falar-se de *supermercado*, onde cada tipo de produto era referenciado por marcas. Sou contemporâneo dessa palavra. Se, até aí, o local possível de aquisição de bens de primeira necessidade era um espaço pequeno e havia uma relação interpessoal entre quem vendia e quem comprava, mediado por uma barreira, o balcão, o supermercado alterou a relação de troca. Aboliram-se os balcões e, por vezes, as portas – caso de centros comerciais. Creio que de França veio a palavra hipermercado. *Hipermercado* é a palavra máxima para designar as superfícies de compra de bens, já não reduzidos a bens de primeira necessidade, mas onde se pode comprar de tudo – livros, gasolina e medicamentos.

Claro que, ao lado do tratamento impessoal e onde o cliente pode mexer nas peças ou bens antes de comprar, os bens têm já indicação de preço, em forma electrónica de código de barras, e criam-se nichos dentro do hipermercado, como numa concessão ao antigo armazém. De um lado, há provas, experimentando-se, antes de comprar, assistido por uma jovem apresentadora. Por outro lado, há especialistas que prestam conselhos antes da decisão da aquisição. Como no supermercado, o transporte de bens até à caixa registadora e desta para o parque de automóveis é feito por um carrinho. O supermercado e ainda mais o hipermercado implicam uma geografia de arrabalde ou periferia de centro urbano.

Mais recentemente, fomos enriquecendo o nosso vocabulário com palavras novas. Uma delas foi *apagão*. Há não muitos anos, Lisboa e uma parte do país ficou, repentinamente, sem energia eléctrica. Causa eventual: uma sobrecarga de utilização. Mas a resposta política foi uma cegonha que fez um curto-circuito e provocou o apagamento. Na realidade, as cegonhas escolhem sítios bem altos para os seus ninhos (torres de igreja, postes eléctricos), mas custa-me a crer que a ave,

mesmo com as asas todas abertas tenha uma dimensão superior à distância das linhas eléctricas entre si.
 Também surgiu a palavra *buzinão*. Nos últimos dez a quinze anos houve alguns. Trata-se de uma buzinadela geral em portagens de auto-estrada, protestando contra a sua implantação ou aumento de taxas. Isso surgiu em momentos de forte contestação política. Outra palavra foi *calçadão*. Ali para os lados de Cascais, junto ao mar, há um passeio comprido onde as pessoas podem passear, correr, andar de bicicleta ou simplesmente conversar, com uns bares e pequenos restaurantes. Já não é uma calçada, uma rua, um caminho – atingiu um ponto superlativo. Mais recentemente fomos surpreendidos pela palavra *arrastão*. Para mim, o termo significava barco de pesca maior que a traineira (pesca costeira) e que pode ir até mares profundos à pesca do bacalhau, por exemplo. Ora, o novo arrastão quer dizer movimento de gente no sentido de perturbar a ordem pública (roubando, provocando destruição).

Retratos de Cidades

São breves impressões de várias cidades: Barcelona, Madrid, Londres e Praga, através de uma leitura ou de uma volta turística à cidade. Confesso o meu fascínio pelos arranjos estéticos de cada cidade, reflectindo o espírito inovador de muitas dessas soluções. O escritor, sempre que pode, anda armado com a sua máquina fotográfica, para complementar as suas ideias.

Barcelona

São notas sobre um espaço de exposição, um bailado e uma revista, elementos de dinamismo de uma cultura. O Fórum Barcelona 2004 (29 de Maio a 26 de Setembro de 2004) foi um amplo local onde se acolheram ideias como diversidade cultural, desenvolvimento sustentável, condições de paz, comércio justo, luta das mulheres, reciclagem e utopia. Espectáculos, exposições, conferências e congressos fizeram parte deste acontecimento internacional, que, para os organizadores, tornaria Barcelona a plataforma ideal para celebrar o Fórum Universal das Culturas. A longa avenida Diagonal, que intersecta a parte mais antiga da cidade e esta zona requalificada de dois quilómetros do litoral norte, ficariam dotada de edifícios gigantescos e zonas de habitação de luxo, muito perto das praias artificiais criadas em 1992, transformando Barcelona numa cidade de turismo, ócio e serviços, ligada às indústrias do entretenimento e da cultura. Marcam posição dois edifícios, o *Edifício Fórum*, projectado pelos suíços Herzog e De Meuron, de forma triangular e uma cor exterior em azul berrante, com um auditório para 3200 lugares, e o *Centro de Convenções*, desenhado por José Luis Mateo, com uma capacidade máxima de 15 mil lugares, e que o torna o espaço maior no género do sul da Europa. Fazendo lembrar a Expo'98, a feira também teve estruturas assumidamente efémeras, com informação montada em tendas com imagens em painéis.

A segunda nota é acerca de um bailado. Antes, preciso de formular uma questão: como se podem associar bailado e indústrias culturais? Pelos elementos de reprodutibilidade técnicas, como explicou Benjamin (1936), e pela cadeia de valor defendida pelos economistas da cultura e das indústrias culturais (Hesmondhalgh, 2002). É pela via dos catálogos que permanecem duradouros e das críticas de arte publicadas nos *media* que entrei em espectáculo levado à cena no Gran Teatre del Liceu (Barcelona) (2 a 7 de Agosto de 2004), pela Compañía Nacional de Danza (de Espanha), dirigida artisticamente por Nacho Duato ([56]).

A violência chega-nos a casa através do uso quotidiano da televisão. Uma imagem dos prisioneiros afegãos na prisão de Guantanamo serviu de *leitmotiv* para a coreografia de Nacho Duato, estreada em absoluto no dia 2 de Agosto. Por isso, o horror – lê-se no catálogo, em texto assinado por Carmen del Val – faz parte da nossa vida diária. O bailarino e, desde 1990, responsável pela companhia espanhola de dança, cansado das imagens da televisão e imprensa sobre a violência e tortura, decidiu passar para o bailado essas cenas de horror, fazendo *Herrumbre* (*Barbárie*), violentíssima peça de 65 minutos, como será raro assistir. Para além das tragédias do Afeganistão e do Iraque, em Duato estiveram presentes, a montante, os crimes do 11 de Setembro de 2001 nos Estados Unidos e, a juzante, do 11 de Março de 2004 em Madrid. O cenário, centrado numa jaula, em que decorrem constantes actos de tortura e violação, é servido por uma mistura de música para violoncelo electrónico (David Darling, *Dark Wood*) e uma partitura constituída por ruídos de metal, que recriam ambientes de prisão e de golpes (Sergio Caballero).

Apesar da beleza do "grupo de mulheres com os seus braços suplicantes asfixiados pela opressão" e do contraste dos torturadores, "agressivo e com olhar desafiante sem um resquício para a piedade", como escreveu Carmen del Val (*El País*), a verdade é que uma fatia pequena do público não apreciou a peça. Eu verifiquei isso na estreia. Para isso, contribuiu o cenário do iraquiano Jaffar Chalabi, que idealizou uma grande estrutura metálica amovível, parecendo-se com a fachada de uma prisão ou a porta de uma jaula. Por vezes, a posição da estrutura e a dança dos bailarinos, apoiada em iluminação convincente, deixava os espectadores tão aterrados

---

([56]) Como base, servi-me do catálogo e das críticas publicadas nos jornais *El Pais* (Madrid) e *La Vanguardia* (Barcelona), editadas em 4 de Agosto sobre a estreia ocorrida na segunda-feira dia 2.

como se vivessem fielmente a situação. Mas, sabe-se, há, em qualquer situação, fantasmas; nem toda a gente acha que a guerra do Iraque ou a prisão em Guantanamo merecem críticas de maior, porque o ponto de partida foi a injustiça. E o bailado é uma arte da beleza e da harmonia, para além da crueldade humana.

A terceira nota é sobre uma revista, *L'Avenç* [*O Progresso*], editada em Barcelona, em catalão. No seu número de Julho//Agosto de 2004, o dossiê teve o título *El rostre amb què Europa mira* (*Portugal, o rosto da Europa*), 26 páginas dedicadas a Portugal e à influência da nossa cultura naquela zona mediterrânica. Começa com uma citação de Pessoa (1979: 21): "A Europa jaz, posta nos cotovelos:/De Oriente a Ocidente jaz, fitando,/E toldam-lhe românticos cabelos/Olhos gregos, lembrando./O cotovelo esquerdo é recuado;/O direito é em ângulo disposto./Aquele diz Itália onde é pousado;/Este diz Inglaterra onde, afastado,/A mão sustenta, em que se apoia o rosto./Fita, com olhar esfíngico e fatal,/O Ocidente, futuro do passado./O rosto com que fita é Portugal".

Os motivos são evidentes: a língua e a independência de Portugal face a Espanha (leia-se Castela) e o presente crescimento económico e cultural de Barcelona, que fazem sonhar um caminho semelhante. A simbologia traçada pelo primeiro artigo, de autoria de Víctor Martínez-Gil, professor da Universitat Autónoma de Barcelona e coordenador do dossiê, aponta em tal sentido: "Na iconografia tradicional, a Europa é representada com uma figura feminina, dama ou rainha, em que a cabeça era a Hispânia". Trinta anos depois de 1974, Portugal, segundo o académico, tornou-se um país moderno na economia e na cultura. E, como escreve outro articulista, Josep Sánchez Cervelló, professor da Universitat Rovira i Virgili, se Portugal perdeu a carga colonialista e o antiespanholismo que caracterizaram o país nos últimos séculos, ganhou o respeito da comunidade internacional, pelo seu cosmopolitismo e referencial cultural. As traduções para catalão de livros de Lobo Antunes, José Saramago, Jorge de Sena, Eugénio de Andrade, Herberto Helder e Luísa Costa Gomes são um indicativo dessa admiração de Barcelona por Portugal.

Parece que a Catalunha vive um momento de viragem. Há edições de livros que saem primeiro em catalão e depois em castelhano, as estações de rádio locais privilegiam a língua catalã, as lojas, as ementas dos restaurantes, os transportes públicos e os museus têm indicações em catalão (por vezes, seguido do castelhano e do inglês).

A publicação que aqui refiro não é estranha a tal movimento. Os textos são bem escritos, apesar de se fixarem num momento histórico preciso, o século XVII, quando Portugal recuperou a independência mas em que um movimento próximo de emancipação foi sufocado na Catalunha (exactamente em 1640, como explica Manuel de Seabra, português que vive na Catalunha e é escritor e tradutor. Aliás, Seabra refere que a capital natural da Península Ibérica no séc. XVII seria Lisboa, mas Sevilha tinha um peso igualmente forte, e a velha rivalidade de Portugal com Castilla-León não permitiria essa transferência). As marcas da guerra civil de 1936-1939 também estão visíveis na cultura de Barcelona, mas não na revista. O mote fulcral do dossiê é, pois, a relação entre independência e união (ibérica).

Praga

De Praga fixei quatro elementos: cafetarias, concertos de música, museus e lojas. Quando li a primeira vez Jürgen Habermas em *Mudança Estrutural da Esfera Pública* (edição em português de 1984), impressionou-me muito saber da importância dos cafés – entre outros espaços públicos – na formação da opinião pública moderna. Por uma questão conceptual, o livro referiu-se a uma realidade social centrada no século XVIII e abrangendo somente três países: Inglaterra, Alemanha e França. De fora ficavam os cafés de Bruxelas e Bruges (Bélgica) ou Saragoça (Espanha), mas também os cafés de Lisboa ou Porto, por exemplo.

Em 2005, saíu *Prague cafes, from the coffee houses of old Prague to the jazz café*, com texto de Harald Salfellner e ilustrações de Ivan Korecek (edição Vitalis, de 112 páginas), onde se alude a Georgius Deodatus, comerciante de Damasco que, no século XVIII, começou a servir café na capital da República Checa, no bairro pequeno. Claro que sabores e estilos de vida mudaram desde então, mas ficaram famosos nomes de cafés como Kavarna Union, Edison, Deminka e Continental. Alguns deles, como o Louvre e o Arco, seriam frequentados pelo escritor Franz Kafka.

Praga tem uma oferta constante de concertos de música (clássica, musical, jazz, folclore). No blogue, em que tenho trabalhado os conceitos de *indústrias culturais* e *indústrias criativas*, este último parece-me mais bem aplicado aos espectáculos musicais de uma cidade. Isto porque são mais apreensíveis as actividades ligadas ao turismo (lojas e restauração) e consumo de espectáculos e menos entendível a produção em termos de jornais, rádio, televisão, cinema ou livros, devido a barreiras linguísticas e falta de dados estatísticos.

Privilegio a música clássica, mas também referencio o jazz e os espectáculos de rua, organizados ou não por entidades

locais, dando conta de roteiros culturais. A casa da ópera nacional oferece espectáculos de grande qualidade. Embora o informalismo dos espectadores seja reflexo do consumo por parte de turistas, é visível o uso de vestuário clássico entre os fruidores nacionais.

Em diversas das opções expressivas dos músicos, nota-se trabalho *freelance* ou por projecto ou temporada (caso dos músicos de jazz). Na música de rua, há ainda figuras típicas – que esperam uma pequena oferta dos transeuntes –, dando colorido musical e estético enquanto ocupantes de um território (físico e do imaginário musical que faz parte da cultura e da memória de muitos dos turistas). Ao fim da tarde e começo da noite há concertos quer em igrejas quer em salas de escolas de música. Com duração média de 60 a 90 minutos e a rondarem 18 a 36 euros, eles compõem-se de andamentos (ou excertos de andamentos) de peças de repertório conhecido, nomeadamente de compositores da República Checa, como Dvorák ou Smetena. Do lado dos músicos, para além do já destacado trabalho *freelance*, associado a conhecimento público e/ou lançamento de carreira e recolha de dinheiro suplementar a outras actividades. Muitos dos bilhetes são vendidos na rua, em pequenos postos ambulantes, com os vendedores a acompanharem os clientes até ao local do concerto, para estes não se perderem no labirinto de ruas da cidade velha. Nestas, em especial na Staromstské námstí (praça da cidade velha), onde se ergue o relógio astronómico, ou na ponte Carlos, decorrem espectáculos ao vivo, organizados ou não por entidades camarárias, trazendo muita animação e momentos de admiração pelos músicos populares ou amadores.

Como destaquei acima, estas expressões musicais resultam de uma marcação de território (físico e do imaginário cultural), com músicos intervindo em representações não regulares e adaptáveis ao fluxo de turistas. Neste caleidoscópio de representações, detecta-se o saudosismo por formas musicais de há trinta ou mais anos, até porque alguns dos músicos são idosos. Aí se pontuam recordações pelas escolhas pessoais ou colectivas (momentos políticos de 1968 ou 1989), sem rótulos de música séria mas apenas de memória, numa aproximação a quem passa, reorganizando, assim, conceitos e projectos.

Praga é uma cidade onde há um grande aproveitamento de espaços comerciais, mesmo que se trate de cultura. Isso aplica-se aos pequenos museus, que ocupam um perímetro relativamente próximo e brotam quase de lojas comerciais (aparelhos sexuais) ou andares de habitação (museu da tortura). Se houvesse possibilidade de trazer o espírito de Praga, poderíamos ter vários museus entre o Rossio e a Rua Augusta, em Lisboa, ou na rua Mouzinho da Silveira, no Porto, capazes de atrair turistas a esses espaços. Além de espaços exíguos, detecta-se outra tendência, a de museus pobres conceptualmente, caso do de Alfons Mucha (1860-1939), pintor de arte nova.

Um museu interessante – que foge à regra – é o da arte cubista checa, instalado num belo edifício de quatro andares (três para o museu e um para a cafetaria). Lê-se na página do Museu do Cubismo Checo: "os anos de 1910 foram na Europa um momento de expansão dos movimentos vanguardistas – cubismo, futurismo e expressionismo. [...] Em Praga, a base para o novo movimento de vanguarda tornou-se o grupo de artistas fundado em 1911 por proponentes do cubismo de Picasso e Braque – os pintores Emil Filla, Antonín Procházka, Josef Čapek, o escultor Otto Gutfreund, o escritor Karel Čapek, e os arquitectos Pavel Janák, Josef Gočár, Vlastislav Hofman e Josef Chochol" (Vlček e Horneká, 2004). No museu, encontram-se secções de pintura, escultura, desenho (arquitectura), mobiliário e louça.

Quanto ao Museu do Comunismo, poderíamos dividir a análise em três parcelas: 1) localização do museu, a paredes--meias com um casino e um restaurante McDonald's (rua

Prikope, nº 10, 1º andar, avenida larga e aberta apenas a peões, com grandes lojas de marcas ocidentais e junto à praça de S. Venceslau), 2) cartazes de apelo à resistência face ao capitalismo, naquilo a que se poderia chamar de fase de *sonho*, e 3) símbolos do poder, como esculturas e bustos, no que os construtores do museu apelidaram de *pesadelo*, após a falhada Primavera de Praga (1968), de reforma do regime a partir de dentro, e sua queda durante o movimento de abertura dos países do leste europeu às propostas políticas do Ocidente (1989). No museu, há a reconstituição de espaços: 1) sala de interrogatórios (com telefone a tilintar, máquina de escrever, estante com ficheiros), 2) unidade fabril (produção de metalo-mecânica), 3) mercearia (consumo básico), 4) sala de aula (formação ideológica). Na última sala, ao lado de bustos retirados de edifícios depois da queda do poder comunista, visiona-se um vídeo dando conta dos acontecimentos que precederam esse momento de viragem, com repressão contra as manifestações de multidões numerosas na praça S. Venceslau por parte das forças armadas.

Os cartazes são o material mais importante para análise. Desses trabalhos gráficos, faz-se uma leitura denotativa directa: 1) luta contra os americanos, os inimigos principais do regime comunista, 2) ligação das forças armadas à sociedade civil, 3) temas relacionados com o bem-estar dos indivíduos numa perspectiva colectivista, como as férias e as organizações juvenis. As linhas estéticas simples dos cartazes tinham como objectivo a massificação de ideias e como públicos-alvo sectores da população menos endoutrinados. As imagens funcionavam como educadores, numa distinção maniqueista entre bons e maus.

Finalmente, a minha apreciação das lojas da cidade de Praga, que divido por seis níveis: de produtos de qualidade, modernas, antigas, internacionais (marcas multinacionais ou negócios internacionais), nobres (junto ao castelo) e de cristais. Das três primeiras lojas, a que designo de produtos de qualidade, duas ficam numa pequena rua de lojas de prestígio não longe da praça do relógio astronómico. Numa delas, a livraria Knihy Aulos, ficou um magnífico livro de 3500 coroas (cerca de € 125), com litografias. O lojista da Knihy Aulos bem se esforçou em elogiar a obra e a edição mais que limitada – apenas 50 exemplares –, mas hesitei em comprar (obstáculo para além do preço: o texto em checo).

As lojas antigas encontram-se em zonas ainda relativamente próximas da cidade comercial do centro: práticas mas com montras feias e cheias de produtos (muito diferente do que o blogueiro observou há mais de uma dezena de anos em parcela da antiga Jugoslávia, na actual Bósnia-Herzgovina, com as prateleiras vazias nos mercados). Já as lojas internacionais encontram-se na praça de S. Venceslau e rua Prikope. Os últimos dois tipos, de acordo com a minha classificação, são as nobres e as que vendem cristais (para viajantes). Aquelas situam-se perto do castelo, aproveitando antigas casas de nobres, pertencendo a um tempo em que ainda não existia numeração nas portas mas símbolos (de animais) como identificação. As fachadas são magníficas.

Londres, entre os Proms e outros espectáculos e as montras das lojas

Eu nunca assistira a um concerto dos Proms [Promenades] da BBC, em Londres. Vi/ouvi, de Hector Berlioz, o *Romeu e Julieta*, uma sinfonia dramática a partir da peça de Shakespeare, cantada em francês. A sala, o Royal Albert Hall, tem uma forma circular, no meio da qual existe uma arena, espaço em que o público assiste de pé (a primeira vez que me apercebi da localização de um espaço central sem cadeiras num teatro foi ao ver o filme *Cyrano de Bergerac*, onde a história mais importante não era a representada no palco mas entre a multidão que assistia, entrava e saía, por vezes a comer). No sítio onde eu estava, na primeira plateia, numa razoavelmente confortável cadeira que girava e permitia centrar de modo mais adequado a minha visão, ouvia bem a peça musical e observava a assistência.

Não vou tecer comentários ao espectáculo em si, mas ao descontraído ambiente cultural. Há o hábito de beber antes do espectáculo, seja uma água, um refrigerante, cerveja ou mesmo champanhe. Ou comer uma refeição. Mas não notei o final caloroso dos espectadores portugueses. A peça (maestro, cantores, orquestra e coro) foi muito ovacionada, mas o público permaneceu sempre sentado. O catálogo do programa – com muita publicidade a suportá-lo financeiramente – faz a transposição total do texto. Canta a mezzo-soprano: "Premiers transports que nul n'oublie!/ Premiers aveux, premiers serments/ De deux amants,/ Sous les étoilles d'Italie".

Os outros dois espectáculos que assinalo são musicais, cantados na zona dos teatros do Soho (e Strand), quer um quer outro com uma longa carreira de representações e também passados recentemente ao cinema. Nestas salas de teatro (no teatro Adelphi, *Chicago*, de Fred Ebb, John Kander e Bob Fosse; no Her Majesty's Theatre, *The phantom of the Opera*, de Andrew Lloyd Webber, que, há 30 anos, compunha *Jesus Cristo Superstar*), há também o hábito de beber e comer antes e no intervalo. Neste, os espectadores trazem gelados e bebidas para dentro da sala. Atrás de nós, havia mesmo raparigas que bebiam vinho, o que provocava um cheiro menos habitual na nossa cultura de teatro. Num e noutro dos espectáculos, os cantores usam microfones (muito pequenos, quase sempre junto ao cabelo), o que permite amplificar muito o som das suas vozes. Tal fica dentro daquilo a que Teillet (2004) chama de *músicas amplificadas*.

A representação de *The phantom of the Opera* tem também muito recurso a tecnologias, quer visuais quer sonoras, o que o torna um espectáculo muito emocionante, melhor que no cinema, pois a acção decorre num espaço delimitado e não há um corte no tempo e no espaço tão visível como no filme.

As montras das lojas são um elemento fundamental na comunicação com os consumidores. Daí que haja a necessidade de ter um design distinto nas lojas unimarca. Fiz algumas imagens das lojas londrinas, nomeadamente as de Neal Street (Convent Garden), King's Road (Chelsea) e Old Bond Street (Soho), em Londres. Restaurante de comida vegetariana, sapatarias, artigos musicais, chás, louça e joalharia contam-se entre as actividades das lojas fotografadas.

Cores distintivas na fachada das lojas, um espaço privilegiado da montra de vidro, o nome (marca) da loja, cores vivas nos materiais expostos, apelo a uma leitura quente e emotiva (que cria a necessidade de entrar e comprar), equilíbrio entre quantidade de elementos expostos e destaque a algumas peças – eis alguns elementos que recolhi. De outros dados – preços, atendimento, inovação nos produtos vendidos – não tive oportunidade de referenciar, dado o meu olhar de simples viajante. Excepção para a comida do restaurante *Food for Thought*!

Madrid

Ver Picasso foi a razão de ir a Madrid. Também escrevi sobre espectáculos de flamenco e zarzuela. Pablo Picasso (1881-1973) nasceu há 125 anos e o seu mais famoso quadro, Guernica, regressou a Espanha há 25 anos, razões para o museu do Prado e o museu Centro Rainha Sofia, ambos em Madrid, abrirem duas magníficas exposições, cada uma com um princípio simples (à data em que escrevi o texto).

No Prado, instituição de que Picasso foi director (1936-1939, isto é, durante a Guerra Civil Espanhola), há uma retrospectiva dos seus quadros perante as suas maiores influências, fruto da sua observação profunda enquanto estudante. Vários dos seus quadros vieram de outros museus, estabelecendo assim um diálogo dificilmente irrepetível. Já no museu Rainha Sofia, Guernica e os imensos esboços feitos em tempo recorde (mais ou menos um mês), o que dão conta da febril criatividade do pintor de Málaga. O catálogo produzido para a exposição é magnífico, ficando a par da qualidade da exposição, em especial a do Prado (preço: € 30 de capa mole e € 48 de capa dura, 422 páginas).

A exemplo da zarzuela, também o flamenco é um tipo de arte criativa popular em Espanha e consumido por pessoas com menos poder económico, se comparado com teatro, ballet ou ópera. Mas, em todo o país, há uma longa e florescente tradição, que, muitas vezes, combina com modernidade, caso de *Power of the feeling*, do Ballet Flamenco de Madrid (España

Baila Flamenco), coreografado por Sara Lezana, Luciano Ruiz, María Nadal e Carlos Vilán.

Seriam cerca de noventa minutos de espectáculo, em duas partes distintas, apesar de não haver intervalo, repartidas entre um repertório assente em música gravada de clássicos espanhóis e música ao vivo, com cantor e guitarra. O preço era bem mais elevado do que no espectáculo da zarzuela, detectando-se um público mais jovem e parecendo ter maior poder de compra, o que contradiz López e García (2002). Neste texto, os autores indicam que os consumidores com menores rendimentos económicos escolhem produtos populares caso da zarzuela. Foi o que observei num concerto dado no Centro Cultural Casa de Vacas, no jardim do Retiro, em Madrid. A bilheteira abria às sete da tarde para um espectáculo anun-

ciado meia-hora depois. Por um preço simbólico de dois euros, a sala rapidamente encheu os seus 124 lugares, de modo que o espectáculo começou mais cedo do que o indicado no programa.

Quem estava na fila para comprar os bilhetes? Pessoas acima dos cinquenta anos, muitas mulheres, gente de aparência simpática mas simples. A representação era *El huésped del Sevillano*, uma das mais conhecidas zarzuelas, em dois actos, com libreto de Enrique Reoyo e Juan Ignacio Luca de Tena. O ambiente é a época dourada de Castela, sendo Toledo a sua capital espiritual (ao tempo de Filipe II de Espanha, primeiro de Portugal). Há ainda a sensação de apenas se saber, no final, que o misterioso hóspede é Miguel Cervantes, o autor de *D. Quixote*. O primeiro acto começa com três cavaleiros a temperarem as suas espadas no armeiro Maese Andrés, cuja filha Raquel seria raptada pelo pretendente Don Diego.

Roteiros Turísticos

Nos finais dos anos 40, a ROTEP (de: Roteiro Turístico e Económico de Portugal), com sede na Av. da Boavista, 1424, no Porto, editaria desdobráveis de papel forte com indicações geográficas e económicas dos concelhos do país (fechados mediam 16,8 x 22,4 centímetros; abertos oito vezes aquela dimensão). Não sei se foram editados todos os concelhos, mas tenho indicações de, pelo menos, 229 o terem sido.

As capas representavam espaços paisagísticos ou edifícios facilmente reconhecíveis dos concelhos, como a Câmara Municipal. No interior, havia uma pequena história do concelho.

Respigo algumas linhas do desdobrável de Ovar: "As antigas indústrias – fabrico de louças de barro sem vidrar [...] – desapareceram, suplantadas pelo aparecimento dos esmaltes e pela construção de paredões onde os grandes navios, que vêm ao Tejo, acostam comodamente. Oleiros e calafates são, em Ovar, figuras da tradição. As duas olarias sobrevivas dedicam-se, apenas, ao fabrico de vasos para jardim e algumas vasilhas para líquidos. Em sua substituição, todavia, temos uma importante fábrica de telha do tipo de marselha, tijolos e tubagem de grés e botijas. Tiveram larga fama de mestras de bordados a branco e de flores artificiais as mulheres que viveram em Ovar por todo o século passado [leia-se XIX]. Para as pessoas de bom paladar, subsiste a indústria do pão-de-ló, célebre entre as celebridades das gulodices nacionais".

E, durante parte do século XX, a fábrica de motores Rabor deu fama ao concelho, em imagens mais pequenas no desdobrável. Estas imagens, como se descobre facilmente, eram os mapas com apontamentos económicos, de trajes e tradições, num exemplo perfeito da ideologia do Estado Novo: a ruralidade, a auto-suficiência, a distinção de especificidades: as praias na Barrinha de Esmoriz, em Cortegaça e no Furadouro; as romarias em S. Vicente de Jusã, Senhora de Entre-Águas ou Senhora do Desterro; o chapéu vareiro, a nora, as fábricas.

Na última página do desdobrável, identificavam-se outros dados do concelho, como população e área do concelho. Em 1949, Ovar tinha estação telégrafo-postal de segunda classe, com horário para o público das 8:00 às 20:00 e serviço permanente de telefones. Então, publicavam-se dois semanários: *João Semana* e *Notícias de Ovar*.

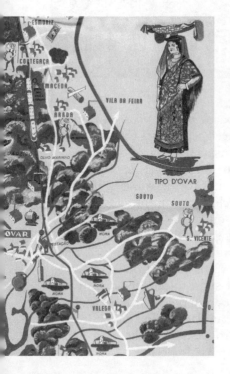

À falta de um termo melhor, cunho como *regionalista* esta estética numa indústria cultural incipiente – o turismo. A Segunda Guerra Mundial acabara pouco antes, vivia-se por toda a Europa um período de reconstrução e Portugal, apesar de não ter entrado directamente na guerra, procurava reorientar-se económica e politicamente (o que não aconteceu). A estética saída da Exposição nacionalista dos centenários (1940, em que se comemoravam a independência do século XII e a restauração de 1640) vincar-se-ia oficialmente, deixando outras estéticas (como o surrealismo e o neo-realismo) para outros agentes sociais e culturais.

Outros Territórios | 347

Abrigos: o Livro onde se Escreve sobre Livrarias

De António Pinto Ribeiro conhecia mal a sua carreira, apesar de saber do seu percurso entre os textos publicados no jornal *Expresso* e a actividade de programador cultural na Culturgest. Da minha turma do mestrado de Ciências da Comunicação na Universidade Nova de Lisboa, no começo da década de 90, vi que era um dos mais brilhantes alunos. De vez em quando cruzamo-nos na cidade e trocamos palavras de circunstância.

Por isso, não imaginava a riqueza da sua vivência, do seu cosmopolitismo. Só quando comecei a ler *Abrigos. Condições das cidades e energia da cultura* (2004), pude compreender melhor António Pinto Ribeiro. Numa das badanas do livro vê-se melhor o percurso do autor: nascido em Lisboa, "viveu em vários países africanos e europeus" e tem investigado em áreas

como *Teorias das culturas* e *programação cultural e artística*. O seu primeiro livro foi escrito em co-autoria com José Sasportes, *História da dança em Portugal* (1991).

Do livro, li primeiro a parte final, a das livrarias em múltiplas cidades: Barcelona, Bruxelas, Ljubljana, Londres, Manaus, Maputo, Milão, Mindelo, Montpellier, Nova Iorque, Paris, Rio de Janeiro, São Paulo, Tunes, Veneza. Fiquei com imensa vontade em visitar algumas dessas livrarias que, em textos curtos (duas páginas), tão bem descreve.

Copista, roubo três linhas do texto sobre a *Books for cooks* (Londres): "Na verdade, trata-se de uma livraria. Uma livraria muito especial, com uma grande cozinha, onde excelentes cozinheiros confeccionam excelentes pratos. Em certos dias da semana, certos meses do ano, ensinam a cozinhar".

A parte inicial do livro *Abrigos* tem também uma construção que me agradou imenso. O autor fala dos espaços e paisagens fulcrais das cidades: árvore, café, centro cultural, esquinas, estações de caminhos-de-ferro, galerias, hotel, jardins, livraria, marginal, mercado, metro, paisagens nocturnas, praça, rádio, rio, aeroporto. Neste texto do começo do livro escreve sobre livrarias: "O que uma cidade pode prometer como futuro aos seus habitantes está inscrito nas livrarias que tem. Da sua quantidade, da sua diversidade, da organização e da beleza das suas montras e prateleiras".

Legendas Animadas.
Leitão de Barros, Nacionalismo e Censura

A legenda do "boneco" de Silva Neto diz: "Em vista de tamanho cuidado com os ruídos, é de supor que estejam na altura daquela cena em que o poeta, agarrado à argola, grita «Há-de sair... Há-de sair...». Se assim é, fazemos votos por que não suceda o mesmo que com o foguete das «Pupilas»".

Descodifiquemos. O primeiro número da revista *Espectáculo*, semanário de cinema, teatro e actualidades, saía a 13 de Junho de 1936, dirigida por Armando de Miranda, que assinava frequentemente A. de M. O *cartoon* desse número inicial, que ocupava a página toda, era uma referência ao filme então em rodagem de Leitão de Barros, *Bocage*. O regime político solidificava-se, com a guerra civil no país ao lado a chegar ao fim e o fervor nacionalista e patriótico a aumentar pela Europa inteira. O cinema era, a par da rádio, uma grande arma de propaganda. Na altura da rodagem de *Bocage*, António Lopes Ribeiro dirigia *A revolução de Maio*, uma encomenda do Secretariado de Propaganda Nacional de António Ferro.

A imagem deve decompor-se em vários quadros, como se estivesse em espiral, para uma compreensão mais delicada. O primeiro é o da rodagem propriamente dita. Vê-se o *cameraman*, o homem da iluminação, o actor. Mas o homem da câmara quer silêncio – num espaço de grande algazarra. Algumas das cenas do filme decorriam nessa altura em exteriores, caso de Queluz, pelo que li na imprensa.

Para além do filme a ser rodado, há um outro "filme", o da vida do dia-a-dia. E o que se vê? A contradição entre o campo e a cidade ou, se olharmos de outro prisma, entre a tradição e a modernidade, representadas respectivamente pela carroça e pelo burro empertigado, por um lado, e pelo automóvel que fazia um atropelamento à vista de toda a gente, por outro. Parece que ainda não se circulava pela direita, mas à inglesa.

A autoridade concentra-se no acidente da modernidade, que o burro aos pinotes era coisa do passado. Vêem-se dois agentes, um levando a mão ao cassetete. Mais atrás, a cavalo, um graduado olha quer o acidente quer um par de namorados, em que ele é militar. Nesta última, figura ainda o par de músicos com calças cheias de remendos – sendo o acordeonista cego –, uma mãe que tem dificuldades em conter o berreiro da criança, um par de crianças que oscila o seu olhar entre os tocadores-cantores e a mãe com a filha.

Vê-se ainda um eléctrico da CCFL – sigla que quer dizer Companhia de Carris de Ferro de Lisboa – a ir para a Estrela. Juntamente com o automóvel em experiência (de atropelamento) e o filme de Leitão de Barros, o eléctrico é um dos sinais de modernidade da capital do então ainda império.

Entrevistado no número 6 do mesmo semanário *Espectáculo*, Leitão de Barros diria sobre os púbicos que iriam ver o seu novo filme (já fizera a *Severa* e *As Pupilas do Senhor Reitor*): "Há os que esperam, ingenuamente, um filme onde passam todas as falsas anedotas de Bocage, desde as poesias eróticas às brejeirices de viela, às porcarias de Carnaval, a certos improvisos imundos que correm hipocritamente atribuídos a Bocage. Há outro sector público que gostaria de ver um filme revolucionário e político, irreverente, agressivo e doentio. [O público mais culto] espera ou exige um filme onde se respeite a verdade psicológica, mais que a semelhança física, do grande poeta lírico, do maior poeta nacional depois de Camões, que paira ainda hoje como árvore frondosa e isolada nessa desoladora planície, que é a literatura poética do século XVIII".

A análise nacionalista do realizador é um outro quadro a acrescentar à imagem. A que poderemos juntar um novo, a partir da leitura de Tiago Baptista (2005). Trabalhando na Cinemateca Portuguesa-Museu do Cinema, Tiago Baptista iria escrever obviamente sobre cinema. Melhor: sobre a representação cinematográfica de Lisboa entre o cinema mudo e o cinema novo (anos 60). A sua tese é que, "salvo raríssimas excepções, Lisboa quase não surgiu nos filmes portugueses [até à década de 60] e que as suas escassas representações retrataram menos uma realidade arquitectónica e urbanística concreta e reconhecível do que uma determinada ideia de cidade".

Há uma parte do texto aqui referenciado que quero destacar, a que diz respeito a Leitão de Barros e ao seu filme *Lisboa, Crónica Anedótica* (1930). Leitão de Barros e António Lopes Ribeiro, vindos da crítica de cinema, e outros como Jorge Brum do Canto e Manoel de Oliveira, desempenharam um papel de relevo "na defesa das vanguardas cinematográficas europeias e na actualização do cinema português"

(Baptista, 2005). Mas esse caminho seria desviado com a afirmação do regime, caso das obras de Lopes Ribeiro. Curiosamente, o filme *Lisboa, Crónica Anedótica* teve um registo anormal; daí o interesse nele. É que Leitão de Barros mostrava no seu filme a Lisboa suja, vigarista e "cano-de-esgoto" (Baptista, 2005: 172).

Era o tempo da lei dos cem metros – pequenas películas exibidas antes da longa-metragem em cada sessão. Isto levou à proliferação de más pequenas metragens que, com o tempo, foram esquecidas e destruídas porque, entendeu-se, a prata contida nas películas era mais valiosa do que o seu conteúdo (hoje, muitas dessas imagens teriam um valor incalculável). Mas era também o tempo em que se pensava num "género específico de «filmes documentários de exportação»", o que não se encontrava no filme de Barros, como anotou o crítico de cinema, Alberto Armando Pereira.O filme, com o saloio e o conto do vigário, afirmava-se contra-corrente, sem qualquer alusão à cidade moderna, monumental, do anúncio luminoso, das avenidas novas e de António Ferro.

A pressão foi forte, por parte dos críticos como dos distribuidores, pelo que Leitão de Barros se viu obrigado a fazer uma segunda versão, de exportação para o mercado brasileiro. As imagens menos gratificantes do original seriam substituídas pelos aspectos monumentais da cidade. O filme inicial mostrava um saloio (habitante rural dos arredores de Lisboa) a apalpar um manequim, rebanhos de carneiros a atravessarem as avenidas novas, as peixeiras do Cais do Sodré com os seus filhos nus dentro das canastras onde antes estava o peixe vendido.

A política censória no cinema refinava-se. Mas ela terá nascido em meados dos anos 10 do século XX, não ainda em termos políticos puros mas em termos de costumes (Baptista, 2006). O cinema poderia ser um escape ou um meio educativo mas era olhado também como um escola do crime. A imprensa da época e os registos dos tribunais da época mencionam um aumento da criminalidade atribuído à ida ao cinema, com os espectadores a serem muito influenciados pelo que viam no ecrã.

O roteiro de Tiago Baptista (2006) inclui os projectos de cinema educativo (cinema na escola), a análise dos debates parlamentares e a legislação sobre censura de filmes, bem como a cobertura negativa da imprensa generalista ao invés da imprensa especializada. Os jornalistas das publicações dedicadas ao cinema esforçavam-se por realçar o valor pedagógico dos filmes, pois mesmo que houvesse a narrativa de um crime violento, os que o praticavam eram condenados no final do filme.

CONCLUSÃO

Como destaquei na introdução, os temas e os textos presentes no livro tiveram origem no blogue http://industrias-culturais.blogspot.com, onde escrevo com regularidade. Os textos inseridos *on-line* são de dimensão variada, por vezes fragmentários, por vezes datados (comentários não muito reflectidos sobre acontecimentos do dia). No livro, procurei dar unidade a esses textos mas alguns capítulos mantêm marcas de actualidade e apreciação de eventos, como os de fotografia e cinema.

A arrumação por temas é fruto da necessidade de organização para o livro. Se a fraqueza principal de um blogue é o efémero de muita informação (mas que pode ser a sua força, pelo dinamismo, facilidade de inserção de informação e reacção de leitura quase em simultâneo), o livro possui outras preocupações nobres: deixar uma mensagem clara e profunda sobre um assunto. Enquanto há uma grande recorrência nas mensagens colocadas no blogue, pois têm a ver com os interesses temáticos de quem escreve, mas também o esquecimento de alguns outros assuntos, o livro sintetiza e avança pistas e conclusões. O blogue é mais aberto que o livro, o livro é mais espesso que o blogue.

Os temas trabalhados começaram por ser a definição de indústrias culturais; mais tarde, a preocupação evoluiu para a definição e aplicabilidade das indústrias criativas, fruto de novas leituras e da percepção de fenómenos mais recentes. O aspecto pedagógico que motivou a criação do blogue enquanto suplemento das aulas foi superado rapidamente, dadas as funcionalidades do blogue, meio de comunicação que permite estabelecer relações com outras pessoas. Em 2003, quando me envolvi nesta aventura, estava longe de prever a quantidade de amizades e trocas de informações com pessoas que ainda não conhecia. Vindas de Portugal, Espanha, Brasil e, em menor escala, do Reino Unido, aqui por causa da língua em que escrevo o blogue. Por outro lado, o alargamento temático foi-se fazendo sem eu me aperceber bem, enquadrado dentro da ideia de paisagens mediáticas como a definiu Appadurai (2004), em que o indivíduo pode não reflectir sobre a influência directa e indirecta dos *media* e das indústrias culturais que tem à sua volta e que lhe fornecem a maior parte da informação e conhecimento.

Dos principais temas abordados *on-line* agora publicados exclui os que escrevi sobre imprensa, história da imprensa e novas tecnologias, mas inseri textos do que designei por *outros territórios*, temas não encaixáveis em capítulos previamente identificados com as principais indústrias culturais: cinema, rádio, edição, televisão, fotografia, videojogos e publicidade.

Para além de *indústrias culturais*, outros dos principais temas aqui mostrados são *públicos*, *espaços de consumo*, *moda*, *celebridades* e *fãs*. O conceito público fui buscá-lo essencialmente a Daniel Dayan (2005, 2006), ao passo que público de cultura o retirei dos estudos do Observatório de Actividades Culturais. Quanto a centros comerciais e outros locais de consumo, procurei distinguir entre consumidores regulares, omnívoros e irregulares. As ideias de consumidores de centros comerciais e fãs (de música, cinema, banda desenhada, videojogos) desenvolvi-as em contacto com os meus alunos. Nos últimos três anos, estes realizaram inquéritos de consumo, abrangendo centros comerciais, lojas e marcas, carreando muita informação empírica. Mas trabalharam igualmente inquéritos sobre séries televisivas de culto e graus de fãs. Os dados recolhidos confirmam estudos já publicados (Gomes, 2004; Gomes, Lourenço e Neves, 2000; López e García, 2002), em que os públicos jovens (universitários) são os maiores consumidores de cultura, baixando as frequências a partir dos 25 anos e retomadas quando esses indivíduos são mais velhos (acima dos 35-40 anos).

Conclusão

Ao dar atenção ao fenómeno das celebridades na televisão, fi-lo porque ele é uma forte característica da actual estrutura cultural. Com níveis fracos de literacia, comprovados pela quebra de venda de jornais, a que se juntam baixos consumos de indústrias criativas e culturais como o teatro e o cinema, a televisão é o meio popular para obter informação e entretenimento. Em Portugal, o ano de 1992 marcou uma esperança na renovação com a entrada em actividade dos canais privados. Mas a neotelevisão, como chama Umberto Eco, serviu para ampliar a oferta de concursos, *reality-shows* e programas de entretenimento no geral da oferta de programas. Enquanto se deu um crescimento na procura profissional, até a criação de novas áreas de actividade, registou-se a perda de qualidade da programação em geral, acentuada no final do século XX. A liderança de audiências da TVI em 2000 representou o triunfo de um gosto mais popular e fácil.

Uma das formas de atrair os telespectadores foi o lançamento de vedetas de televisão nas séries juvenis, nos *reality-shows* e nos programas de variedades musicais. Portugal alcança um sistema mediático de estrelas como nunca existira, fora o curto período de cinema popular com António Silva, Milú, Vasco Santana, Beatriz Costa, Ribeirinho e Curado Ribeiro. A criação de produtoras de televisão independentes, os *castings* sucessivos para descobrir novos artistas e o recurso a modelos profissionais para as séries de televisão alteraram profundamente o panorama nacional. As razões do sucesso da TVI no dobrar do século seriam noticiários populares, *reality--shows*, novelas em português, artigos sobre as vedetas televisivas nas revistas cor-de-rosa e artistas vindos de agências de modelos, numa renovação quase anual, atendendo à duração das produções de programas. Dentro do modelo mediático de estrelas, dei relevo especial a personagens ditas do *jet-set* que passaram para a televisão e cuja caracterização básica consiste em gente que nada faz, artistas decadentes e pessoas que vão a festas porque outras pessoas as frequentam.

O culto das celebridades de televisão atinge as camadas mais baixas da sociedade, que acompanham diariamente os seus programas ou aparições, frequentam os seus espectáculos musicais ou lêem as revistas cor-de-rosa que sobre elas escrevem. Mas também as camadas mais elevadas da sociedade acompanham estas celebridades, nomeadamente porque com elas se encontram nos eventos sociais, as vêem numa perspectiva *voyeurística* e porque querem conhecer os últimos boatos ligados a romances (namorados, casamentos, filhos, rupturas sentimentais dessas celebridades). Por outro lado, e como escrevi acima, há uma renovação regular de celebridades de televisão, em especial nas séries juvenis. O exemplo mais significativo dos últimos anos é *Morangos com Açúcar*, em que a sazonalidade (o ano lectivo) significa alteração de personagens, os que saem e entram no colégio, onde decorre a trama central. Alguns dos artistas que saem prosseguem carreira nas séries para públicos etários mais velhos ou nas indústrias de cinema, publicidade e animação de eventos.

As celebridades de televisão arrastam pequenos cultos de fãs, visíveis nos espectáculos musicais. Ainda não se verifica a produtividade textual, como John Fiske (2003) e Henry Jenkins (2003, 2006, 2006a) definiram, mas formam-se clubes de fãs, que se expressam na compra de *merchandising*. Há, assim, um investimento afectivo por parte dos fãs.

O relevo dado aos centros comerciais e a consumidores ilustra outro elemento primordial na formação e transmissão de gostos dominantes. O ir ao centro comercial é uma demonstração de afectividade nacional por tais espaços. Seremos dos países que mais gostam de centros comerciais. O paradoxo é que a ida ao centro comercial não significa somente comprar. O ver para comprar depois ou a sociabilidade, como o estar com amigos ou familiares, são outras características que nos identificam.

Se quisermos ver de outro ângulo, o consumo de televisão e o passear no centro comercial reflectem muita da nossa atitude de recepção cultural. Pequeno mercado, Portugal não produz muitos bens culturais mas consome-os quando vindos de fora. Ao falarmos de indústrias culturais ou indústrias criativas, precisamos de construir outros conceitos que integrem a capacidade de apropriação e reconstrução. O livro, no seu todo, reflectiu alguns aspectos da produção cultural (econó-

Conclusão

micos, estratégicos) e a recepção, na vertente activa e interpretativa, mas não tanto na transmissão e distribuição.

Na televisão, a apropriação notabilizou-se com a integração de estruturas narrativas das novelas brasileiras. Programa de grande audiência sucessivamente na RTP e na SIC, e cópia do modelo mas falando em português sem sotaque, permitiu a transferência de telespectadores da SIC para a TVI. A apropriação foi também a de vocabulário e de usos do Brasil, tornados comuns após a recepção da ficção daquele país. A partir dessas propostas, formou-se um gosto popular dominante a juzante das indústrias culturais, com estrelas e consumidores ou fãs. As indústrias culturais produzem bens culturais destinados a um consumo imediato mas também formam quadros de recepção e alimentam um mundo, o das estrelas, que prolonga a curiosidade e o reconhecimento desses produtos culturais, naquilo a que Lawrence Grossberg (2003) definiu como mapas de interesse.

As indústrias culturais, da sua produção à recepção, estão identificadas com a moda, um dos eixos fundamentais deste livro. A moda significa novidade, distinção, originalidade, dinamismo, hibridez. Mas também domínio de um tipo de beleza e de realização pessoal. Estar na moda quer dizer modernidade, acompanhar as correntes mais recentes. A moda pressupõe o seu contrário, o estar fora de moda, o antiquado ou o obsoleto. Nas indústrias culturais, a moda aposta na renovação, na colocação permanente de novos produtos, modelos ou estéticas. A sociedade de consumo assenta nesta regra. Lipovestsky (1988, 1989) escreve sobre espectáculo, personalização e individualismo, new look, narcisismo, corpo reciclado e silhueta, hedonismo e juventude. A roupa, uma das áreas primordiais da moda, visa seduzir e valorizar o corpo que a veste. Dito de outro modo, o reconhecimento do criador, através da promoção social no caso do costureiro, é dado pela sua capacidade de proporcionar felicidade, glória e aspecto sublime aos corpos femininos (Lipovetsky, 1989: 123), estatuto evidente na publicidade.

A moda é o real mas também se serve do virtual, caso de Nana, uma beleza virtual dos livros de manga. Nana relaciona essa sedução do corpo feminino com a juventude das personagens das séries juvenis da televisão e com a rotação permanente das bandas nos canais musicais de televisão, no que se designa habitualmente por supersistema de entretenimento.

A fruição, o passar bem o tempo, a festa – eis alguns dos objectivos individuais a que as indústrias culturais procuram responder e a que se integram públicos consumidores específicos.

BIBLIOGRAFIA

ABRANTES, José Carlos, e Daniel DAYAN (2006). *Televisão: das audiências aos públicos*. Lisboa: Livros Horizonte e CIMJ
ADORNO, Theodor W. (2003). *Sobre a indústria da cultura*. Coimbra: Angelus Novus
ADORNO, Theodor W. (2004). *Lições de sociologia*. Lisboa: Edições 70
ADORNO, Theodor W., e Max HORKHEIMER (1947/1985). *Dialética do esclarecimento*. Rio de Janeiro: Jorge Zahar Editor
ALFONSO Sánchez-Tabernero et al. (1997). *Estrategias de marketing de las empresas de televisión en España*. Pamplona: EUNSA
ALVIM, Maria Helena (2005). *Do tempo e da moda. A moda e a beleza feminina através das páginas de um jornal (Modas & Bordados – 1912-1926)*. Lisboa: Livros Horizonte
ANACOM (2005). Serviços de transmissão de dados/acesso à internet – 2.º trimestre de 2005 (texto acedido a http://www.anacom.pt/template12.jsp?categoryId=161942, em 20 de Setembro de 2005)
ANDERSEN, Arthur (2002). *Outlook of the development of technologies and markets for the European Audio-visual sector up to 2010*. Luxemburgo: European Communities (texto em formato electrónico pdf Adobe, acedido em 23 de Setembro de 2005)
ANDERSON, Benedict (2005). *Comunidades imaginadas*. Lisboa: Edições 70
AOYAMA, Yuko, e Hiro IZUSHI (2004). "Creative resources of the Japanese video game industry". In Dominic Power e Allen J. Scott (eds.) *Cultural Industries and the production of culture*. Londres e Nova Iorque: Routledge
APPADURAI, Arjun (2004). *Dimensões culturais da globalização*. Lisboa: Teorema
ARSETH, Espen (2003). "O jogo da investigação: abordagens metodológicas à análise de jogos". *Caleidoscópio*, 4: 9-23

Arti Grafiche Friulane e Bedeteca de Lisboa (1998). *Mattotti*. Lisboa: Bedeteca
AUGÉ, Marc (2005). *Não-lugares. Introdução a uma antropologia da sobremodernidade*. Lisboa: Editora 90°
BACHELET, Pablo (2004). *Gustavo Cisneros: um empresário global*. S. Paulo: Planeta
BACKER, Thomas, Everett ROGERS e Pradeep SOPORY (1992). *Designing health communication campaigns: what works?*. Newbury Park, Londres e Nova Deli: Sage
BAPTISTA, Moreira, Geraldes CARDOSO, Clemente ROGEIRO e Ramiro VALADÃO (1971). *Opinião pública – imprensa, rádio, televisão – problemática nacional da informação*. Lisboa: Gratelo
BAPTISTA, Tiago (2005). "Na minha cidade não acontece nada. Lisboa no cinema (anos 20 – cinema novo)". *Ler História*, 48: 167-184
BAPTISTA, Tiago (2006). *Cinema dos primeiros tempos: uma esfera pública alternativa*. Conferência realizada em 3 de Abril
BARBOSA, Elizabete, e António Granado (2004). *Weblogs. Diário de bordo*. Porto: Porto Editora
BARTHES, Roland (1984). *O óbvio e o obtuso*. Lisboa: Edições 70
BASTOS, José Gabriel Pereira, Eduardo Cintra TORRES e Maria Alzira SEIXO (2001). *O sintoma Big Brother*. Lisboa: Graal
BAUDRILLARD, Jean (1979). *De la séduction*. Paris: Denöel
BAUDRILLARD, Jean (1981). *A sociedade de consumo*. Lisboa: Edições 70
BAUDRILLARD, Jean (1981/1991). *Simulacros e simulação*. Lisboa: Relógio d'Água
BENJAMIN, Walter (1936/1985). "A obra de arte na era da sua reprodução técnica". In Eduardo Geada (org.) *Estéticas do cinema*. Lisboa: D. Quixote
BENJAMIN, Walter (2004). *Sobre la fotografía*. Valência: Pre-Textos
BENNETT, Andy (2005). *Culture and everyday life*. Londres, Thousand Oaks e Nova Deli: Sage
BERNAYS, Edward (2006). *Propaganda*. Lisboa: Mareantes Editora
BIRD, S. Elizabeth (2003). *The audience in everyday life. Living in a media world*. Nova Iorque e Londres: Routledge
BODONI, Giambattista (2001). *Manual tipográfico*. Coimbra: Almedina
BORELLI, Sílvia (2005). "Telenovelas: padrão de produção e matrizes populares". In Valério Brittos e César Bolaño (org.). *Rede Globo. 40 anos de poder e hegemonia*. São Paulo: Paulus
BOURDIEU, Pierre (1965/2003). *Un arte medio*. Barcelona: Gustavo Gili
BOURDIEU, Pierre (1994/1997). *Sobre a televisão*. Oeiras: Celta

BOURDIEU, Pierre, e Alain Darbel (1969). *L'amour de l'art. Les musées d'art européens et leur public*. Paris: Minuit

BOWLBY, Rachel (2000). *Carried away. The invention of modern shopping*. Londres: Faber and Faber

BRANCO, João de Freitas (1982). "A música em Portugal nos anos 40". In Vários, *Os anos 40 na arte portuguesa – a cultura nos anos 40*. Lisboa: Gulbenkian

BRANDÃO, Nuno Goulart (2002). *O espectáculo das notícias*. Lisboa: Notícias Editorial

BRETON, David Le (2004). *Sinais de identidade. Tatuagens, piercings e outras marcas culturais*. Lisboa: Miosótis

BRITTOS, Valério e César BOLAÑO (2005) (org.). *Rede Globo. 40 anos de poder e hegemonia*. São Paulo: Paulus

BULGER, Laura (2004). *A imagem da escrita no pequeno ecrã*. Coimbra: MinervaCoimbra

BUSTAMANTE, Enrique (2003). *A economia da televisão*. Porto: Campo das Letras

BUSTAMANTE, Enrique (coord.) (2002). *Comunicación y cultura en la era digital. Industrias, mercados y diversidad en España*. Barcelona: Gedisa

BUSTAMANTE, Enrique (coord.) (2003). *Hacia un nuevo sistema mundial de comunicación. Las industrias culturales en la era digital*. Barcelona: Gedisa

CABRERA, Ana (2006). *Marcello Caetano: poder e imprensa*. Lisboa: Livros Horizonte

CÁDIMA, Francisco Rui (1996). *O fenómeno televisivo*. Lisboa; Círculo de Leitores

CÁDIMA, Francisco Rui (2002). *História e crítica da comunicação*. Lisboa: Século XXI

Câmara Municipal de Lisboa (1990a). *Lisboa, recenseamento do comércio 1989*. Lisboa: CML

Câmara Municipal de Lisboa (1990b). *Comércio de especialidade*. Lisboa: CML

Câmara Municipal de Lisboa (1990c). *Centros comerciais*. Lisboa: CML

Câmara Municipal de Lisboa (1990d). *Super-mercados*. Lisboa: CML

Câmara Municipal de Lisboa (1997). *Comércio da baixa pombalina de Lisboa*. Lisboa: CML

CAMILO, Eduardo (2005). "A moda na publicidade: apresentações com estilo e o estilo nas apresentações". In Cicília Khroning

Peruzzo e José Benedito Pinho (org.) *Comunicação, identidades, migrações e cultura na lusofonia*. São Paulo e Lisboa: Intercom e Lusocom

CARDOSO, Gustavo (2002). "Novas políticas, «novos média»? Para um serviço público de Internet". In Maria Carrilho, Gustavo Cardoso e Rita Espanha (org.) *Novos média, novas políticas?* Oeiras: Celta

CARDOSO, Gustavo, e Sandra AMARAL (2006). *Ficção, noticias e entretenimento: as idades da TV em Portugal*. Obercom (documento em pdf, acedido em 3 de Janeiro de 2007)

CARDOSO, Gustavo, e Rita CHETA (2006). *Estratégias de sucesso na ficção TV nacional: estudo de caso das "telenovelas juvenis"*. Obercom (documento em pdf acedido em 3 de Janeiro de 2007)

CARDOSO, Zilda (2001). *A rua do Paraíso. Recordações de um lugar portuense (1935-1950)*. Porto: Campo das Letras

CARNEIRO, Roberto (coord.) (2000). *As indústrias de conteúdos culturais em Portugal*. Lisboa: Forum M (CD-ROM)

CASTELLS, Manuel (2000). *A sociedade em rede*. S. Paulo: Paz e Terra

CASTELLS, Manuel, com Bob Catterall (2002) *The making of the network society*. Londres: Institute of Contemporary Arts

CAVES, Richard E. (2000). *Creative industries*. Cambridge, MA, e Londres: Harvard University Press

COE, Neil, e Jennifer JOHNS (2004). "Beyond production clusters". In Dominic Power e Allen J. Scott (eds.) *Cultural industries and the production of culture*. Londres e Nova Iorque: Routledge

COELHO, Eduardo PRADO (2006). "Para onde vai a televisão?" *Público*, 22 e 29 de Setembro

COELHO, Pedro (2005). *A TV de proximidade e os novos desafios do espaço público*. Lisboa: Livros Horizonte e CIMJ

CONDE, Idalina (coord.) (1992). *Percepção estética e públicos da cultura*. Lisboa: Fundação Calouste Gulbenkian

CORDEIRO, Paula (2007). *Estratégias de programação na rádio em Portugal: o caso da RFM na transição para o digital*. Tese de doutoramento defendida na Universidade Nova de Lisboa

CORREIA, Fernando (2004). *A rádio não acontece... faz-se*. Lisboa: SeteCaminhos

CORTÉS, José Ángel (2001). *La estrategia de la seducción. La programación en la neotelevisión*. Pamplona: EUNSA

COSTA, António Firmino, Patrícia ÁVILA e Sandra MATEUS (2002). *Públicos da ciência em Portugal*. Lisboa: Gradiva

COUCHOT, Edmond, e Norbert HILLAIRE (2003). *L'art numérique*. Paris: Flammarion

COUSINS, Mark (2005). *Biografia do filme*. Lisboa: Plátano Editora

CRAWFORD, Garry, e Jason RUTTER (2007). "Playing the game. Performance in digital game audiences". In Jonathan Gray, Cornel Sandvoss e C. Lee Harrington *Fandom. Identities and communities in a mediated world*. Nova Iorque e Londres: New York University Press

CRESPI, Franco (1997). *Manual de sociologia da cultura*. Lisboa: Editorial Estampa

CRISTO, Dina (2005). *A rádio em Portugal e o declínio do regime de Salazar e Caetano (1958-1974)*. Coimbra: MinervaCoimbra

CUMMINGS, Dolan (2002). "Introduction". In Dolan Cummings, Bernard Clark, Victoria Mapplebeck, Christopher Dunkley e Graham Barnfield. *Reality TV: how real is real?* Londres: Hodder & Stoughton

DAMÁSIO, Manuel José (org.) (2006). *O cinema português e os seus públicos*. Lisboa: Editorial Lusófona

DAYAN, Daniel (2005). "Mothers, midwives and abortionists: genealogy, obstretics, audiences & publics". In Sonia Livingstone (ed.) *Audiences and publics: when cultural engagement matters for the public sphere*. Bristol e Portland, OR: Intellect

DAYAN, Daniel (2006). "Televisão, o quase-público". In José Carlos Abrantes e Daniel Dayan (org.) *Televisão: das audiências aos públicos*. Lisboa: Livros Horizonte e CIMJ

DEBORD, Guy (1992). *A sociedade do espectáculo* (www.geocities.com/jneves_2000/debord.htm, acedido em 6 de Julho de 2007)

Department of Culture, Media and Sport (2001). *Creative Industries Mapping Document* texto em formato electrónico http://www.cul ture.gov.uk/Reference_library/Publications/archive_2001/ci_mapping_doc_2001.htm, acedido em 15 de Fevereiro de 2005)

DONNAT, Olivier (dir.) (2003). *Regards croisés sur les pratiques culturelles*. Paris: La Documentation Française

DONNAT, Olivier, e Paul Tolila (dir.) (2003). *Le(s) public(s) de la culture*. Paris: Presses de Sciences Po

DOYLE, Gilian (2002). *Media ownership*. Londres, Thousand Oaks e Nova Iorque: Sage

EAGLETON, Terry (2003). *A ideia de cultura*. Lisboa: Temas e Debates

ECO, Umberto (1976). *A estrutura ausente*. S. Paulo: Perspectiva

ECO, Umberto (1998). *O nome da rosa*. Lisboa: Difel

Eco, Umberto (2005). *A misteriosa chama da rainha Loana*. Lisboa: Difel

EHRENREICH, Barbara, Elizabeth HESS e Gloria JACOBS (2003) "Beatlemania: girls just want to have fun". In Will Brooker e Deborah Jermyn *The audiences studies reader*. Londres e Nova Iorque: Routledge

ELIOT, T. S. (1996). *Notas para a definição de cultura*. Lisboa: Século XXI

ESQUENAZI, Jean-Pierre (2005). "O sentido do público". In José Carlos Abrantes (coord.) *A construção do olhar*. Lisboa: Livros Horizonte e CIMJ

ESQUENAZI, Jean-Pierre (2006). "Percepção, interpretação, apropriação". In José Carlos Abrantes e Daniel Dayan *Televisão: das audiências aos públicos*. Lisboa: Livros Horizonte e CIMJ

ESQUENAZI, Jean-Pierre (2006a). *Sociologia dos públicos*. Porto: Porto Editora

ESTRELA, Rui (2005). *A publicidade no Estado Novo. Volume II (1960-1973)*. Lisboa: Comunicando

ETHIS, Emmanuel (2006). *Sociologie du cinema et de ses publics*. Paris: Armand Collin

EUROPEAN Investment Bank (2001). *The European audiovisual industry: an overview* (texto em formato electrónico pdf Adobe, acedido em 23 de Setembro de 2005)

FARIA, Margarida Lima (1995). "Museus: educação ou divertimento?". *Revista Crítica de Ciências Sociais*, 43: 171-195

FERIN, Isabel (2002). *Comunicação e culturas do quotidiano*. Lisboa: Quimera

FERIN, Isabel, Catarina Burnay e Leonor Gameiro (2002). "A ficção em português nas televisões generalistas: um estudo de caso". *Observatório*, 6: 67-77

FERIN, Isabel (2003). "As telenovelas brasileiras em Portugal: indicadores de aceitação e mudança". *Trajectos*, 3: 19-34

FERNANDES, Ana (2001). *Televisão do público*. Coimbra: Minerva

FERNÁNDEZ, Víctor, Juan PRIETO, Cristina MUÑIZ e Rubén GUTIERRÉZ (2002). *Cinéfilos, videoadictos y telespectadores*. Madrid: Fundación Autor

FIGUEIRAS, Rita (2005). *Os comentadores e os media. Os autores das colunas de opinião*. Lisboa: Livros Horizonte e CIMJ

FIGUEIREDO, Paula (2004). "Fotografia de ocasião, imagem privada". *Trajectos*, 4:9-18

FISKE, John (1992/2003). "The cultural economy of fandom". In Lisa A. Lewis (ed.) *The adoring audience. Fan culture and popular media*. Londres e Nova Iorque: Routledge
FISKE, John (1993). *Introdução ao estudo da comunicação*. Porto: Asa
FISKE, John (2003). "Understanding popular culture". In Will Brooker e Deborah Jermyn (eds.) *The audience studies reader*. Londres e Nova Iorque: Routledge
FLICHY, Patrice (1980/1991). *Les industries de l'imaginaire*. Grenoble: PUG
FRANÇA, José-Augusto (2005). *Lisboetas no século XX. Anos 20, 40 e 60*. Lisboa: Livros Horizonte
FREITAS, João (2004). "Prioridade à concepção". *Economia Pura*, 63: 16-17
FRENCH, Shaun, Louise CREWE, Andrew LEYSHON, Peter WEBB e Nigel THRIFT (2004). "Putting e-commerce in its place: reflections on the impact of the internet on the cultural industries". In Dominic Power e Allen J. Scott (eds.) *Cultural Industries and the production of culture*. Londres e Nova Iorque: Routledge
FURTADO, José Afonso (2002). *Livro e leitura no novo ambiente digital* (texto em formato electrónico html, acedido em 26 de Setembro de 2005)
FURTADO, José Afonso (2006). *O papel e o pixel. Do impresso ao digital: continuidades e transformações*.Florianópolis: Escritório do Livro
FURTADO, José Afonso, e Ana Barata (2006). *Mundos da Fotografia. Orientações para a constituição de uma Biblioteca Básica*. Porto: Centro Português de Fotografia
GAUNTLETT, David, e Annette HILL (1999). *TV living. Television, culture and everyday life*. Londres e Nova Iorque: Routledge
GENOSKO, Gary (1999). *McLuhan and Baudrillard - the masters of implosion*. Londres e Nova Iorque: Routledge
GERAGHTY, Christine (1997). "Audiences and «ethnography»: questions of practice". In Christine Geraghty e David Lusted (eds.) *The television studies book*. Londres, Nova Iorque, Sidney e Auckland: Arnold
GILL, Eric (2003). *Ensaio sobre tipografia*. Coimbra: Almedina
GILLMOR, Dan (2005). *Nós, os media*. Lisboa: Editorial Presença
GOFFMAN, Erving (1993). *A apresentação do eu na vida de todos os dias*. Lisboa: Relógio d'Água

GOMES, Rui Telmo, Vanda LOURENÇO e João Gaspar NEVES (2000). *Públicos do festival de Almada*. Lisboa: Observatório de Actividades Culturais

GOMES, Rui Telmo (2004). "A distinção banalizada? Perfis sociais dos públicos da cultura". In Observatório de Actividades Culturais *Públicos da cultura*. Lisboa: Observatório de Actividades Culturais

GÓMEZ-ESCALONILLA, Gloria (2002). "La edición de libros: un sector potente, a la defensiva digital". In Enrique Bustamante (coord.) *Comunicación y cultura en la era digital. Industrias, mercados y diversidad en España*. Barcelona: Gedisa

GÓMEZ-ESCALONILLA, Gloria (2003). "Libro y entorno digital: un encuentro de futuro". In Enrique Bustamante (coord.) *Hacia un nuevo sistema mundial de comunicación. Las industrias culturales en la era digital*. Barcelona: Gedisa

GOUVEIA, Patrícia (2003). "Jogos de simulação: no jardim infantil a vida inteira". *Caleidoscópio*, 4: 57-74

GRANADO, António, e José Vítor MALHEIROS (2001). *Como falar com jornalistas sem ficar à beira de um ataque de nervos*. Lisboa: Gradiva

GRAY, Philip C. R., Richard M. STERN e Marco BIOCCA (1998). *Communicating about risks to environment and health in Europe*. Dordrecht, Boston e Londres: Kluwer Academic Publishers

GROSSBERG, Lawrence (1992/2003). "Is there a fan in the house?: the affective sensibility of fandom". In Lisa A. Lewis (ed.) *The adoring aundience*. Londres e Nova Iorque: Routledge

HACHMEISTER, Alexandre (coord.) (2004) *O livro Queridas feras*. Lisboa: NBP – Produção Audiovisual

HALL, Stuart (1980/1996). "Encoding/decoding". In Stuart Hall, Dorothy Hobson, Andrew Lowe e Paul Willis *Culture, media, language*. Londres e Nova Iorque. Routledge

HALL, Stuart, Chas CHRITCHER, Tony JEFFERSON, John CLARKE e Brian ROBERTS (1978). *Policing the crisis – mugging, the State, and Law and Order*. Nova Iorque: Holmes & Meier Publishers

HANON, Gaston (1984). *Découvrir la publicité*. Bruxelas: Labor

HARTLEY, John (ed.) (2005). *Creative industries*. Malden, MA, Oxford e Victoria: Blackwell

HERPIN, Nicolas (2004). *Sociologie de la consommation*. Paris: La Découverte

HESMONDHALGH, David (2002). *The cultural industries*. Londres, Thousand Oaks e Nova Deli: Sage

HILLS, Matt (2002). *Fan cultures*. Londres e Nova Iorque: Routledge
HOBSBAWN, Eric J. [Francis Newton] (2004). *História social do jazz*. Rio de Janeiro: Paz e Terra
HORKHEIMER, Max, e Theodor W. ADORNO (1985). *Dialética do esclarecimento*. Rio de Janeiro: Jorge Zahar Ed.
ILHARCO, Fernando (2003). *Filosofia da informação*. Lisboa: Universidade Católica Editora
ÍNDIAS, Maria Amélia Cutileiro (2004). *Évora, ontem e hoje. Reflexões e memórias de uma inconformista*. Lisboa: Colibri
JAY, Martin (1984). *Adorno*. Cambridge, MA: Harvard University Press
JIMENEZ, Marc (1977). *Para ler Adorno*. Rio de Janeiro: Livraria Francisco Alves Editora
JENKINS, Henry (1992/2003). "«Strangers no more, we sing»: filking and the social construction of the science fiction fan community". In Lisa A. Lewis (ed.) *The adoring audience. Fan culture and popular media*. Londres e Nova Iorque: Routledge
JENKINS, Henry (2006). *Convergence culture. Where old and new media collide*. Nova Iorque e Londres: New York University Press
JENKINS, Henry (2006a). *Fans, bloggers and gamers. Exploring participatory culture*. Nova Iorque e Londres: New York University Press
JENSEN, Joli (1992/2003). "Fandom as pathology: the consequences of characterization". In Lisa A. Lewis (ed.) *The adoring audience. Fan culture ans popular media*. Londres e Nova Iorque: Routledge
JONES, Daniel E. (2005). "Democracia, comunicação e negócio: o crescimento desmesurado da concentração económica". *Caleidoscópio*, 5/6: 25-39
JOHNSON, William S., Mark RICE e Carla WILLIAMS (2005). *The George Eastman House Collection. A history of photography from 1839 to present*. Los Angeles, CA: Taschen
KERCHKOVE, Derrick (1997). *A pele da cultura*. Lisboa: Relógio d'Água
KLEIN, Naomi (2000/2002). *No logo. O poder das marcas*. Lisboa: Relógio D'Água
KÜNG-SHANKLEMAN, Lucy (2000). *Inside the BBC and CNN - Managing media organisations*. Londres e Nova Iorque: Routledge
LACEY, Nick (2002). *Media institutions and audiences. Key concepts in media studies*. Nova Iorque: Palgrave

LARANJEIRA, Alexandra (2003). *Mediatização da Vida Privada. O Big Brother como rito de passagem*. Azeitão: Autonomia 27
LEHTONEN, Turo-Kimmo, e Pasi Mäenpää (1997). "Shopping in the East Centre Mall". In Pasi Falk e Colin Campbell (eds.) *The Shopping Experience*. Londres: Sage
LEMOS, André (1996). *Estruturas antropológicas do cyberespaço*. (texto em http://www.facom.ufba.br/pesq/ cyber/lemos/estcy1.html, acedido em 18 de Junho de 1999)
LEVY, David M. (2002). "Where's Waldo? Reflections on copies and authenticity in a digital environment". *Páginas a&b*, 9: 81-90
LÉVY, Pierre (2004). *Inteligencia colectiva. Por una antropología del ciberespacio* (http://inteligenciacolectiva.bvsalud.org/channel.php?lang=es&channel=8, acedido em 4.3.2007).
LIPOVETSKY, Gilles (1988). *A era do vazio. Ensaio sobre o individualismo contemporâneo*. Lisboa: Relógio d'Água
LIPOVETSKY, Gilles (1989). *O império do efémero*. Lisboa: D. Quixote
LIVINGSTONE, Sonia (2005) "On the relation between audiences and publics". In Sonia Livingstone (ed.) *Audiences and publics: when cultural engagement matters for the public sphere*. Bristol e Portland, OR: Intellect
LOPES, Ana Maria (2005). *Imagens da mulher na imprensa feminista de oitocentos. Percursos de modernidade*. Lisboa: Quimera
LOPES, Felisbela (1999). *O telejornal e o serviço público*. Coimbra: Minerva
LOPES, Felisbela (2005). *Uma década de televisão em Portugal – 1993-2003. Estudo de programas de informação semanal dos canais generalistas*. Tese de doutoramento defendida na Universidade do Minho
LOPES, João (1995). *Teleditadura. Diário de um espectador*. Lisboa: Quetzal
LYNCH, Clifford (2002). "Authenticity and integrity in the digital environment. An exploratory analysis of the central role of trust". *Páginas a&b*, 10: 89-111
MACKAY, Hugh (1997). "Consuming communication technologies at home". In Hugh MacKay (ed.) *Consumption and everyday life*. Londres, Thousand Oaks e Nova Deli: Sage
MADEIRA, Cláudia (2002). *Novos notáveis. Os programadores culturais*. Oeiras: Celta
MAIA, Matos (1995). *Telefonia*. Lisboa: Círculo de Leitores
MANTA; André, e Luiz Henrique SENA (1995). *As afinidades virtuais: a sociabilidade no videopapo* (texto em http://www.facom.uf

ba.br/pesq/cyber/videopap.html, acedido em 18 de Junho de 1999)
MARQUES, Alice (2004). *Mulheres de papel. Representações do corpo nas revistas femininas*. Lisboa: Livros Horizonte
MARSHALL, P. David (2004). *New media cultures*. Londres: Arnold
MARTÍN-BARBERO, Jesús (1997). *Dos meios às mediações*. Rio de Janeiro: UFRJ
MARTINS, Carla, Fausto AMARO, Luís Landerset CARDOSO, Maria João CUNHA, Maria João TABORDA, Nuno CONDE e Nelson VIEIRA (2004). "A cadeia de valor do audiovisual". *Observatório*, n° 9
MARTINS, Carla, Nuno Conde, Fausto Amaro, Luís Landerset Cardoso, Maria João Cunha e Nelson Vieira (2005). "A cadeia de valor da imprensa". *Observatório*, n° 11
MARTINS, Jorge Manuel (2005). *Profissões do livro. Editores e gráficos, críticos e livreiros*. Lisboa: Verbo
MARTINS, Luís Oliveira (2006). *Mercados televisivos europeus. Causas e efeitos das novas formas de organização empresarial*. Porto: Porto Editora
MARTINS, Margarida (2003). *Ética e informação na TVI*. Dissertação de mestrado defendida na Universidade Católica Portuguesa
MATOS, José Sarmento (1989). *Sons de Lisboa. Uma biografia de Valentim de Carvalho*. Lisboa: Pub. D. Quixote/Valentim de Carvalho
MAZZIOTTI, Nora (1996). *La industria de la telenovela. La producción de ficción en América latina*. Buenos Aires, Barcelona e México: Paidós
MCLUHAN, Marshall (1977). *A galáxia de Gutenberg*. S. Paulo: Companhia Editora Nacional
MCLUHAN, Marshall (1979). *Os meios de comunicação como extensões do homem*. S. Paulo: Cultrix
MCROBBIE, Angela (2003). "From Holloway to Hollywood: hapiness at work in the new cultural economy"? In Paul du Gay e Michael Prike (eds.) *Cultural economy*. Londres, Thousand Oaks e Nova Deli: Sage
MEIJER, Irene (2001). "The colour of soap opera. An analysis of professional speech on the representation of ethnicity". *Cultural Studies*, vol. 4(2): 207-230
MELGAR, Luis Tomás (2003). *História de la televisión*. Madrid: Acento
MEYER, Marlyse (org.) (2001). *Do almanak aos almanaques*. São Paulo: Ateliê Editorial

MERCIER, Arnaud (1996). *Le journal télévisé*. Paris: Presses de Sciences Po

MERCIER, Arnaud (2003). "Le journal télévisé et l'opinion publique". Em Pierre Bréchon (dir.) *La gouvernance de l'opinion publique*. Paris: L'Harmattan, pp. 169-180 [Actes des 5èmes entretiens de l'IEP de Grenoble, 2-3 Maio de 2000]

MIÈGE, Bernard (2000). *Les industries du contenu face à l'ordre informationnel*. Grenoble: PUG

Ministério da Cultura (1997). *Relatório da Comissão Inter-Ministerial para o Audiovisual*. Lisboa: Ministério da Cultura

MIRANDA, Mónica (2000). "Dragon Ball, Pokémon e as crianças-ciborgues". *Observatório*, 2 (67-84)

MONTEIRO, Pedro (2003). "Espaço público no centro comercial: o Amoreiras como porta de entrada". *Trajectos*: 3: 9-18

MOORES, Shaun (1993). *Interpreting audiences*. Londres, Thousand Oaks e Nova Deli: Sage

MORIN, Edgar (1962). *L'Esprit du temps I. Névrose*. Paris: Grasset

MORLEY, David (1996). "Populism, revisionism and the «new» audience research". In James Curran, David Morley e Valerie Walkerdine (eds.) *Cultural studies and communications*. Londres: Arnold

MORRISON, David (2001). "The historical development of empirical social research". In Graham Roberts e Philip M. Taylor (eds.) *The historian, television and television history*. Luton: University of Luton Press

MURDOCK, Graham (2003). "Back to work. Cultural labor in altered times". In Andrew Beck (ed.) *Cultural work. Understanding the cultural industries*. Londres e Nova Iorque: Routledge

MURPHY, Andrew, e John POTTS (2003). *Culture & technology*. Nova Iorque: Palgrave Macmillan

NAMORADO, Maria Lúcia (1943). *A mulher dona de casa*. Lisboa: Edições Universo

NEGROPONTE, Nicholas (1996). *Ser digital*. Lisboa: Caminho

NEVES, Artur (2004). "Quando a cultura não factura". *Economia Pura*, 63: 18-19

NEWHAGEN, John, e Sheizaf RAFAELI (1995). "Why communication researchers should study the Internet: a dialogue". In Journal of Computer-Mediated Communication, (1) 4 (texto em http://jcmc.indiana.edu/vol1/issue4/rafaeli.html, acedido em 24 de Setembro de 2005)

OBERCOM (2002). *Anuário Comunicação (2001-2002)*. Lisboa. Obercom
OLINS, Wally (2005). *A marca*. Lisboa: Verbo
Parlamento Europeu (2006). *Audiovisual and media policy*. (http://www.europarl.europa.eu/facts/4_18_0_en.htm, acedido em 20 de Dezembro de 2006)
PESSOA, Fernando (1979). *Mensagem*. Lisboa: Ática
Pira International (2003). *The EU publishing industry: an assessment of competitiveness*. Luxemburgo: European Communities (texto em formato electrónico pdf Adobe, acedido em 23 de Setembro de 2005)
PIRES, Laura (2004). *Teorias da cultura*. Lisboa: Universidade Católica Portuguesa
POLICARPO, Verónica (2006). *Viver a telenovela. Um estudo sobre a recepção*. Lisboa: Livros Horizonte e CIMJ
POWER, Dominic, e Allen J. SCOTT (eds.) (2004). *Cultural Industries and the production of culture*. Londres e Nova Iorque: Routledge
PRATT, Andy C. (1997). *The cultural industries production system: a case study of employment change in Britain, 1984-91* (texto em formato electrónico pdf Adobe, acedido em 23 de Setembro de 2005)
PRATT, Andy C. (2004). "Mapping the cultural industries. Regionalization; the example of South East England". In Dominic Power e Allen J. Scott (eds.) *Cultural industries and the production of culture*. Londres e Nova Iorque: Routledge
RAFAEL, Gina Guedes (2001). "Documentos electrónicos – da biblioteca de papel à biblioteca digital". *Páginas a&b*, 6: 7-20
REIS, Madalena (2006). *Programação televisiva na altura da revolução (1974)*. Conferência realizada em 4 de Julho
RHEINGOLD, Howard (1996). *A comunidade virtual*. Lisboa: Gradiva
RIBEIRO, António Pinto (2004). *Abrigos. Condições das cidades e energia da cultura*. Lisboa: Cotovia
RIBEIRO, António Sousa (2003). "Prefácio". In Theodor W. Adorno *Sobre a indústria da cultura*. Coimbra: Angelus Novus
RITZER, George (2004). *The McDonaldization of society*. Thousand Oaks, CA, Londres e Nova Deli: Pine Forge
RITZER, George (2004a). *Enchanting a disenchanting world: revolutionizing the means of consumption*. Thousand Oaks, CA, Londres e Nova Deli:Pine Forge
RIBEIRO, Fernando Curado (1964). *Rádio-produção-realização-estética*. Lisboa: Arcádia

RODRIGUES, António (1995). *António Ferro, na idade do Jazz-Band*. Lisboa: Livros Horizonte

ROSA, Jorge Martins (2000). *No reino da ilusão. A experiência lúdica das novas tecnologias*. Lisboa: Vega

ROSALES, Marta (2001). *Temos o que procura*. Coimbra: Minerva Coimbra

ROUET, François (2002). "La régulation publique des industries culturelles, aperçu historique". In Jacques Marseille e Patrick Eveno *Histoire des industries culturelles en France, XIXe-XXe siècles*. Paris: Association pour le Développement de l'Histoire Économique

RUEDA, Marta Pacheco (2004). "La función social de la publicidad exterior". In Eguizábal, Raúl (coord.) *La comunicación publicitaria. Antecedentes y tendencias en la sociedad de la información y el conocimiento*. Sevilha: Comunicación Social

SANTOS, Inês (2006b). *Produções Fictícias. 13 anos de insucessos*. Lisboa: Oficina do Livro

SANTOS, Maria Lurdes Lima (coord.) (1998). *As políticas culturais em Portugal*. Lisboa: Observatório das Actividades Culturais

SANTOS, Maria Lurdes Lima, e António Firmino da COSTA (coord.) (1999). *Impactos culturais da Expo'98*. Lisboa: Observatório das Actividades Culturais

SANTOS, Maria Lurdes Lima (1999a). "Indústrias culturais: especificidades e precariedades". *OBS*, 5: 2-6

SANTOS, Maria Lurdes Lima (coord.) (2001). *Públicos do Teatro S. João*. Lisboa: Observatório das Actividades Culturais

SANTOS, Maria Lurdes Lima (coord.) (2002). *Públicos do Porto 2001*. Lisboa: Observatório das Actividades Culturais

SANTOS, Maria Lurdes Lima (2002). "Amador ou profissional?... Peças de um puzzle". OBS, 11: 3-14

SANTOS, Maria Lourdes Lima (2004). "Apresentação". In Rui Telmo Gomes (coord.) *Públicos da cultura*. Lisboa: Observatório de Actividades Culturais

SANTOS, Rogério (1998). *Os novos media e o espaço público*. Lisboa: Gradiva

SANTOS, Rogério (2000). "Indústria cultural, tecnologias e consumos". In Carlos Leone, (org.), Rui Bebiano, Hermínio Martins, Rogério Santos e Carlos Vidal. *Rumo ao cibermundo?* Oeiras: Celta

SANTOS, Rogério (2002a). "Dez anos de história da SIC (1992-2002) – o que mudou no panorama audiovisual português". *Observatório*, 6: 93-105

SANTOS, Rogério (2005). *As vozes da rádio, 1924-1939*. Lisboa: Caminho
SANTOS, Rogério (2005a). "Rádio em Portugal: tendências e grupos de comunicação na actualidade". *Comunicação e Sociedade*, 7: 137-152
SANTOS, Rogério (2007a). "Blogues – de moda a ferramenta indispensável de comunicação". *Conhecer a FCH – conferências multidisciplinares*, 2: 31-47
SANTOS, Rogério (2007b). *Fans, supporters and videogames players: a preliminary study*. Comunicação apresentada na Summer School da Universidade Católica Portuguesa e Annenberg School of Communication (Lisboa, 18 de Julho)
SCHUDSON, Michael (1993). *Advertising, the uneasy persuasion*. Londres: Routledge
SCOTT, Allen J. (2005). *Hollywood*. Princeton e Oxford: Princeton University Press
SERRANO, Estrela (2002). *As presidências abertas de Mário Soares*. Coimbra: MinervaCoimbra
SHOAT, Ella, e Robert SLAM (2002). "Narrativizing visual culture. Towards a polycentric aesthetics". In Nicholas Mirzoeff (ed.) *The visual culture reader*. Londres e Nova Iorque: Routledge
SIC (1995 a 1999). *Relatórios de Gestão Referentes aos Exercícios*. Publicados em jornais ou em caderno especial do canal
SILVA, Lopes, e Vasco Hogan TEVES (1971). *Vamos falar de televisão*. Lisboa: Verbo
SINGER, Jane (2005). "Journalism, The political j-bloggers: «normalizing» a new *media* form to fit old norms and practices". *Journalism: Theory, Practice and Criticism*, vol. 6(2): 173-198
SINGER, Eleanor, e Phyllis M. ENDRENY (1993). *How the mass media portray accidents, diseases, disasters and other hazards*. Nova Iorque: Russel Sage Foundation
SINTAS, Jordi López e Ercília García Álvarez (2002). *El consumo de las artes escénicas y musicadas en España*. Madrid: Fundación Autor
SMITH, Anthony (1999). "Information technology and the myth of abundance". In Hugh McKay e Tim O'Sullivan (eds.) *The media reader: continuity and transformation*. Londres, Thousand Oaks e Nova Deli: Sage
SONTAG, Susan (2004). *Contra a interpretação e outros ensaios*. Lisboa: Gótica

SOUCHON, Michel (1997). "L'audience de la télévision". In Paul Bead, Patrice Flichy, Dominique Pasquier e Louis Quéré (dir.) *Sociologie de la communication*. Paris: CNET

STREET, Eduardo (2006). *O teatro invisível. História do teatro radiofónico*. Lisboa: Página 4

SUBTIL, Filipa (2003). "Uma teoria da globalização *avant la lettre*. Tecnologias da comunicação, espaço e tempo em Harold Innis". In Hermínio Martins e José Luís Garcia (coords.) *Dilemas da civilização tecnológica*. Lisboa: ICS

SUBTIL, Filipa (2006). *Compreender os media. As extensões de Marshall McLuhan*. Coimbra: MinervaCoimbra

TAVARES, Emília (2002). *A fotografia ideológica de João Martins (1898-1972)*. Porto: Mimesis

TAY, Jinna (2005). "Creative cities". In John Hartley (ed.) *Creative industries*. Malden, MA, Oxford e Victoria: Blackwell

TEILLET, Philippe (2004). "Publics et politiques des musiques actuelles". In Olivier Donnat e Paul Tolila (dir.) (2004). *Le(s) public(s) de la culture*. Paris: Presses de Sciences Po

TEVES, Vasco, e Lopes da SILVA (1971). *Vamos falar de televisão*. Lisboa: Verbo

TEVES, Vasco (1998). *História da televisão em Portugal, 1955-1979*. Lisboa: TV Guia Editora

TILLY, António (2006). *A produção musical e a indústria fonográfica em Portugal (1960-1980)*. Conferência realizada em 5 de Dezembro

TORRES, Eduardo Cintra (1998). *Ler televisão*. Oeiras: Celta

TORRES, Eduardo Cintra (2002) *Reality shows. Ritos de passagem da sociedade do espectáculo*. Coimbra: MinervaCoimbra

TORRES, Eduardo Cintra (2006). *A tragédia televisiva*. Lisboa: ICS

TORRES, Eduardo Cintra (2006a). *Anúncios à lupa. Ler publicidade*. Lisboa: Bizâncio

TRAQUINA, Nelson (1997). *Big Show Media*. Lisboa: Notícias Editorial

TRUETZSCHLER, Wolfgang (1998). "The internet: a new mass medium?". In Denis McQuail e Karen Siune (eds.) *Media policy – convergence, concentration & commerce*. Londres, Thousand Oaks e Nova Deli: Sage

TULLOCH, John, e Deborah LUPTON (1997). *Television, AIDS and risk*. St Leonards: Allen & Unwin Pty

TUNSTALL, Jeremy (2001). *Media occupations and professions – a reader*. Oxford: Oxford University Press

TURKLE, Sherry (1997). *A vida no ecrã*. Lisboa: Relógio d'Água
UNDERHILL, Paco (2004). *The call of the mall. How we shop*. Londres: Profile Books
UNESCO. *Cultural Industries. A focal point for culture in the future* (http://portal.unesco.org/culture/en/ev.php-URL_ID=2461& URL_DO=DO_TOPIC&URL_SECTION=201.html, acedido em 20 de Dezembro de 2006)
VALDIGEM, Ana (2005). *A indústria cultural televisiva como fonte mediadora de processos de hibridação cultural: estudo de recepção da telenovela brasileira O clone*. Dissertação de mestrado defendida na Universidade Católica Portuguesa
VALE, Filipe (2003). "Jogos de computador e sistemas emergentes". *Caleidoscópio*, 4: 75-84
VERÓN, Elisio (2003). "Televisão e política: história da televisão e campanhas presidenciais". In Antônio Fausto Neto e Verón, Eliseo (org.) e Antonio Albino Rubim *Lula presidente, televisão e política na campanha eleitoral*. São Paulo e São Leopoldo, RS: Hacker e Unisinos
VIÉGAS, Fernanda (2005). "Bloggers' expectations of privacy and accountability: an initial survey". *Journal of Computer-Mediated Communication*, 10(3) (http://jcmc.indiana.edu/vol10/issue3/viegas.html, acedido em 6 de Julho de 2007)
VILAR, Emílio Rui (2007). "Sobre a economia da cultura". *Comunicação & Cultura*, 3: 131-144
VILCHES, Lorenzo (2003). *A migração para o digital*. São Paulo: Edições Loyola
VIRILIO, Paul (1995). *La vitesse de libération*. Paris: Galilée
VIRILIO, Paul (1996). *Cibermonde, la politique du pire*. Paris: Textuel
VLČEK, Tomás e Jana Horneká (2004). *Muzeum eského kubismu*. Praga: Naródní Galerie
WARNIER, Jean-Pierre (2002). *A mundialização da cultura*. Lisboa: Notícias Editorial
WIEDEMANN, Julius (2004). *Digital beauties. 2D and 3D computer generated models. Virtual idols and characters*. Köln: Taschen
WILLIAM S. JOHNSON, Mark RICE e Carla WILLIAMS (2005). *The George Eastman House Collection. A history of photography from 1839 to present*. Los Angeles, CA: Taschen
WILLIAMS, Raymond (2000). *Cultura*. São Paulo. Paz e Terra
WOLTON, Dominique (1999). *Internet et après? Une théorie critique des nouveaux médias*. Mayenne: Flammarion

ZAHER, Célia Ribeiro, e Ronaldo MENEGAZ (2001). "Biblioteca digital de acervos raros. Uma rede brasileira". *Leituras*, 9-10: 293--310

ZALLO, Ramón (1988). *Economía de la comunicación y la cultura*. Madrid: Akal

ZALLO, Ramón (1992). *El mercado de la cultura*. Donostia: Tercera Prensa

ZELIZER, Barbie (2000). "Os jornalistas enquanto comunidade interpretativa". *Revista de Comunicação e Linguagens*, 27, pp. 33-61

ZORBA, Myrsini (2003). *Report on cultural industries (2002/2127 (INI))*. European Parliament: Estrasburgo

Índice

Prefácio VII

Primeira parte
INTRODUÇÃO

Capítulo 1. Teoria 17

Segunda parte
INDÚSTRIAS CULTURAIS

Capítulo 2. Televisão 79
Capítulo 3. Cinema 119
Capítulo 4. Rádio, música e fonografia 161
Capítulo 5. Fotografia 185
Capítulo 6. Livros 207
Capítulo 7. Jogos, videojogos e manga 227
Capítulo 8. Publicidade e moda 249

Terceira parte
GRUPOS, ESPAÇOS E CONSUMO

Capítulo 9. Públicos e consumos. Definições de públicos ... 275
Capítulo 10. Espaços públicos:
                 centros comerciais, lojas e marcas 295
Capítulo 11. Outros territórios 315
Conclusão 355
Bibliografia 363
Índice 383